T0245835

La ciencia del éxito

El curso magistral
de Napoleon Hill

NAPOLEON HILL

La ciencia del éxito

El curso magistral
de Napoleon Hill

Grijalbo

El papel utilizado para la impresión de este libro ha sido fabricado a partir de madera
procedente de bosques y plantaciones gestionadas con los más altos estándares ambientales,
garantizando una explotación de los recursos sostenible con el medio ambiente y beneficiosa para las personas.

Penguin
Random House
Grupo Editorial

La ciencia del éxito
El curso magistral de Napoleon Hill

Título original: *Napoleon Hill's Master Course. The Original Science of Success*

Primera edición: mayo, 2022

D. R. © 2020 by The Napoleon Hill Foundation

D. R. © 2022, derechos de edición mundiales en lengua castellana:
Penguin Random House Grupo Editorial, S. A. de C. V.
Blvd. Miguel de Cervantes Saavedra núm. 301, 1er piso,
colonia Granada, alcaldía Miguel Hidalgo, C. P. 11520,
Ciudad de México

penguinlibros.com

D. R. © 2022, Juan Elías Tovar Cross, por la traducción

ISBN: 978-607-381-440-9

Impreso en México – *Printed in Mexico*

Este libro consiste en transcripciones editadas de grabaciones de audio de las ponencias de Napoleon Hill para su Curso Magistral. Fueron presentadas en Chicago en mayo de 1954 ante individuos que se estaban capacitando para enseñar su filosofía.

ÍNDICE

1

EL GRAN PROPÓSITO DETERMINADO

Esta filosofía se basa en siete premisas principales.

LA PRIMERA PREMISA

La primera premisa es que la determinación del propósito es el punto de partida de todos los logros, pues es el punto de partida de todos los logros individuales. Un propósito determinado debe ir acompañado de un plan determinado de implementación, seguido de las acciones necesarias. Debes tener un propósito, un plan, y tienes que empezar a poner ese plan en acción. No es demasiado importante que tu plan sea infalible, pues si descubres que adoptaste uno que no es infalible, siempre lo puedes cambiar. Pero es fundamental determinar qué es lo que buscas obtener, cuál es tu propósito. Sin reservas ni condiciones. Antes de terminar esta lección verás por qué tiene que ser algo determinado.

Limitarte a entender esta filosofía, a leerla o escucharme hablar de ella no te resultaría muy valioso. El valor vendrá cuando empieces a formar tus propios patrones con base en esta filosofía y los pongas en práctica en tu vida diaria, tu trabajo y tus relaciones humanas. Ahí es donde realmente llegarán los beneficios.

LA SEGUNDA PREMISA

La segunda premisa: todos los logros individuales son el resultado de un motivo o una combinación de motivos. No tienes derecho a pedirle a nadie en ningún momento que haga nada sin darle a esa persona un motivo adecuado.

Por cierto, ésa es la trama y urdimbre de cualquier venta: la habilidad de implantar en la mente del comprador potencial un motivo adecuado para que compre.

Existen nueve motivos básicos. Todo lo que la gente hace o se abstiene de hacer puede clasificarse bajo estos nueve motivos. Aprende a lidiar con la gente implantando en su mente los motivos adecuados para hacer las cosas que quieres que hagan.

Muchas personas que se hacen llamar vendedores ni siquiera han oído hablar de los nueve motivos básicos. No saben que no tienen derecho a exigir una venta hasta que no hayan implantado en la mente del comprador un motivo para comprar. Los nueve motivos básicos son:

1) Supervivencia
2) Ganancia económica
3) Amor
4) Sexualidad
5) Deseo de poder y fama
6) Miedo
7) Venganza
8) Libertad de cuerpo y mente
9) Deseo de crear

LA TERCERA PREMISA

La tercera premisa: cualquier idea, plan o propósito dominante albergado en la mente mediante la repetición de pensamiento y emoción, aunado a un ferviente deseo de realizarlo, es tomado por la sección subconsciente de la mente y puesto en acción a través de cualquier medio que de manera natural y lógica pueda estar disponible.

En este párrafo acabas de recibir una tremenda lección de psicología. Si quieres que la mente capte una idea y forme un hábito de modo que en automático actúe a partir de ella, tienes que decirle lo que quieres una y otra y otra vez.

Cuando el señor Émile Coué llegó aquí hace unos años con su famosa fórmula "Todos los días, en todos los sentidos, me va mejor y mejor", curó a miles de personas, pero hubo muchas más que no sanaron, y me pregunto si sabes por qué. En esa afirmación no hay ningún deseo, ninguna emoción. Da igual chiflar en el viento que hacer una afirmación, a menos que la hagas con algo de sentimiento.

Por cierto, si te repites algo lo suficiente, llegarás al punto en que lo creas, incluso si es mentira. Suena chistoso, ¿no? Pero resulta que es cierto. Hay personas que dicen mentirillas blancas (y a veces ni siquiera tan blancas) hasta llegar al punto en que ellas mismas se las creen.

La mente subconsciente no conoce la diferencia entre correcto e incorrecto. No conoce la diferencia entre positivo y negativo. No conoce la diferencia entre un centavo y un millón de dólares. No conoce la diferencia entre el éxito y el fracaso. Aceptará cualquier afirmación que le repitas en pensamientos o palabras o por cualquier otro medio.

De ti depende trazar desde el principio tu propósito determinado, escribirlo para que se pueda entender, memorizarlo y empezar a repetirlo todos los santos días hasta que tu mente subconsciente lo detecte y empiece a aplicarlo automáticamente.

Eso va a tomar algo de tiempo. No se puede deshacer todo lo que has estado haciendo de la noche a la mañana. Tu mente subconsciente volverá a lo de antes por inercia, permitiendo que entren los pensamientos negativos. No puedes esperar que eso cambie de un día a otro. Pero descubrirás que si le pones emoción a cualquier plan que le mandes a tu mente subconsciente y lo repites en un estado de entusiasmo, respaldándolo con un espíritu de fe, la mente subconsciente no sólo actuará más rápido, sino que además lo hará de una manera más decisiva y más positiva.

LA CUARTA PREMISA

La cuarta premisa: cualquier deseo, plan o propósito dominante que esté respaldado por ese estado mental conocido como *fe* es tomado por la sección subconsciente de la mente y puesto en práctica de inmediato. Ese estado mental es el único que producirá acciones inmediatas a través de la mente subconsciente. Cuando digo *fe*, no me refiero a un deseo o una esperanza o una tenue creencia. Me refiero a un estado mental donde ya puedes ver terminado lo que sea que vayas a hacer, aun desde antes de empezar. Ahora bien, eso es algo bastante positivo, ¿no crees?

Honestamente puedo decir que en toda mi vida nunca he fracasado en algo que estuviera decidido a hacer, a menos que haya descuidado mis deseos de hacerlo y me haya alejado del plan, o que haya cambiado de parecer o de actitud mental. Y te diré que puedes ponerte a ti mismo en un estado mental donde puedes hacer cualquier cosa que te decidas a hacer, a menos que te debilites a medida que avanzas, como le pasa a mucha gente.

Otra vez: cualquier deseo, plan o propósito dominante que esté respaldado por ese estado mental, conocido como *fe*, es tomado por la sección subconsciente de la mente y puesto en práctica de inmediato.

Sospecho que sólo un número relativamente pequeño de personas entiende en realidad el principio de la fe y cómo aplicarla. Aun si la entiendes, si no la respaldas con acción y no la vuelves parte de tus hábitos de vida, es como si no la entendieras, porque la fe sin actos está muerta, la fe sin acción está muerta, la fe sin una creencia absoluta y decisiva está muerta. No puedes pensar obtener ningún resultado a través de lo que crees a menos que respaldes esa creencia con acciones.

Por cierto, si le dices a tu mente con la debida frecuencia que tienes fe en lo que sea, llegará el momento en que tu mente subconsciente lo acepte, incluso si lo que le dices es que tienes fe en ti mismo. ¿Alguna vez has pensado qué lindo sería tener una fe tan completa en ti mismo que no titubearas para emprender cualquier cosa que quisieras hacer en la vida? ¿Alguna vez has pensado cuáles serían los beneficios de esto para ti?

Mucha gente se subestima toda la vida por no tener la cantidad adecuada de confianza, ya ni hablemos de fe. Constituye más o menos entre 98 y 100 por ciento. En toda su vida nunca desarrolla suficiente confianza en sí misma para salir y emprender las cosas que quiere hacer en la vida. Aceptan de la vida lo que ésta les da.

En toda mi vida yo nunca he aceptado, de la vida ni de nadie, nada que yo no quiera. Me han arrojado muchas cosas que no me gustaban, cosas que no olían muy bien, pero no las acepté; no me volví parte de ellas.

El hombre más notable que he conocido, sin duda alguna —y he conocido a muchos hombres notables—, medido por su capacidad de aplicar su filosofía, fue el finado Mahatma Gandhi. Bueno, él era un hombre que entendía los principios de la fe. No sólo los entendía, sino que liberó a la India mediante ellos.

Es una cosa maravillosa aprender el arte de depender de ti mismo y aplicarlo a tu propia mente. ¿No es extraño cómo funciona la naturaleza? Te da un juego de herramientas, todo lo que necesitas para alcanzar todo lo que puedas usar o a lo que puedas aspirar en este mundo. Te da un juego de herramientas adecuado para todas tus necesidades y te recompensa abundantemente por aceptar esas herramientas. Eso es todo lo que tienes que hacer: sólo aceptarlas y usarlas.

La naturaleza te castiga severamente si no aceptas y no usas estos dones. Ella odia el vacío y la inactividad. Quiere que todo esté en acción, y sobre todo quiere que la mente humana esté en acción. La mente no es distinta de muchas otras partes del cuerpo. Si no la usas, si no dependes de ella, se atrofia y se debilita, y finalmente llega al punto donde cualquiera te puede mangonear. Muchas veces ni siquiera tienes la fuerza de voluntad para oponer resistencia o protestar.

LA QUINTA PREMISA

La quinta premisa: el poder del pensamiento es la única cosa sobre la que cualquier ser humano tiene medios de control completos e incuestionables. Este hecho es tan asombroso que connota una relación estrecha entre la mente del hombre y una inteligencia infinita.

En todo el universo sólo se conocen cinco cosas, y a partir de esas cinco cosas la naturaleza ha formado todo cuanto existe, desde los minúsculos electrones y protones de materia hasta las piedras más inmensas que flotan en el firmamento, incluidos tú y yo. Sólo cinco cosas: tiempo, espacio, energía y materia, y esas cuatro no servirían de nada sin la quinta. Todo sería caos. Tú y yo nunca habríamos existido sin esa quinta cosa.

Es la inteligencia universal, y se refleja en cada brizna de hierba, en todo lo que crece de la tierra y todos los electrones y los protones. Se refleja en el espacio y el tiempo. En todo lo que existe hay una inteligencia, que opera todo el tiempo. Esa inteligencia permea el universo entero: espacio, tiempo, materia, energía, todo.

La persona más exitosa es la que encuentra el medio o la manera de apropiarse de la mayor parte de esta inteligencia a través de su cerebro y de ponerla en acción. Cada individuo tiene el privilegio de apropiarse de toda la inteligencia que quiera para su propio uso. La única manera de apropiársela es usándola. Sólo entenderlo o creerlo no basta. Tienes que darle un uso especializado de alguna forma.

Yo creo en los milagros. Pero hace 50 años vi muchos milagros que hoy podría explicar fácilmente: ya no serían milagros. En última instancia, desde luego, los milagros no existen, puesto que todo efecto tiene una causa natural. Cuando no podemos descubrir esa causa, a menudo el efecto es tan impactante que lo llamamos un milagro.

Para mí, el milagro más impresionante de todos es la mente humana. La mente de la persona más humilde es capaz de expandirse a proporciones increíbles e inimaginables. Piensa en hombres como Henry Ford o Thomas A. Edison, que empezaron la vida sin educación y construyeron dos grandes imperios: el señor Edison dio inicio a la gran era de la electricidad, el señor Ford a la gran era del automóvil. Y luego piensa en Napoleon Hill, que en una sola vida creó una filosofía que ha beneficiado a millones de personas y que beneficiará a millones más cuando él ya no esté. ¿Cómo habría podido hacerlo si no hubiera usado su mente?

Lo que me permitió hacer una cosa tan gigantesca no fue mi educación, porque tuve muy poca. No fue el respaldo económico, porque de eso no tuve nada. Hasta el señor Carnegie se negó a financiarme, que fue una de las mejores cosas que me han pasado, aunque en su momento no lo vi así.

Para ser honestos, las cosas que han pasado son tan fantásticas que cuando mi socio, el señor W. Clement Stone, y yo salimos a dar conferencias, tenemos que atenuar los hechos. Si los contáramos todos, parecerían tan fantásticos, tan imposibles, que la gente que no conoce mi historia no los creería. A veces me pregunto si yo mismo los creo.

Yo empecé con una desventaja tremenda, que venía cargando desde el plano anterior, además de las que encontré esperándome cuando llegué aquí. Con todo, mediante una serie de manipulaciones, basadas en el uso de mi propia mente, fui capaz de entrar, penetrar, examinar y extraer la suma y sustancia de lo que 500 de las personas más inteligentes del país obtuvieron mediante una vida de esfuerzo. Le di forma de modo que la persona más humilde no sólo pudiera entenderlo sino aceptarlo, aplicarlo y usarlo en beneficio propio. Nunca en la historia del mundo se ha producido un logro semejante en la vida de un autor. Nunca en la historia del mundo ha habido otro autor que logre producir una filosofía en términos sencillos mediante la cual puedas vivir todos los santos días, estés donde estés, seas quien seas, y hagas lo que hagas.

Todo esto nos lleva de nuevo al poder milagroso de la mente humana, pero ese poder no te va a servir de nada a menos que lo reconozcas, lo aceptes plenamente y lo uses. La principal responsabilidad de este curso es darte un patrón, un plan de acción, mediante el cual puedas tomar posesión de tu propia mente y ponerla en operación. Todo lo que tienes que hacer es seguir el plan. No escojas las partes que más te gusten y deseches lo demás. Tómalo todo, tal como es.

Hace no mucho conocí a un hombre que había hecho una fortuna bastante enorme. La había hecho en muy pocos años, y de manera honesta. Me dijo: "Napoleon Hill, quiero decirle algo que quizá le sorprenda. Cuando llegó a mis manos uno de sus libros, mi esposa y yo lo leímos juntos. Mi esposa le puso peros y no lo aceptó. Yo no soy tan listo como ella, pero lo acepté y me volví inmensamente rico".

Vas a encontrar a gente que sea mucho más lista que tú. Que sabe todas las respuestas, y será renuente a aceptar esta filosofía. Simplemente sabe que no le va a funcionar. Vas a encontrar gente así. Que no te moleste demasiado.

Yo antes me molestaba cuando no todo mundo aceptaba esta filosofía plenamente. Hace unos años recibí una lección que me sirvió más que cualquier cosa que me hubiera pasado hasta ese momento. Me estaba quejando de la ingratitud de uno de mis alumnos cuando un señor bastante mayor que yo me dijo: "Mire, Napoleon Hill, hace como 1 900 años un hombre estupendo llegó al mundo, y tenía una estupenda filosofía de la vida. ¿Y lo va usted a creer? Él tampoco tuvo un seguimiento del cien por ciento. De hecho, a usted le va mucho mejor. Él sólo tenía 12 discípulos y uno de ellos le volteó la espalda. ¿Qué importa si algunos de sus estudiantes le voltean la espalda a usted? Si lo hacen, peor para ellos, no para usted; siempre recuérdelo".

No permitas que la gente te moleste porque no cree. No puedes esperar que toda la gente crea. Si todos tuvieran la capacidad de creer que tú vas a tener cuando asimiles esta filosofía, viviríamos en una utopía. No temeríamos a la bomba de hidrógeno ni a ninguna otra clase de bomba.

LA SEXTA PREMISA

La sexta premisa: la sección subconsciente de la mente parece ser la única puerta para el acercamiento individual a la inteligencia infinita. Quiero que analices el lenguaje con cuidado. Dije "parece ser". No sé si lo sea. Dudo que tú lo sepas, y dudo que alguien lo sepa de manera definitiva. Mucha gente tiene muchas ideas distintas sobre el tema, pero a partir de las mejores observaciones que he podido realizar en miles de experimentos, parece ser cierto que la sección subconsciente de la mente es la única puerta para el acercamiento individual a la inteligencia infinita, y puede ser influenciada por el pensamiento individual a través de los medios que se describen en esta lección y las siguientes.

La base del acercamiento es la fe basada en la determinación de propósito. Este enunciado te da la clave de todo el párrafo. La fe basada en la determinación de propósito. ¿Tienes alguna idea de por qué tu confianza en ti mismo no es tan grande como debería? ¿Alguna vez te has detenido a pensar en eso? ¿Alguna vez te has detenido a pensar por qué cuando ves venir una oportunidad, o algo que consideras una oportunidad, empiezas a cuestionar tu habilidad de aceptarla plenamente y usarla? ¿Acaso no es algo que te ha pasado muchas veces?

Si has tenido ocasión de relacionarte de manera cercana con gente que es muy exitosa, sabrás que ésa es una cosa que no les molesta. Si quieren hacer algo, nunca se les ocurre que no lo puedan hacer.

Espero que en tu relación con Napoleon Hill y Asociados llegues a conocer mejor a mi distinguido socio, el señor Stone, porque si alguna vez he visto a un hombre que conoce el poder de su mente y está dispuesto a depender de esa mente, ese hombre es el señor Stone. De hecho, se me está contagiando. Yo creía tener un gran suministro, pero créeme lo que te digo, puedo ir con el señor Stone en cualquier momento y me recarga las baterías a mí también. Qué cosa tan grande es estar cerca de alguien que tiene control total de sí mismo, que tiene todo bajo control. No creo que el señor Stone tenga ninguna preocupación. No creo que él tolere ninguna preocupación. ¿Por qué? Porque confía en su habilidad de usar su mente y hacer que esa mente cree las condiciones que él quiere crear. Éste es el estado operativo de cualquier mente exitosa, y éste será el estado de tu mente cuando termines esta filosofía. Serás capaz de proyectar tu mente a cualquier objetivo que elijas, y nunca habrá una duda de si puedes hacer lo que quieres o no. Nunca habrá la menor duda.

LA SÉPTIMA PREMISA

La séptima premisa: cada cerebro está construido con un aparato receptor y un transmisor de vibraciones de pensamiento. Este hecho explica la importancia de avanzar con un propósito determinado en vez de flotar a la deriva, puesto que el cerebro se puede imantar tan profundamente con la naturaleza del propio propósito que empezará a atraer a los equivalentes físicos o materiales de ese propósito.

Quiero que repases el párrafo anterior, que lo analices, que lo leas muchas veces y que lo metas en tu conciencia. El primer aparato transmisor y receptor de radio fue el que existe en el cerebro del hombre. No sólo existe en el cerebro del hombre, sino que existe en muchísimos animales. Yo tengo una pareja de perros pomeranios, y saben exactamente lo que estoy pensando, a veces desde antes que yo. Son tan listos que pueden sintonizarse conmigo. Cuando vamos a salir en el automóvil, ya saben si van a venir o no. No hace falta decirles ninguna palabra, porque siempre están en sintonía telepáticamente.

Tu mente está emitiendo vibraciones de manera constante. Si trabajas en ventas y vas a visitar a un comprador potencial, la venta debería estar cerrada desde antes de que siquiera veas al comprador. ¿Alguna vez has pensado en eso? Si vas a hacer cualquier cosa que requiera la cooperación de más gente, condiciona tu mente de tal manera que sepas que la otra persona va a cooperar.

¿Por qué? En primera, porque el plan que le vas a ofrecer es tan justo y honesto y benéfico para ella que no podrá rechazarlo. En otras palabras, tienes derecho a recibir su cooperación. Te sorprendería saber qué cambio habrá en las personas cuando llegues enviando pensamientos positivos por tu aparato transmisor en vez de pensamientos de miedo.

Si quieres un buen ejemplo de cómo funciona este aparato transmisor, imagina que necesitas 1 000 dólares con urgencia. Debes tenerlos para pasado mañana, o se van a llevar el coche o los muebles. Necesitas esos 1 000 dólares. Vas al banco, y desde el momento en que entras por la puerta, el banquero se da cuenta de que los necesitas desesperadamente, y no te los va a querer dar.

Qué curioso, ¿no? No, no es curioso. Es trágico. Muchas veces traes en la bolsa los cerillos con los que vas a quemar tu propia casa. Transmites tus pensamientos y te preceden. Cuando llegas, descubres que en vez de obtener la cooperación que esperabas, la otra persona te refleja de vuelta ese estado de duda, ese estado mental que tú mandaste por adelantado.

Yo antes daba clases de ventas. Mucho tiempo me gané la vida haciendo eso, mientras llevaba a cabo la investigación para esta filosofía, y les di clases a más de 30 000 vendedores. Muchos de ellos ahora son miembros de la Mesa Redonda del Millón de Dólares en el campo de los seguros de vida. Y si hay una cosa en la vida que se tiene que vender, son los seguros de vida. Nadie compra seguros de vida: hay que venderlos. Lo primero que les enseñaba a las personas a mi cargo era que tenían que hacerse la venta a sí mismas antes de tratar de hacérsela al otro. Si no saben eso, no van a cerrar la venta. Quizá alguien les compre algo, pero jamás cerrarán una venta a menos que primero se lo puedan vender a sí mismas.

Te menciono otra cosa: a veces uno anda de malas o un poco tristón. No sabes qué te pasa. ¿Alguna vez te has sentido así?

A mí ya no me pasa. Si estás en un mal estado mental, analízate con cuidado y descubre la causa. ¿Sabías que constantemente captamos las vibraciones que emiten otras personas malhumoradas, que están en un estado de frustración? ¿Sabías que su mundo ahora se encuentra en un estado caótico? La gente está hablando de la destrucción total de la humanidad. Reza y está atenta al día en que la bomba de hidrógeno venga y arrase ciudades enteras. ¿Qué crees que va a pasar si millones de personas en todo el mundo siguen anticipando, esperando y rezando por esa destrucción? ¿Por qué crees que va a pasar? Lo inevitable, eso es lo que va a pasar.

Este mundo necesita un renacimiento que haga que la gente conozca el poder y la dignidad de su propia mente, para que puedan enfocar esas mentes en las cosas que son constructivas y no en las que son destructivas. Cada cerebro es un aparato transmisor y receptor.

Hace algunos años, cuando recién empezaba, di una serie de conferencias en la Escuela de Negocios de Harvard. Les dije a los estudiantes que mis observaciones bajo la tutela del doctor Alexander Graham Bell y el doctor Elmer R. Gates me habían llevado a concluir que el éter continuamente estaba llevando sonidos que no podemos interpretar con el oído humano, que el cerebro humano constantemente captaba pensamientos de otros cerebros, y a su vez emitía pensamientos constantes que otros cerebros captaban.

No pude avanzar mucho más cuando oí que se arrastraban pies por toda el aula. Luego vi que todos tenían una sonrisota y luego soltaron la carcajada. Me corrieron.

Quizá vuelva a Harvard con ese mismo grupo de hombres y mujeres. Quizá empiece disculpándome por tener que estar compitiendo con tantos ruidos en la sala, con todas las orquestas —la gente que canta, la gente que toca, la gente que habla compitiendo conmigo—, y pidiéndoles que por favor me tengan paciencia y no le presten atención a lo demás. Y me van a escuchar. Sin arrastrar los pies. Y esta vez nadie se va a reír cuando se los diga, porque van a saber que es verdad.

Hay una gran variedad de ruidos aquí en esta sala en este momento. El éter es el medio que los transporta. El éter es el medio que lleva el pensamiento de tu cerebro a otros cerebros. También puedes estar tan sintonizado con otra persona que puedas comunicarte con ella por medio de telepatía.

No haría esta afirmación si no supiera que es verdad. ¿Y cómo crees que lo sé? Sólo porque lo he experimentado. Hace algunos años iba caminando por Central Park en Nueva York, y me imagino que habría por lo menos otras 3 000 o 4 000 mil personas allí. Mi esposa quería que fuera a la Columbia Broadcasting Station, donde estaba negociando un programa, y que estuviera ahí a la una para una importante conferencia. Me mandó la llamada mentalmente. La recibí. En vez de regresar a casa, me fui directo a la Columbia Broadcasting Station. Cuando llegué pude pasar en el último momento, a un minuto de empezar. Si hubiera recibido una carta con esa misma información, no habría podido ser más precisa.

Hace algunos años estaba dando una conferencia en Nueva Jersey, en el Club Rotario. Cuando terminó la conferencia, muchos se me acercaron y nos sentamos a charlar. Pasó hora y media, y de pronto dije:

—Si me disculpan, caballeros, tengo que tomar una llamada telefónica. Mi esposa me está llamando —y fui al teléfono y le contesté.

Ella dijo:

—Ya se te hizo tarde.

Regresé y les anuncié:

—Disculpen, caballeros, mi esposa se preocupó porque se me hizo tarde; quería saber si había pasado algo.

Me preguntaron:

—Pero ¿cómo sabía que lo llamaba su esposa?

—Ah, eso es secreto de Estado —contesté. No me tomé la molestia de explicárselos por temor a que acabaran descartando la buena conferencia que acababa de darles. Pensé que más valía no decir demasiado.

Pero contigo, mi estudiante, siento que puedo ser franco: puedo tenerte confianza. Puedo contarte algunas de las experiencias extracurriculares que he tenido, que demuestran sin lugar a duda que el cerebro es un aparato transmisor y receptor, y que puedes sintonizar ese cerebro de modo que sólo atraiga las vibraciones positivas que emite la demás gente. De eso se trata. Puedes entrenar a tu propia mente a que reciba, de entre la multitud de vibraciones que flotan en el ambiente constantemente, sólo las cosas relacionadas con lo que más quieras en la vida.

¿Cómo haces eso? Manteniendo tu mente enfocada en lo que más quieras en la vida: tu gran propósito determinado. Todo es por medio de la repetición, del pensamiento, de la acción, hasta que finalmente el cerebro no captará nada que no tenga que ver con esa determinación de propósito. Puedes educar a tu cerebro a que se niegue absolutamente a captar cualquier vibración excepto aquellas relacionadas con lo que quieres. Cuando puedas tener tu cerebro bajo control de esa manera, estarás en marcha; real y verdaderamente estarás en sintonía.

BENEFICIOS DE LA DETERMINACIÓN DE PROPÓSITO

Ahora veamos algunos beneficios de la determinación de propósito. En toda mi vida nunca le he sugerido a nadie que haga nada sin darle una buena razón para hacerlo. Cuando hablo de implantar motivos en la mente de las personas, no es sólo algo para que lo apliques; es algo que aplico yo también. Y puedo darte algunos motivos muy buenos para seguir esta lección al pie de la letra.

En primer lugar, la determinación de propósito automáticamente desarrolla la autosuficiencia, la iniciativa, la imaginación, el entusiasmo, la disciplina personal y la concentración del esfuerzo, y todos son prerrequisitos para cualquier éxito de vital importancia. Es impresionante esta variedad de cosas que desarrollas cuando mejoras la determinación de propósito, es decir: saber lo que quieres, tener un plan para lograrlo, y tener tu mente ocupada principalmente con llevar a cabo ese plan.

Si tienes que adoptar un plan, a menos que seas una persona fuera de lo común, es casi seguro que sigas algunos planes que no funcionen muy bien. Cuando descubras que tu plan no está bien, deséchalo de inmediato, consigue otro, y sigue adelante hasta encontrar uno que sí funcione. En el proceso de hacer esto, sólo recuerda una cosa: que quizá la inteligencia infinita, poseedora de una inmensa sabiduría, puede tener un plan para ti que sea mejor que el que tú mismo tenías.

Mantén una mente abierta. Si adoptas un plan para llevar a cabo tu gran propósito o un propósito menor y no sale bien, descártalo y pide la guía de la inteligencia infinita. Quizá la obtengas.

¿Qué puedes hacer para asegurarte de obtenerla? ¿Cómo puedes creer que vas a obtenerla? Puedes creer que vas a obtenerla, y no está de más decir en voz alta que lo crees. Sospecho que el Creador puede conocer tus pensamientos, pero he descubierto que si te expresas con mucho entusiasmo, nunca está de más. Y estoy seguro de que tampoco está de más para despertar a tu mente subconsciente.

Cuando escribí *Piense y hágase rico,* el título original era *Los trece pasos de la riqueza,* y tanto el editor como yo sabíamos que no era un título taquillero. Necesitábamos el título del millón de dólares.

El editor me insistía todos los días en que le diera el título que yo quisiera. Escribí 500 o 600 títulos, y ninguno servía para nada. Luego un día me sacó un tremendo susto. Me llamó y me dijo:

—Mañana en la mañana necesito ese título, y si usted no lo tiene, a mí se me ocurrió uno buenísimo.

—¿Cuál? —dije.

—Le vamos a poner *Usa los sesos para sacar los pesos.*

—Santo cielo —dije—, me va a arruinar. Éste es un libro digno y ése es un título chacotero. Va a arruinar el libro y a mí también.

—Pues aunque así sea, ése será el título a menos que usted me tenga uno mejor en la mañana.

Quiero que pongas atención a este incidente porque da en qué pensar de una manera poderosa. Esa noche me senté de un lado de la cama y tuve una charla con mi mente subconsciente. Le dije: "Escúchame bien, buena para nada, tú y yo hemos recorrido mucho camino juntos. Has hecho muchas cosas por mí y también me has hecho algunas cosas a mí, gracias a mi ignorancia, pero necesito el título del millón de dólares y lo necesito esta misma noche. ¿Me entiendes?"

Me puse a hablar tan fuerte que el señor que vivía en el departamento de arriba golpeó en el piso, y no lo culpo, porque ha de haber pensado que me estaba peleando con mi esposa. Realmente no le dejé ninguna duda a mi mente subconsciente de qué era lo que quería. No le dije a la mente subconsciente exactamente qué clase de título era. Sólo le dije que tenía que ser el título del millón de dólares.

Me fui a acostar después de haber cargado a mi mente subconsciente hasta llegar a ese momento psicológico en que sabía que iba a producir lo que yo quería. Si no hubiera llegado a ese punto, ahí seguiría metido, sentado de un lado de la cama hablando con mi subconsciente. Hay un momento psicológico —y puedes sentirlo— cuando el poder de la fe se hace cargo de lo que sea que estés tratando de hacer y te dice: "Está bien, ya relájate: es así".

Me fui a acostar y como a las dos de la mañana me desperté como si alguien me estuviera zarandeando. Al salir del estado de sueño, tenía en la mente *Piense y hágase rico*. ¡Qué bárbaro! Solté un grito de apache. Salté a mi máquina de escribir y lo escribí.

Agarré el teléfono y llamé al editor.

—¿Qué pasa? —preguntó—. ¿Se está quemando la ciudad?

Eran como las 2:30 de la mañana.

—Así es —afirmé—, con el título del millón de dólares.

—Vamos a oírlo —dijo.

—*Piense y hágase rico*.

—Le dio al clavo —aseguró.

Sí, yo diría que le dimos al clavo. El libro ha recaudado más de 23 millones de dólares en Estados Unidos y probablemente rebase los 100 millones antes de que yo pase a mejor vida, y aún más. Fue el título del millón —no, un título multimillonario—.

Después de la regañiza que le metí a mi subconsciente, no me sorprende que se haya espabilado y haya hecho un buen trabajo. ¿Por qué no usé ese método en primer lugar? Qué curioso, ¿no? Yo conozco la ley. ¿Por qué me puse a perder el tiempo y darle largas? ¿Por qué no fui directo a la fuente a echar a andar mi mente subconsciente en vez de sentarme a la máquina de escribir a sacar 500 o 600 títulos?

Te voy a decir por qué. Es por la misma razón que a menudo uno sabe qué hacer pero no lo hace. No hay explicación para la indiferencia del ser humano hacia sí mismo. Aun después de que conoces la ley y sabes cómo está la cosa, te la pasas perdiendo el tiempo hasta el último minuto antes de hacer algo al respecto.

Es igual que con la oración: te haces tonto hasta que llega un momento difícil, y entonces estás muerto de miedo. Claro que no obtienes ningún resultado de la oración. Si quieres que la oración dé resultado, tienes que condicionar a tu mente para que tu vida sea una plegaria constante todos los días. Cada minuto de tu vida es una oración constante porque se basa en creer en tu propia dignidad, y sintonizarse con la inteligencia infinita para tener las cosas que necesitas en este mundo. Si te esperas hasta los momentos difíciles, es como tener una muerte en la familia e ir con el de la funeraria y el del panteón. Créeme lo que te digo, te van a desplumar, porque estás en un estado de dolor y no puedes oponer la menor resistencia. Y lo que te va a pasar no se lo deseo a nadie, y todo por no haberte preparado cuando no había necesidad.

Es igual con esta mente humana. Tienes que condicionar a la mente día con día para que cuando surja una emergencia puedas estar ahí enseguida, listo para lidiar con ella.

La determinación de propósito también te lleva a planear tu tiempo y agendar tareas diarias que te lleven a alcanzar tu gran propósito. Si te sentaras a escribir un reporte cada día durante una semana de cada hora que te la pasas realmente trabajando, y luego un reporte de cada hora de tiempo que pierdes, te llevarías uno de los sustos más grandes de tu vida.

Hace no mucho alguien me dijo: "Napoleon Hill, usted es una persona tremendamente ocupada. Anda en el avión de allá para acá. Se la pasa escribiendo libros, dando conferencias, ayudando al señor Stone a llevar el negocio. Debe ser muy trabajador".

Me sonrojé. ¿Sabes por qué? Porque yo desperdicio por lo menos la mitad de mi tiempo. Podría dedicarle cinco horas al día a hacer otra cosa, si de veras quisiera. Y si yo soy así de deficiente, ¿cómo andarás tú?

No te enojes por esto; sólo quería pisarte un poco los callos. Quería hacerte notar el hecho de que todos perdemos el tiempo. No somos eficientes. Tenemos unas ocho horas para dormir, unas ocho horas para ganarnos el pan, y ocho horas de tiempo libre en las que podemos hacer lo que nosotros queramos. Las ocho horas de tiempo libre son el tiempo de la oportunidad. Éste es el tiempo en el que puedes condicionar tu mente a hacer cualquier cosa que quieras.

La determinación de propósito también hace que uno esté más alerta para reconocer las oportunidades relacionadas con el objetivo de nuestro gran propósito. También inspira a tener el valor de aceptar esas oportunidades y actuar en consecuencia. Todos vemos oportunidades casi todos los días de nuestra vida que, si las aceptáramos y actuáramos en consecuencia, podrían beneficiarnos. Pero hay algo que se llama postergación. Sencillamente no tenemos la voluntad, la capacidad de alerta, la determinación para aceptar a plenitud las oportunidades cuando se presentan. Pero si condicionas tu mente con esta filosofía, no sólo aceptarás plenamente las oportunidades, sino que harás algo mejor.

¿Qué podrías hacer que sea mejor que aceptar plenamente una oportunidad? *Crear* la oportunidad. Uno de los generales de Napoleón (el otro) llegó a verlo un día. Estaban preparando un ataque a la mañana siguiente. Este general dijo:

—Señor, las circunstancias no son las adecuadas para el ataque de mañana.

Napoleón contestó:

—¿Las circunstancias no son las adecuadas? Un cuerno, las circunstancias las pongo *yo*. Ataquen.

Aún no he visto a ningún hombre de negocios exitoso en cualquier campo que, cuando alguien le dice que no se puede, no diga: "Ataquen, ataquen".

Empieza donde estás. Cuando llegues a esa curva en el camino, siempre descubrirás que el camino sigue. Ataca. No lo postergues. No te quedes parado. Ataca.

La determinación de propósito inspira confianza en la propia integridad y carácter, y llama la atención de los demás de manera favorable. ¿Alguna vez habías pensado en eso? Creo que a todo el mundo le encanta ver a una persona caminando con el pecho henchido. No necesita tener mucho pecho, pero aquí hay alguien que le está diciendo a todo el condenado mundo que sabe lo que está haciendo y que va camino a hacerlo. Si estás decidido a pasar, la gente en las aceras te abre paso, y no hace falta chiflarle ni gritar. Basta con que mandes tus pensamientos por delante con determinación, y se harán a un lado para dejarte pasar.

Así es el mundo. Mucha gente es tan indiferente que deja que los demás la mangoneen. La persona que sabe lo que quiere va a mangonear a muchos, créeme, sobre todo a cualquiera que se interponga en su camino. El hombre que sabe adónde va y está decidido a llegar siempre encontrará ayudantes dispuestos con quienes colaborar.

He aquí el mayor de todos los beneficios de la determinación de propósito: abre paso para el pleno ejercicio de ese estado mental conocido como *fe* al volver la mente positiva y liberarla de las limitaciones del miedo y la duda y el desaliento y la indecisión y la postergación.

En el instante mismo en que decides algo y sabes que eso es lo que quieres, sabes que lo vas a hacer. Todas las negatividades que te han estado molestando agarran sus cosas y se van. Simplemente se marchan. No pueden vivir en una mente positiva.

¿Puedes imaginar un estado mental negativo y un estado mental positivo ocupando el mismo espacio al mismo tiempo? Claro que no, porque es imposible. ¿Y sabías que la más mínima actitud mental negativa basta para destruir el poder de la oración? ¿Sabías que la más mínima actitud mental negativa basta para destruir tu plan? Tienes que avanzar con valor, con fe, con determinación, al llevar a cabo tu determinación de propósito.

Luego, la determinación de propósito hace que uno esté atento al éxito. ¿Sabes a qué me refiero con *estar atento al éxito*? Si te dijera que te hace estar atento a la salud, ¿entenderías a qué me refiero? A que tus pensamientos son predominantemente sobre tu salud. Al hablar de estar atento al éxito, tus pensamientos son predominantemente sobre el éxito: la parte "sí se puede" de la vida, y no pensar que no se puede. ¿Sabías que 98% de las personas que nunca llegan a nada en la vida son las que dicen "no se puede"? Ante cualquier circunstancia que la vida les presenta, de inmediato fijan su atención en la parte del no se puede, la parte negativa.

Nunca en la vida olvidaré lo que me pasó cuando el señor Carnegie me sorprendió con una oportunidad de organizar esta filosofía. Traté de darle todas las razones por las que no podía hacerlo, y de inmediato se me ocurrieron todas. Yo no tenía suficiente educación. No tenía el dinero. No tenía la influencia. No sabía lo que significaba la palabra *filosofía*. Estaba tratando de abrir la boca para decirle al señor Carnegie que le agradecía el cumplido, pero que dudaba que fuera muy bueno para juzgar la naturaleza humana si me estaba eligiendo para hacer un trabajo así. Aunque eso pasaba por mi mente, había una persona silenciosa mirando sobre mi hombro, que dijo:

—Vamos, dile que puedes. Escúpelo.

Contesté:

—Sí, señor Carnegie, acepto el encargo, y puede estar seguro, señor, de que lo terminaré.

Alcanzó mi mano y le dio un apretón. Añadió:

—No sólo me gustó lo que dijo, sino que me gustó la forma en que lo dijo. No esperaba menos.

Vio que mi mente estaba encendida con la creencia de que podía hacerlo, aunque yo no poseía el menor recurso para iniciar, más allá de mi determinación de crear esta filosofía.

Si hubiera titubeado en lo más mínimo, si hubiera dicho: "Sí, señor Carnegie, haré mi mejor esfuerzo", estoy seguro de que me habría quitado la oportunidad al instante. Habría indicado que yo no tenía la determinación necesaria para hacerlo.

Pero le dije: "Sí, señor Carnegie, acepto el encargo, y puede estar seguro, señor, de que lo terminaré", y tú lo estás viendo aquí. Estás conviviendo con el hecho de que el señor Carnegie no se equivocó al elegir.

Él sabía lo que hacía. Había encontrado algo en la mente humana, en mi mente, que llevaba años buscando. Lo encontró. Yo no sabía su valor, pero después lo descubrí. Quiero que tú reconozcas su valor, porque tienes eso mismo en tu mente: la misma capacidad de saber lo que quieres y de estar decidido a lograrlo, aunque no sepas ni por dónde empezar.

Piensa en *madame* Marie Curie cuando decidió descubrir el radio. Lo único que sabía era que en teoría debía haber radio en alguna parte del universo. Olvídate de buscar una aguja en un pajar: era como buscar una aguja en el universo, buscar el radio —y lo único que ella tenía era una teoría—. Ella respaldó con tanta fe la teoría que había desarrollado y refinado, que fue capaz de producir radio por primera vez en el mundo. ¿No es maravilloso que la mente humana sea capaz de hacer algo así?

Al lado de un logro así, tus oposiciones y problemas insignificantes no son nada, absolutamente nada. Estos problemas de los que nos preocupamos todo el día no son nada comparados con los problemas que enfrentaron Marie Curie o Thomas A. Edison cuando trabajaba en la lámpara eléctrica incandescente, o Henry Ford cuando construía su primer automóvil. Hizo falta una tremenda cantidad de fe. Hizo falta determinación de propósito y fe continuas, antes de que esos grandes hombres pudieran alcanzar sus grandes logros.

¿Qué hace que un hombre o una mujer sean grandes? La grandeza es la capacidad de reconocer el poder de tu propia mente, de aceptarlo plenamente y usarlo. Eso constituye la grandeza. Según mis reglas, cada hombre y cada mujer puede volverse verdaderamente grande mediante el sencillo proceso de reconocer su propia mente, aceptarla a plenitud y usarla.

2

APLICAR EL PRINCIPIO DEL GRAN PROPÓSITO DETERMINADO

Aquí están las instrucciones para aplicar el principio del gran propósito determinado, y deben seguirse al pie de la letra. No pases por alto ninguna parte.

ESCRIBE UNA DECLARACIÓN

Primero, escribe una declaración clara de tu gran propósito, fírmala, memorízala, y repítela por lo menos una vez al día como una oración, o si prefieres, como una afirmación. Puedes ver las ventajas de esto: la fe en ti mismo y en tu Creador se colocan en una posición de respaldo total.

He descubierto por experiencia que éste es el punto más débil en las actividades de los estudiantes. Leen esto, dicen: "Es bastante sencillo —lo entienden—, pero ¿qué caso tiene tomarse la molestia de escribirlo?" Pero tienes que escribirlo. Tienes que pasar por el acto físico de traducir un pensamiento al papel, tienes que memorizarlo y tienes que empezar a hablar con tu mente subconsciente del tema. Dale a esa mente subconsciente una buena idea de lo que quieres. No está de más que recuerdes la anécdota que te conté de lo que hice para sacar mi título del millón de dólares.

Que tu mente subconsciente entienda que de ahora en adelante el jefe eres tú. Pero no puedes esperar que tu mente subconsciente ni nadie más te ayude si no sabes lo que quieres, de manera determinada. Noventa y ocho de cada 100 personas no saben lo que quieren en la vida y en consecuencia nunca lo consiguen. Toman cualquier cosa que la vida les da. No pueden hacer nada al respecto.

Ahora, además de tu gran propósito determinado puedes tener propósitos menores, todos los que quieras, siempre y cuando tengan que ver o te lleven en dirección de tu gran propósito. Tu vida entera debe estar consagrada a llevar a cabo tu gran propósito en la vida.

Por cierto, está bien ser modesto al pedir lo que quieres, pero no seas demasiado modesto. Atrévete a pedir las cosas a las que estás seguro que tienes derecho. Pero al pedirlas, asegúrate de no pasar por alto las instrucciones que te voy a dar a continuación.

Segundo, escribe un esbozo claro y bien definido del plan o los planes mediante los cuales pretendes alcanzar tu objetivo o propósito, y define el plazo máximo en que pretendes alcanzarlo. Describe a detalle precisamente qué pretendes dar a cambio de la realización del objetivo de tu propósito. Haz tu plan lo suficientemente flexible para que permita cambios en cualquier momento que te sientas inspirado a hacerlos, recordando que la inteligencia infinita puede presentarte un plan mejor que el tuyo; a menudo lo hará, si tienes bien definido lo que quieres.

¿Alguna vez has tenido una corazonada que no puedes describir o explicar? ¿Sabes lo que es una corazonada? Es tu mente subconsciente tratando de hacerte llegar una idea. A menudo, uno es tan indiferente que ni siquiera permite que su mente subconsciente le hable por unos momentos. He oído a gente decir: "Hoy se me ocurrió una idea tontísima", pero esa idea tontísima habría podido ser la idea del millón de dólares si la hubiera escuchado y hubiera hecho algo al respecto.

Yo les tengo un gran respeto a esas corazonadas, porque sin duda hay algo fuera de ti que está tratando de comunicarse contigo. Les tengo un gran respeto a las corazonadas que me llegan, y me llegan constantemente. He descubierto que siempre tienen que ver con algo que mi mente ha estado cavilando, algo que quiero hacer, o algo de lo que me estoy ocupando.

Escribe un esbozo claro y bien definido del plan o planes, y define el plazo máximo en que pretendes alcanzarlos. El plazo es muy importante. No escribas como tu gran meta determinada: "Voy a ser el mejor vendedor del mundo", ni "Voy a ser el mejor empleado de mi organización", ni "Voy a ganar mucho dinero". Ahí no hay una determinación clara. Cualquier cosa que consideres tu gran objetivo en la vida, escríbelo claramente y ponle plazo: "Voy a alcanzar X dentro de Y años", y después describe exactamente en qué consiste.

Luego, en el siguiente párrafo, escribe: "Voy a dar tal y cual cosa a cambio de lo que estoy pidiendo", y después descríbela.

¿Tienes alguna idea de qué es lo que tendrías que dar a cambio de lo que quieres en la vida? ¿Tienes alguna idea de lo que yo tengo que dar a cambio de cualquier cosa que quiera en la vida? Por cierto, yo ya tengo todo lo que quiero en la vida, y lo tengo con abundancia. Ayer me dio algo que no quería, pero no me lo quedé. Me dio un poco de catarro. Pero el príncipe de la salud puso manos a la obra y lo resolvió (más adelante hablaré más del príncipe de la salud).

Cuando te vuelvas un maestro o maestra competente de esta filosofía, vas a enriquecer las mentes de aquellos que estén bajo tu influencia. Eso es lo que tienes para dar. ¿Qué mejor cosa podrías dar a cambio de lo que sea que quieres en el mundo? Yo no tendría el menor remordimiento de pedir cualquier cosa que quisiera, pues considero que el servicio que estoy prestando me da derecho a tener cualquier cosa que quiera, y quiero que tú también te sientas así.

Pero no salgas como mucha gente, deseando ganar un millón de dólares el próximo año sin tener que trabajar demasiado para conseguirlo. No hagas eso. Primero hay que estar dispuestos a dar y luego hay que empezar por dar.

Por cierto, aun desde antes de que termines este curso, estaría muy bien que reunieras a dos o tres amigos y empezaras a enseñarles estas lecciones. Por ejemplo, la lección de esta noche; me atrevería a decir que tú podrías hacer un buen intento por explicársela a alguien, sobre todo si pudieras consultar mis notas mientras la explicas.

Empieza por ahí. Te sorprenderás de lo que te va a hacer a ti, y también a ellos. Puedes hacer un poco de proselitismo, puedes practicar un poco, y descubrirás que al hacerlo vas a crecer y te vas a desarrollar.

La naturaleza tiene un sistema para asignarle tiempos a todo. Si eres agricultor y quieres plantar algo de trigo en el campo, sales, preparas la tierra y siembras el trigo en la temporada correcta del año. ¿Volverías al otro día con la segadora a cosecharlo?

No. Esperarías a que la naturaleza hiciera su parte. La llames como la llames, ya sea inteligencia infinita o Dios o lo que tú quieras, hay una inteligencia que hace su parte si primero tú haces la tuya. La inteligencia no te va a dirigir hacia el objeto de tu gran propósito ni lo va a atraer hacia ti a menos que sepas lo que es y a menos que le des un plazo adecuado. Sería bastante ridículo si partieras de un talento mediocre y dijeras que vas a ganar un millón de dólares en los próximos 30 días. En otras palabras, haz que tu gran propósito sea razonable dentro de lo que sabes que eres capaz de desear.

MANTÉN TU PROPÓSITO EN SECRETO

Después, mantén tu gran propósito en estricto secreto, excepto en lo que toca a las instrucciones adicionales que recibirás sobre este tema en la lección sobre la Mente Maestra. ¿Por qué sugiero que mantengas tu gran propósito en secreto? ¿Sabes lo que te harán tus familiares si sacas la cabeza un centímetro de lo que has estado haciendo y lo anuncias? Se burlarán de ti a morir. Eso hicieron los míos. Durante años, de toda la gente que conocía, sólo hubo dos personas que se mantuvieron a mi lado y me dieron ánimos: mi madrastra y Andrew Carnegie. No habría podido sobrevivir sin la fe de estas dos personas; no lo hubiera logrado. Debes tener a alguien que crea en ti. No puedes salir adelante si no. Y también tienes que *merecer* que alguien crea en ti.

En todo caso, no reveles tu gran propósito a otras personas, porque hay mucha gente en este mundo a la que le gusta quedarse parada al margen y meterte el pie cuando pasas, sobre todo si llevas la cabeza en alto y tienes cara de que vas a lograr más en la vida que ella. Sin ningún motivo, cuando vas pasando te meten el pie, sólo por verte caer. Te echarán la llave de tuercas en la maquinaria —y si no tienen una llave, te echarán arena en la caja de cambios— pero tratarán de frenarte. ¿Por qué? Por la envidia de la humanidad.

La única manera de hablar de tu gran propósito determinado es en acción, después del hecho y no antes, después de que lo hayas logrado. Deja que hable por sí mismo. La única manera en la que alguien puede darse el lujo de lucirse o presumir de sí mismo es con acciones y no con palabras. Si las acciones se llevan a cabo, no necesitas las palabras: las acciones hablan por sí mismas.

Antes me pasaba que de vez en cuando alguien me criticaba, y supongo que aún lo hacen, para el caso, ya ni los escucho y mucho menos les respondo. ¿Por qué? Porque lo que estoy haciendo habla tan fuerte que lo que la gente diga que estoy haciendo no hace la menor diferencia. Deja que tu trabajo, que tus acciones, hablen por sí mismos.

Haz planes flexibles: no decidas que el plan que has discurrido es perfecto sólo porque fue lo que se te ocurrió. Deja que tu plan sea flexible. Ponlo a prueba con todas las ganas, y si no funciona correctamente, cámbialo.

CONDICIONA TU MENTE PARA EL ÉXITO

Después, trae a tu conciencia tu gran propósito tan a menudo como sea práctico. Come con él, duerme con él, y llévalo contigo adondequiera que vayas, teniendo en cuenta el hecho de que de esta manera puedes influir a tu mente subconsciente para que trabaje por alcanzarlo mientras duermes.

¿Sabías que yo fui instrumental en desarrollar una máquina que te condiciona para el éxito mientras duermes? Llevaba como 15 años dando conferencias sobre el tema. Ahora hay más de seis máquinas diferentes que puedes encender y automáticamente repiten un mensaje para tu subconsciente cada 15 minutos hasta que apagas la máquina. Puedes atenderte de padecimientos físicos. Desde luego puedes atenderte de padecimientos mentales, falta de seguridad, falta de fe. Si tienes cualquier cosa que le quieras transmitir a tu mente subconsciente, podrás hacerlo mejor cuando estés dormido. Si eso no fuera cierto, jamás hubiera podido influenciar la naturaleza para improvisar un aparato auditivo para mi hijo, Blair, quien nació sin orejas. Trabajé totalmente a través de su mente subconsciente.

Ahora bien, tu mente subconsciente es muy celosa. Está en guardia y no deja pasar nada excepto las cosas que te dan miedo y las cosas que te entusiasman mucho (sobre todo las que te dan miedo). Si quieres implantar una idea en tu mente subconsciente, tienes que hacerlo con una cantidad tremenda de fe y entusiasmo. Tienes que detener la mente consciente para que se haga a un lado y te deje pasar hasta el subconsciente por tu entusiasmo y tu fe.

La repetición también es una cosa maravillosa. La mente consciente finalmente se cansa de oírte decir las mismas cosas una y otra vez y dice: "Está bien, si vas a repetir eso, no puedo quedarme aquí y verte para siempre. Pásale y díselo a la sub, a ver ella qué hace con eso". Así es como funciona.

Esta mente consciente es una cosa muy porfiada, y aprende todas las cosas que *no* funcionan. Tiene un tremendo inventario de cosas que no funcionan y cosas que no están bien: un gran inventario de pedazos de hilo, herraduras viejas y clavos, como algunos acumuladores que juntan tiliches. Hay un gran surtido de cosas de esas tiradas: basura inservible que se acumula, impedimentos que no necesitas. Ésa es la clase de cosas que tu mente consciente le está alimentando a tu mente subconsciente.

Cada noche, justo antes de irte a acostar, deberías darle a tu mente subconsciente alguna orden sobre lo que quieres que haga. Desde luego para sanar tu cuerpo. El cuerpo necesita repararse todos los días. Cuando acuestas tu esqueleto a dormir, entrégalo a la inteligencia infinita y pídele a tu mente subconsciente que se ponga a trabajar para sanar cada célula y órgano de tu cuerpo, para darte en la mañana un cuerpo perfectamente acondicionado en el que la mente pueda funcionar.

No te vayas a acostar sin darle órdenes a tu mente subconsciente. Dile lo que quieres. Adquiere el hábito de decirle lo que quieres. Si insistes suficiente tiempo, te va a creer y te dará lo que pides. Por lo tanto, más te vale tener cuidado con lo que pides, porque si lo sigues pidiendo, lo vas a obtener.

Me pregunto si no te llevarías una sorpresa si pudieras saber ahora mismo lo que has estado pidiendo a través de los años. ¿Alguna vez has pensado en eso? Lo has estado pidiendo. Todo lo que tienes que no quieres, lo has estado pidiendo, quizá por negligencia, quizá porque no le dijiste a la mente subconsciente lo que realmente querías, y se surtió de un montón de cosas que no querías. Así funciona.

TU PROPÓSITO MÁS GRANDE EN LA VIDA

Aquí hay algunos factores importantes relacionados con tu gran propósito determinado. En primer lugar, debe representar tu propósito más grande en la vida: ese propósito singular que, por encima de todos los demás, deseas alcanzar y cuyos frutos deseas dejar como un monumento a ti mismo cuando te hayas ido.

Eso es lo que debe ser tu gran propósito determinado. No estoy hablando de tus propósitos menores; estoy hablando de tu gran propósito general, el propósito de toda tu vida. Créeme, si no tienes un propósito general para toda tu vida, simplemente estás desperdiciando la mejor parte de tu vida. El desgaste de vivir no merece el precio que hay que pagar a menos que realmente tengas algún objetivo, a menos que vayas a alguna parte en la vida, a menos que vayas a hacer algo con esta oportunidad de estar aquí en este plano.

Me imagino que fuiste enviado aquí a hacer algo. Me imagino que fuiste enviado aquí con una mente capaz de forjar y alcanzar tu propio destino. Si no lo alcanzas, si no usas esa mente, me imagino que tu vida en gran medida habrá sido desperdiciada desde el punto de vista del que te envió para acá. Toma posesión de tu mente: apunta alto. No creas que no podrás lograr algo en el futuro sólo por no haber logrado mucho en el pasado. No midas tu futuro con base en tu pasado. Un nuevo día se acerca. Volverás a nacer. Estás estableciendo un patrón nuevo, estás en un mundo nuevo, eres una persona nueva. Si no, ¿por qué no? Si no entiendes esta idea, si no la usas, entonces no vas a sacar nada de este curso. Yo pretendo que cada uno de ustedes vuelva a nacer mental, física y quizá espiritualmente, con una nueva meta, un nuevo propósito, una nueva realización de su propio ser individual y de su propia dignidad como una unidad de la humanidad.

Si me preguntas cuál considero que sea el peor pecado de la humanidad, te apuesto a que te sorprendería mi respuesta. ¿Cuál sería la tuya? ¿Cuál crees que sea el peor pecado de la humanidad?

El peor pecado de la humanidad es descuidar el uso de su mayor riqueza, porque si usas esa riqueza mayor tendrás todo lo que quieras y lo tendrás en abundancia. No dije que tendrás todo *dentro de los límites de lo razonable.* Dije que tendrás *todo* lo que quieras y lo tendrás en abundancia. No le puse ningún calificativo, porque tú eres el único que puede ponerle calificativos con base en lo que quieres. Tú eres el único que puedes ponerte limitaciones. Nadie más puede hacerlo a menos que tú lo permitas.

QUE TU PROPÓSITO VAYA POR DELANTE

Tu gran propósito, o una parte del mismo, debe ir varios pasos adelante de ti en todo momento, como algo que puedas anticipar con esperanza e ilusión.

Si alguna vez alcanzas tu gran propósito y lo cumples, ¿entonces qué? ¿Qué vas a hacer? Conseguir otro. Al alcanzar el primero, aprenderás que puedes alcanzar un gran propósito. Cuando selecciones el siguiente, que sea un objetivo más grande que el primero. Si tu objetivo es adquirir riqueza material, no apuntes demasiado alto el primer año. Desarrolla un plan de 12 meses razonable y ve qué tan fácil es cumplirlo. Al año siguiente, duplícalo. Al año siguiente, vuélvelo a duplicar.

Hace no mucho, Earl Nightingale me contó que hace años estaba acostado en la cama un día, leyendo mi libro, cuando de pronto se le ocurrió una idea que le reveló esto de lo que estoy hablando, concretamente el enfoque desde el que podía tomar posesión de sí mismo y hacer lo que él quisiera. Su éxito empezó desde ese mismo momento.

Soltó un alarido de guerra, y su esposa entró corriendo; pensó que alguien lo estaba asesinando.

—Lo encontré, lo encontré —dijo él.

—¿Qué encontraste?

—Lo que había estado buscando toda la vida. Aquí está —y se lo leyó. Luego dijo—: Ahora lo voy a poner a prueba. Voy a averiguar si Napoleon Hill es un farsante o si va en serio. La semana que entra voy a duplicar mi salario —y lo duplicó—. Bueno, cualquier cosa puede pasar una vez. Voy a intentarlo otra vez —y luego lo volvió a duplicar, y ahí se detuvo. Añadió—: De aquí en adelante, yo puedo solo.

Y créeme lo que te digo, a Earl Nightingale le está yendo bien, económicamente y en lo demás. Hizo un estupendo trabajo. Su punto de partida fue esta filosofía, que le dio una idea. ¿Cuál fue su idea? Descubrió que había tenido la respuesta todo el tiempo. No necesitaba buscarla en mis libros ni en ningún otro lado, aunque da la casualidad de que sí la encontró en uno de mis libros.

No sé dónde vayas a encontrar eso que estoy describiendo, pero lo vas a encontrar en algún lado, y vas a ayudar a cada persona que te toque instruir a encontrar eso mediante lo cual logrará su autodeterminación.

El gran propósito de uno debe ir varios pasos más adelante. ¿Qué fin tiene esto? ¿Por qué no fijar un propósito determinado que puedas alcanzar mañana, por decir? Obviamente si lo haces, tu gran propósito determinado no va a ser muy extenso, y te vas a perder la diversión de la búsqueda.

El placer de la búsqueda es una gran cosa. Si ya encontraste el éxito o ya encontraste tu objetivo, no es divertido; tienes que darte la vuelta y volver a empezar con algo más. La vida es menos interesante cuando uno no tiene un propósito determinado que alcanzar más allá de meramente vivir.

LA ESPERANZA DEL LOGRO FUTURO

La esperanza del logro futuro en relación con un gran propósito es uno de los mayores placeres del ser humano. No podría describirlo.

No poseo las palabras adecuadas para describir el placer que siento de mirar al futuro y ver los millones de personas que tendré el privilegio de beneficiar a través de mis estudiantes y a través de los libros que voy a escribir. Me emociona hasta la médula contemplar el bien que quizá podré hacer en el futuro. Mientras viva, estaré haciendo algo bueno por alguien de alguna manera. No hay nada que pueda tomar el lugar de esa clase de esperanza. No se ha alcanzado aún, pero es un estado mental maravilloso en el cual estar.

Lamentable en verdad es la suerte del hombre que ya se alcanzó a sí mismo y no tiene nada más que hacer. He conocido a muchos. Todos son miserables. Yo una vez me retiré y me mudé a Florida. Pensé que podría arreglármelas sin ganar más dinero. Y supongo que hubiera podido. Todo estuvo bien los primeros seis meses, luego me empezó a dar inquietud por moverme y por hacer algo. Empecé a decirles a las iglesias todo lo que hacían mal. Con eso me volví muy popular. Y entonces no estaba satisfecho. No estaba obteniendo una reacción suficiente. El clero no me estaba dando suficiente pelea, así que empecé a meterme con las universidades. Uy, eso sí me puso en la cima.

En eso tomé conciencia de mí mismo y descubrí algo que espero que tú nunca tengas que descubrir. Descubrí que en verdad la ociosidad es la madre de todos los vicios, y yo estaba ahí metido. Hizo falta una serie de fuertes sacudidas para quitarme esa idea y ponerme otra vez a trabajar. Nunca más me verán hacer un esfuerzo especial por retirarme. No, hay que mantenerse activos, hay que seguir haciendo algo, seguir trabajando, seguir teniendo un objetivo por delante.

El gran propósito de uno puede consistir, y por lo general consiste, en algo que puede alcanzarse sólo mediante una serie de pasos que se siguen día con día, mes con mes, año con año, porque es algo que debe estar diseñado de tal manera que ocupe una vida entera de esfuerzo. El gran propósito de uno puede consistir en muchas combinaciones diferentes de metas menores, tales como la naturaleza de nuestra ocupación, que debe ser algo que uno mismo haya elegido. De hecho, el gran propósito debe estar en armonía con la ocupación, negocio o profesión de uno, pues cada día de trabajo debería acercar al individuo un día más a alcanzar su gran propósito en la vida.

Me da pena el individuo que sólo trabaja todo el santo día para tener algo que comer y ropa que ponerse y un lugar donde dormir. Me da pena la persona que no tiene ninguna meta más allá de obtener lo necesario para existir. No me imagino a nadie que esté tomando este curso conformándose con quedarse sentado. Pienso que quieren vivir. Pienso que quieren abundancia. Pienso que quieren todo lo que sea necesario para hacer las cosas que quieren en la vida, incluyendo dinero.

Definitivamente asegúrate de incluir en tu propósito la armonía perfecta entre tú y tu pareja. ¿Sabes de algo más importante que eso? ¿Sabes de alguna relación humana más importante que la de marido y mujer? Claro que no. Ni tú ni nadie.

¿Alguna vez has visto o sabido de una relación entre marido y mujer donde no había armonía? Sé que sí. No es muy agradable, ¿verdad? Ni siquiera es agradable estar con gente que no está en sintonía entre sí. Pues bien, tú y tu pareja pueden estar en armonía, y aquí es donde deberías empezar a aplicar tu relación de la Mente Maestra. Tu mujer o tu marido debería ser tu primer aliado de la Mente Maestra. Quizá tengas que regresar y volver a cortejarle, pero eso también es lindo. No se me ocurre nada que haya hecho en la vida que haya disfrutado tanto como cortejar a alguien; es una experiencia maravillosa. Regresa y vuelve a cortejarla o cortejarlo otra vez.

Mi esposa no es de este mundo. Me alegra que esté en él, pero ella en realidad es de otro mundo, porque si hay alguien que sabe todo sobre mí, que sabe exactamente qué hacer en el momento preciso para hacerme feliz, es ella. Me puede leer la mente. Sabe lo que estoy pensando. Ni siquiera tengo que estar cerca de ella, porque sabe lo que está pasando en todo momento. Sabe prenderle a la inspiración cuando más hace falta. Es una cosa maravillosa tener una esposa así.

Si tienes pareja, y puedes desarrollar una relación con esa pareja en la que ella o él te complemente en cada área cuando estás débil, tienes una fortuna sin comparación, un bien que no puede compararse con nada más de este mundo. Esa relación de la Mente Maestra entre marido y mujer puede remontar todas las dificultades. Unen sus actitudes mentales y multiplican su entusiasmo, dirigiéndolo a las áreas donde cada uno lo necesite.

PONTE EN BUENOS TÉRMINOS CON TUS ASOCIADOS

Si no estás en buenos términos con tus socios comerciales o con la gente que trabajas todos los días, regresa y date a la tarea de replantear esos términos sobre una nueva base.

Te sorprenderías de lo que puede lograr una pequeña confesión de tu parte. La confesión realmente es una cosa maravillosa. La mayoría de la gente afirma ser demasiado orgullosa para confesar sus debilidades. Déjame decirte algo, es bueno sacarte algunas debilidades del sistema mediante la confesión. Reconoce que tal vez no seas perfecto, o no totalmente. Quizá la otra persona diga: "Pues ahora que lo pienso, yo tampoco", y de ahí pueden ir donde sea.

Empéñate en cultivar una mejor relación con la gente con la que entras en contacto todos los días, sea quien sea. Puedes hacerlo. Yo sé que puedes. ¿Cómo lo sé? Porque yo antes me ganaba tantos enemigos como amigos, si no es que más. Me tomó mucho tiempo descubrir por qué hacía eso. De hecho, en un principio me importaba un bledo. Si no estaba de acuerdo con alguien, hacía un esfuerzo para asegurarme de que lo supiera, y ni siquiera me lo tenía que preguntar: se lo decía yo. Eso puede volverte muy popular: hacer un esfuerzo para crear un incidente con alguien, o también ofenderte de lo que alguien dice, o explicarle a la otra persona por qué sabes que está equivocada. Me encanta cuando alguien se me acerca y me dice: "Napoleon Hill, leí tu libro y no estoy de acuerdo".

Eso me sucede de vez en cuando. Me hace sentir muy bien, pero no tanto como si se hubiera acercado a decirme: "Napoleon Hill, leí tu libro, me encontré a mí mismo y estoy triunfando".

La mayoría de las relaciones humanas discordantes se debe a que se descuida a la gente: sencillamente descuidamos el cultivo de nuestras relaciones humanas. Puedes hacerlo, si quieres.

Tu esbozo de tu gran propósito debe incluir un plan definido para desarrollar la armonía en todas tus relaciones y sobre todo las del hogar, el lugar de trabajo, y donde uno juega o se relaja. El aspecto de las relaciones humanas es el más importante en lo referente a nuestra gran meta, puesto que esa meta se podrá alcanzar en gran medida gracias a la cooperación de otros. ¿Alguna vez habías pensando en eso: que las cosas que haces en la vida que valen la pena se tienen que hacer mediante la cooperación armónica con otras personas? ¿Cómo vas a lograr esa cooperación armónica si no cultivas a la gente, si no la entiendes, si eres intolerante con sus debilidades?

¿Alguna vez has tenido un amigo que haya agradecido que trataras de reformarlo o de hacerlo cambiar de parecer sobre algo? ¿A ti te gusta cuando un amigo llega y trata de reformarte? Claro que no. A nadie le gusta. Hay ciertas cosas que puedes hacer por un amigo mediante el ejemplo. Ésa es una manera muy eficaz de hacerlo, pero si empiezas a decirle a alguien en dónde está equivocado, lo más probable es que la próxima vez que te vea venir se cruce a la otra acera.

Puedes desarrollar relaciones humanas maravillosas, pero no puedes hacerlo criticando a la gente y recalcando sus defectos, porque todos tenemos defectos. Una mejor alternativa es hablar de las virtudes de una persona y de sus buenas cualidades. Si te concentras en éstas, la persona a la que te estás abocando se va a parar de pestañas con tal de no decepcionarte.

VE MÁS ALLÁ DE TUS ALCANCES

Uno no debe titubear en elegir una gran meta que de momento pueda estar más allá de sus alcances. Desde luego, cuando yo elegí mi gran propósito determinado —organizar y llevarle al mundo la primera filosofía práctica para el logro individual— era algo que estaba mucho más allá de mis alcances. ¿Qué crees que me llevó a concentrarme durante 20 años de esfuerzo e investigación? ¿Qué crees que fue lo que me hizo perseverar y batallar aunque enfrentara el hecho de que la mayoría de mis conocidos me criticaba? ¿Qué crees que haya sido? Porque fuera lo que fuera, es algo que tú necesitas.

Podrás decir que necesitas tener fe, pero ¿cómo se llega a tener fe? ¿No necesitas tener un motivo? ¿No necesitas tener un objetivo antes de que puedas tener fe, y no tienes que respaldar ese objetivo con acción? Yo debí tener fe en abundancia, y tuve que mantener viva esa fe moviéndome siempre como si supiera por adelantado que iba a terminar la tarea que el señor Carnegie me había encomendado.

A veces parecía que lo que mis amigos y familiares estaban diciendo de mí era absolutamente cierto. Desde su punto de vista y sus estándares, yo estaba desperdiciando 20 años de mi tiempo. Pero desde el punto de vista de los millones de personas que se han beneficiado y se beneficiarán con mi trabajo, esos 20 años no fueron ningún desperdicio de tiempo. Probablemente estaba aplicando mi tiempo de una manera más útil que cualquier autor de mi generación.

Cuando empieces a enseñar, no vas a comenzar de una manera espectacular, con grandes clases. Tendrás que ir agarrando colmillo, por así decirlo. Tendrás que ir aprendiendo. Tendrás que adquirir confianza en lo que estás haciendo e ir ganando experiencia. Eso puede tomar varias semanas, varios meses; puede tomar hasta un año. Pero si te empiezas a quejar de que te va a tomar un año llegar al punto en que puedas salir y hablarle a cualquiera del tema, sólo recuerda: a mí me tomó 20. Yo no me di por vencido; ¿por qué habrías de hacerlo tú?

También piensa en las técnicas que he aprendido y que te estoy pasando, que no tendrás que experimentar ni pagar. Yo ya he pagado el precio que tú habrías tenido que pagar si no hubieras tomado este curso. Los últimos 10 años he estado viviendo en la costa, experimentando con radio, televisión, conferencias, capacitación y publicidad. No hay una sola cosa en relación con el trabajo que van a desempeñar de maestros sobre la cual no pueda darles algún consejo basado en mi experiencia real. Voy a reducir en mucho su etapa de prueba. No van a tener que dedicarle los 20 años que yo le dediqué, y no me extrañaría para nada tener a un gran número de personas de esta clase que puedan empezar a enseñar esta filosofía en cuestión de tres o cuatro meses y hacer un trabajo estupendo.

No puedes fracasar a menos que lo creas posible. Si crees que puedes fracasar, entonces puedes fracasar. Si te quedas conmigo el tiempo suficiente, te llevaré al punto en el que no creas que puedes fracasar. Sabrás que no vas a fracasar.

EL PROPÓSITO EN LA NATURALEZA

La demostración más grande del principio de la determinación de propósito puede verse al observar la naturaleza. La naturaleza se mueve con determinación de propósito. Si hay algo en este universo que esté bien determinado, son las leyes de la naturaleza. No se desvían, no se demoran, no cejan. No puedes darles la vuelta, no puedes evitarlas. Puedes, sin embargo, aprender su naturaleza, ajustarte a ellas y beneficiarte de ellas. Nadie ha oído hablar de que la ley de la gravedad se suspenda ni por una fracción de segundo. Nunca ha pasado ni pasará, porque la forma en que la naturaleza opera, en todo el universo, está tan bien determinada que todo se mueve con precisión, como un reloj.

Si quieres un ejemplo de cómo el universo se mueve de una manera perfectamente determinada basta con tener un ligero entendimiento de las ciencias naturales para ver la forma en que la naturaleza hace las cosas: el orden del universo, la interrelación de todas las leyes naturales, la relación inamovible de todos los planetas y las estrellas en su posición. ¿No es una cosa maravillosa que los astrónomos puedan sentarse y predeterminar, con cientos de años de anticipación, exactamente dónde estarán determinados planetas y estrellas en relación unos con otros? No podrían hacerlo si no hubiera un propósito, un plan bajo el que estamos operando.

Lo que queremos es descubrir cuál es ese propósito respecto a nosotros como individuos. Por eso estás en este curso. Por eso te estoy dando clases. Te estoy dando lo poco que he aprendido de la vida y de las experiencias del hombre para que aprendas a ajustarte a las leyes de la naturaleza y a usar esas leyes en vez de permitir que abusen de ti por no conocerlas.

Para mí, uno de los pensamientos más horribles es el posible colapso de las leyes naturales. Imagínate todo el caos, todos los planetas y las estrellas chocando, si la naturaleza permitiera que sus leyes se suspendieran. Haría que la bomba de hidrógeno pareciera un petardo, pero no lo hace. Tiene leyes muy bien definidas que obedece.

Si miras los 17 principios que expongo aquí, verás que concuerdan perfectamente con las leyes de la naturaleza. Por ejemplo, el principio de recorrer la milla extra. La naturaleza es profunda en su aplicación de este principio. Cuando produce flores en un árbol, no produce sólo las necesarias para llenar el árbol. Genera suficientes para cubrir todo el daño del viento y las tormentas. Cuando produce peces en el mar, no genera sólo los necesarios para perpetuar la especie: produce suficientes para alimentar a las ranas, las serpientes, los lagartos y todas las demás cosas, y aun así cumplir su propósito. Hay una abundancia, una sobreabundancia.

La naturaleza también obliga al hombre a recorrer la milla extra o de lo contrario perecer. Si la naturaleza no compensara al hombre cuando sale y siembra un grano de trigo en la tierra —retribuyéndole 500 granos para compensarlo por su inteligencia— nos moriríamos de hambre en una temporada. Si haces tu parte, la naturaleza hace la suya, y lo hace con abundancia, con superabundancia.

USA LA AUTOSUGESTIÓN

Déjame pasar a esta regla: hipnotízate a ti mismo mediante la autosugestión para creer que obtendrás el objeto de tu deseo. ¿Alguna vez has tratado de autohipnotizarte? ¿Alguna vez te han hipnotizado?

Claro que sí. Te están hipnotizando todos los días. No digo que te están durmiendo, pero todo el tiempo estás sujeto a cierto grado de hipnosis. Respondes a la ley de la sugestión, y eso es una forma de hipnotismo.

Usemos el hipnotismo, no para cargar nuestra mente subconsciente de negativas y temores y frustraciones, sino de las cosas gloriosas que queremos hacer en la vida: las cosas que queremos, no las que no queremos.

Tomemos a un hombre o una mujer de éxito. Son gente capaz de autohipnotizarse tan profundamente que pueden ver un logro ya concluido desde antes de empezar siquiera. Es una cosa maravillosa poder hacer eso.

Eso es la autohipnosis. Significa que cierras los ojos a toda la parte "no se puede" del tema y enfocas tu atención en la parte "sí se puede".

Una de las cosas extrañas de la naturaleza es que si mantienes la mente enfocada en el lado positivo de la vida, se vuelve más grande que el lado negativo; siempre hace eso. Si mantienes tu mente del lado positivo, se vuelve más grande que todas las negatividades que puedan tratar de penetrar tu mente e influenciar tu vida.

3

LA MENTE MAESTRA

La primera premisa del principio de la Mente Maestra es que es el medio a través del cual uno puede obtener todos los beneficios de la experiencia, el entrenamiento, la educación, el conocimiento especializado y la influencia de otros de una manera tan completa como si sus mentes funcionaran como una sola. ¿No es maravilloso contemplar que lo que te falte en educación, conocimiento o influencia siempre lo puedes obtener a través de alguien más que ya lo tenga? El intercambio de conocimiento es uno de los mayores dones en el mundo. Es bueno hacer negocios, donde el intercambio de dinero te deja una ganancia, pero prefiero intercambiar ideas con alguien: darle a la persona una idea que antes no tenía y a la vez recibir una que antes no tenía yo.

Desde luego sabes que Thomas A. Edison ha sido quizá el más grande inventor que el mundo haya conocido. Trabajaba con muchas de las ciencias todo el tiempo, pero no sabía nada acerca de ellas. Uno diría que es imposible que una persona tenga éxito en una empresa a menos que tenga una formación en ese campo. La primera vez que hablé con Andrew Carnegie me asombró oírlo decir que él en lo personal no sabía nada de la fabricación ni la comercialización del acero.

—Señor Carnegie —dije—, ¿entonces qué función desempeña?

—Le voy a decir qué función desempeño. Mi trabajo es hacer que los miembros de mi alianza de la Mente Maestra sigan trabajando en un estado de perfecta armonía.

—¿Y eso es todo lo que tiene que hacer? —pregunté.

—¿Alguna vez en la vida ha tratado de hacer que dos personas se pongan de acuerdo en algo durante tres minutos seguidos?

—Me parece que no —dije.

—Algún día inténtelo, y verá qué clase de trabajo es lograr que la gente trabaje junta en un espíritu de armonía; es uno de los mayores logros de la humanidad.

Luego el señor Carnegie me explicó a detalle su grupo de la Mente Maestra, describiendo a cada individuo y el papel que jugaba. Uno era su metalúrgico, otro su químico en jefe, otro el gerente de la planta, otro su asesor legal, otro su director de finanzas y así sucesivamente. Más de 20 de estos hombres estaban trabajando juntos y la combinación de su educación, experiencia y conocimiento constituía todo lo que se sabía en ese momento sobre la fabricación y comercialización del acero. El señor Carnegie decía que no era necesario que él lo supiera. Estaba rodeado de hombres que sí lo entendían, y su trabajo era mantenerlos trabajando en perfecta armonía.

LA SEGUNDA PREMISA DE LA MENTE MAESTRA

La segunda premisa del principio de la Mente Maestra: una alianza activa de dos o más mentes en un espíritu de perfecta armonía con el fin de alcanzar un objetivo en común estimula a cada mente individual a un grado más alto de conocimiento del que normalmente se experimenta y prepara el camino para ese estado mental conocido como *fe*.

El cerebro humano es una pieza de maquinaria muy peculiar; no sé si alguien lo entienda. Sin embargo, sí conocemos algunas de las cosas que se pueden hacer con un cerebro humano. Sabemos que el cerebro humano es un aparato transmisor y receptor de vibraciones de pensamiento, que trabaja de manera muy parecida a los aparatos transmisores y receptores de radio.

Eso hacemos cuando la gente se reúne. Ya sea que se hagan llamar una alianza de la Mente Maestra o un grupo de la iglesia o un grupo social, cuando un grupo de personas se reúne a expresar entusiasmo y buen humor, se da un acuerdo entre las mentes. Esa reunión eleva las vibraciones de cada mente, de manera que si hay 15 o 20 personas en el grupo o más, cada una se sintonizará y recibirá el beneficio de esa vibración más elevada.

El principio del radio funciona así: vas a una radiodifusora y empiezas a hablar. La radiodifusora acelera tu voz millones de veces hasta que cambia de una frecuencia de audio, es decir, la frecuencia que puedes oír con el oído humano, a una frecuencia de radio, que es una frecuencia que no se puede oír con el oído humano. El éter toma esta vibración y la lleva en todas direcciones. A través del aparato receptor, se capta la vibración que se transmite en frecuencia de radio y se vuelve a desacelerar hasta una frecuencia de audio, que puedes oír cuando sale por la bocina.

Así funciona el radio, y es exactamente como funciona la mente. Puedes estimular a la mente para que capte información a un nivel más elevado de lo que sería posible captar en el estado mental cotidiano, prosaico, en el que te encuentras normalmente.

Una de las funciones más importantes de la alianza de la Mente Maestra es que puedes entrar ahí y recargar tus baterías. Sabes que al conducir un automóvil, cada cierto tiempo la batería se descarga y tienes que hacer algo al respecto. Sales una mañana, enciendes el auto y no sucede nada. Sé de personas que salen de la cama en las mañanas y les sucede lo mismo. No pasa nada excepto que se sienten mal, no quieren ponerse los zapatos, no se quieren vestir, ni siquiera quieren desayunar. ¿Qué necesitan?

Necesitan que les recarguen las baterías, por supuesto, y para eso deben tener una fuente. De hecho, si un hombre se levanta en la mañana sintiéndose así, puede tener una pequeña plática con su mujer. Si es una buena coordinadora, lo ayudará a recargar sus baterías. Si la mujer no es una buena coordinadora y lo deja irse en ese estado mental, lo más probable es que él regrese a casa con las manos vacías.

LA TERCERA PREMISA DE LA MENTE MAESTRA

La tercera premisa: una alianza de la Mente Maestra, conducida debidamente, estimula a cada miembro de la alianza a avanzar con entusiasmo, iniciativa personal, imaginación y valentía a un grado muy superior del que el individuo experimenta al avanzar sin esa alianza.

En mis inicios, yo tenía una alianza de la Mente Maestra de tres personas. Tenía una alianza con el señor Carnegie y con mi madrastra. Los tres nutrimos esta filosofía en las etapas en que todos los demás se reían de mí por dedicar 20 años al servicio del hombre más rico del mundo sin recibir ninguna compensación. Tenía lógica lo que decían, porque en ese momento yo no estaba recibiendo mayor compensación, al menos en términos de dinero. Sin embargo, llegó el momento en que la risa se pasó al otro bando, aunque eso tardó mucho tiempo. Hubo mucha sangre y lágrimas derramadas, te lo aseguro, antes de llegar al punto en que pudiera reírme yo de la gente que se había reído de mí.

La relación entre nosotros tres —mi madrastra, el señor Carnegie y yo— me permitió contrarrestar las burlas que me arrojaban mis familiares y amigos. Si emprendes cualquier cosa que rebase la mediocridad, vas a toparte con oposición, con gente que se burle de ti, y la mayoría será gente cercana a ti. Algunos quizá sean tus familiares.

Cuando apuntas por encima de la mediocridad, necesitas una fuente a la cual recurrir para recargar tus baterías y mantenerlas cargadas para no darte por vencido cuando la cosa se ponga difícil y para no prestar atención cuando alguien te critique.

A mí las críticas se me resbalan como el agua al pato, me rebotan como una bala a un rinoceronte. Soy absolutamente inmune a la crítica en todas sus formas: si es amistosa o no, me da lo mismo. Me volví inmune gracias a la relación con ciertas personas mediante mi alianza de la Mente Maestra. De no haber sido por mi relación con mi madrastra y el señor Carnegie, no estaría aquí parado hablándote esta tarde, no estarías aquí estudiando esta filosofía, y esta filosofía no se habría extendido por todo el mundo ayudando a millones de personas, porque tuve un millón de oportunidades para darme por vencido. Y cada una de ellas se veía de lo más atractiva. A veces casi parecía que era estúpido no darme por vencido. Pero tuve esa relación maravillosa. Siempre podía regresar a ver al señor Carnegie, siempre podía toparme a mi madrastra. Nos sentábamos a charlar un poco y ella me decía: "Tú mantente firme; vas a salir airoso. Yo lo sé".

En un momento en que no tenía ni dónde caerme muerto, como decían mis enemigos, mi madrastra me decía: "De toda la familia Hill, tú vas a ser el más rico y por mucho. Lo sé porque puedo verlo en el futuro".

Sospecho que poseo más riquezas que todos mis familiares juntos regresando tres generaciones de ambos lados de mi ascendencia. Mi madrastra lo podía ver. Podía ver que lo que yo estaba haciendo ine-vitablemente me volvería rico. No me refiero a riqueza monetaria. Me refiero a esa riqueza más elevada y extensa que encuentras cuando puedes servir a mucha gente.

LA CUARTA PREMISA DE LA MENTE MAESTRA

La cuarta premisa: para que sea efectiva, una alianza de la Mente Maestra debe estar activa. No puedes simplemente formar una alian-za con alguien y decir: "Listo. Me alineé con éste, el otro y aquél: ya tenemos una alianza de la Mente Maestra".

Eso y nada es exactamente lo mismo hasta que se pongan activos. Cada miembro de la alianza tiene que dar el paso y empezar a aportar mental, espiritual, física y económicamente: de todas las maneras que sea necesario. Deben dedicarse a alcanzar un propósito determinado y deben avanzar en perfecta armonía.

¿Sabes la diferencia entre la armonía perfecta y la armonía común y corriente? Sospecho que he tenido relaciones armónicas con tanta gente o más que cualquier otra persona viva el día de hoy. Pero quiero decirte que la armonía perfecta en las relaciones es la cosa más excep-cional del mundo. Creo que podría contar con los dedos de las manos toda la gente que conozco con la que tengo una relación de perfecta armonía. Tengo relaciones cordiales y amenas con mucha gente, pero eso no es la armonía perfecta. Tengo alianzas laborales con mucha gente, pero eso no es una armonía perfecta ni permanente.

La armonía perfecta existe sólo cuando tu relación con la otra persona es tal que si ella quisiera o necesitara todo cuanto posees, se lo entregarías voluntaria e inmediatamente. Se necesita mucho altruismo para ponerte en ese estado mental.

El señor Carnegie enfatizaba una y otra vez la importancia de esta relación de perfecta armonía, porque decía que si no tienes perfecta armonía en la alianza de la Mente Maestra, entonces no es una alianza de la Mente Maestra. Sin armonía, la alianza podría no ser más que una colaboración cualquiera o una amistosa coordinación de esfuerzos.

La Mente Maestra le da a uno pleno acceso a los poderes espirituales de los otros miembros de la alianza. No estoy hablando sólo de los poderes mentales o los económicos, sino los poderes espirituales, del pensamiento. Y el sentimiento que tienes cuando empiezas a establecer la permanencia en tu relación de la Mente Maestra va a ser una de las experiencias más sobresalientes y placenteras de toda tu vida. Cuando estás participando en una actividad de la Mente Maestra, tienes tanta fe que sabes que puedes hacer cualquier cosa que te propongas. No tienes dudas, no tienes miedo, no tienes limitaciones, y ése es un estado mental maravilloso en el cual estar.

LA QUINTA PREMISA DE LA MENTE MAESTRA

La quinta premisa: es un hecho asentado que todo éxito individual basado en cualquier clase de logro por encima de la mediocridad se alcanza mediante el principio de la Mente Maestra y no sólo por el esfuerzo individual.

¿Tienes alguna idea de qué tan lejos llegarías en el mundo si en tu ocupación decidieras quedarte solo y no depender de nadie más? Imagina lo poco que podrías lograr si no tuvieras la cooperación de otras personas.

Supón que tienes una profesión, que eres dentista o abogado o doctor u osteópata, y que no entendieras cómo convertir a cada uno de tus clientes o pacientes en un vendedor de tus servicios. Imagina cuánto tiempo te tomaría hacerte de una clientela. Los profesionistas sobresalientes entienden cómo transformar en vendedores a todas las personas que atienden. Lo hacen todo de manera indirecta. Lo hacen recorriendo la milla extra, haciendo un esfuerzo especial por prestar un servicio fuera de lo común, pero convierten a todos sus clientes en vendedores. Los toques emocionales son resultado del poder personal, y un poder personal de suficientes proporciones para permitirle a uno elevarse por encima de la mediocridad no es posible sin las aplicaciones del principio de la Mente Maestra.

Durante el primer periodo presidencial de Franklin D. Roosevelt tuve el privilegio de trabajar con él como asesor confidencial. Fui yo quien esbozó el plan de propaganda que sacó las palabras *depresión económica* de los titulares de los periódicos y las reemplazó con *recuperación económica*.

Quien recuerde lo que pasó ese jueves negro, y el lunes siguiente cuando todos los bancos estaban cerrando, recordará la estampida que hubo en este país. En todas partes, la gente estaba formada afuera de los bancos para sacar sus depósitos. Muerta de miedo. Había perdido la confianza en su país, en sus bancos, en sí misma y en todos los demás. Aún confiaba un poco en Dios, pero no lo demostraba. Fue una época aterradora, déjame decirte.

Tuvimos una junta en la Casa Blanca y nos sentamos a trazar un plan que creó una de las aplicaciones más sobresalientes de la Mente Maestra que esta nación haya visto. Dudo que ninguna otra nación de la tierra haya tenido nada similar, pues en cuestión de semanas le habíamos quitado el miedo a la gente. En cosa de días, los vendedores ambulantes que se habían quedado sin fondos, que no podían conseguir dinero, se estaban riendo del problema y ya no le tenían miedo.

Mis propios fondos estaban clausurados. Yo tenía dinero, vaya que sí. Esto es chistoso. Me puse muy listo cuando me enteré de lo que venía, y tenía un billete de 1 000 dólares. Nadie me lo podía cambiar. Era como tener 10 centavos. No valía nada. Pero yo no tenía miedo, porque todos estábamos en el mismo barco. Aun así, había que hacer algo al respecto.

Franklin D. Roosevelt fue un gran líder. Tenía una gran imaginación y gran valentía. Esto es lo que hicimos. Primero pusimos a las dos cámaras del Congreso a trabajar en armonía con el presidente. Por primera vez en la historia de este país, ambas cámaras del Congreso, demócratas y republicanos por igual, respaldaron al presidente y se olvidaron de sus credos políticos. En otras palabras, no había demócratas, no había republicanos: sólo estadounidenses apoyando a su presidente en todo lo que necesitara para poder detener esa estampida de miedo. Nunca había visto nada comparable en la vida. Espero nunca volverlo a ver, porque en ese momento había una gran emergencia, y había que hacer algo al respecto.

Segundo, la mayoría de los periódicos de Estados Unidos publicaba todo lo que les mandábamos. Le daban un espacio maravilloso. Las estaciones de radio nos dieron una ayuda fantástica independientemente de sus convicciones políticas. Y las iglesias, de todas las religiones; ésa ha sido una de las cosas más hermosas que he visto en este país: católicos y protestantes, judíos y gentiles, y todos los demás aunando esfuerzos como estadounidenses.

Fue una época maravillosa. Todos respaldaron al presidente. Cada uno de ellos hizo algún tipo de contribución para reestablecer la fe de la gente en este país.

Qué cosa maravillosa sería si en este momento llegara una especie de gran renacimiento que supiera tejer todas las fuerzas de esta nación en un solo gran proyecto para persuadir al pueblo estadounidense; para hacerle ver los privilegios inauditos de los que goza por tener la ciudadanía americana. De eso necesitan persuadirse. Tú y yo y todos los demás; estamos dando por sentadas demasiadas cosas.

¿Sabías que hay menos de 30 hombres en Washington que controlan este país de proa a popa? ¿Crees que hay unos 400 miembros en las cámaras del Congreso y 96 miembros del Senado? Son como 500 representantes. Tú crees que te están representando a ti como individuo, defendiendo tus derechos individuales y jugando un papel bastante importante en todos los asuntos. Elimina esa idea. Unos 30 hombres —los líderes de los partidos políticos— son los que mueven el juego. Y por primera vez en la historia, vi a todos esos líderes unirse, ir a la Casa

Blanca de manera amistosa, averiguar qué quería hacer el presidente, y luego salir a hacerlo. No había disputas, no había peleas.

No sé qué sería, pero todo mundo en este país prácticamente pensaba que Franklin D. Roosevelt había sido enviado directo del cielo, en esos días tremendos. Yo mismo lo pensaba. Más adelante hubo gente que decidió que a lo mejor había sido enviado del otro lugar (ya no fue responsabilidad mía). Pero en esos días frenéticos, no había duda alguna en la mente de la mayoría de las personas. No entré en contacto con nadie que no pensara que el señor Roosevelt era el mejor hombre para manejar esa situación caótica y el único capaz de hacerlo.

No me malentiendas políticamente. Sólo estoy hablando de un gran hombre que hizo un gran trabajo en un momento en que había que hacerlo. Lo hizo porque contaba con una alianza de la Mente Maestra que era invencible.

LAS ALIANZAS DE LA MENTE MAESTRA

Veamos los diferentes tipos de alianzas de la Mente Maestra. En primer lugar, hay alianzas por razones meramente sociales o personales, conformadas por familiares, amigos y consejeros espirituales, donde no hay una ganancia económica de por medio. De éstas, la más importante es la alianza de la Mente Maestra entre marido y mujer. Si eres casado, no puedo exagerar la importancia de ponerte a trabajar cuanto antes para rededicar ese matrimonio a una alianza de la Mente Maestra. Traerá a tu vida la alegría, la salud y el éxito como jamás imaginaste. Es una cosa maravillosa cuando una verdadera alianza de la Mente Maestra existe entre marido y mujer. No sé de nada que se le compare.

Luego hay alianzas con fines comerciales o profesionales, que constan de individuos que tienen un motivo personal de índole material o financiero relacionado con el objetivo de sus alianzas. Ahora bien, me imagino que la mayoría que estudia esto formará su primera alianza de la Mente Maestra con fines estrictamente económicos o de superación material, y es perfectamente legítimo. Uno quiere mejorar sus condiciones económicas y materiales. Deberías empezar de inmediato a formar una alianza de la Mente Maestra con este propósito.

Si empiezas con una persona, está bien; empieza con una, y luego pónganse a buscar hasta que los dos puedan seleccionar a otra. Tú solo no puedes seleccionar a la tercera persona; deben hacerlo entre los dos. Cuando seleccionen a la tercera persona, asegúrate de que la segunda forme parte de la decisión. Luego los tres juntos decidirán sobre la cuarta, y repasarán la cuestión muy cuidadosamente antes de incluir a un nuevo miembro en la alianza. Luego los cuatro juntos seleccionarán al quinto.

En la alianza de la Mente Maestra nunca hay una persona que domine, excepto en este sentido: por lo general, una persona es la coordinadora y líder, pero de ninguna manera pretende dominar a sus asociados, pues en el momento mismo en que empiezas a dominar a alguien, te topas con resistencia y rebelión. Aunque no sea una rebelión abierta, igual es una rebelión. Y la alianza de la Mente Maestra supuestamente debe ser un espíritu continuo de perfecta armonía, donde todos se mueven y actúan como si fueran una sola persona.

El sistema ferroviario moderno es un ejemplo maravilloso de la aplicación de la Mente Maestra en la industria. No siempre hay perfecta armonía entre los empleados de un ferrocarril, pero hay respeto por la autoridad, como sabe cualquiera que haya trabajado para una compañía ferroviaria. Tiene que haber respeto por la autoridad; de lo contrario, los ferrocarriles no podrían operar.

El sistema estadounidense de libre empresa es otro ejemplo del principio de la Mente Maestra. Este sistema es la envidia del mundo entero porque ha elevado el nivel de vida estadounidense a un punto sin precedentes, aunque no haya armonía perfecta. Pero hay una motivación en el sistema estadounidense de libre empresa que inspira a cada individuo a dar lo mejor de sí.

Por cierto, cada vez más industrias y negocios están empezando a entender que pueden ir un paso más allá: en vez de sólo tener cooperación o una coordinación de esfuerzos entre la gerencia y los trabajadores, pueden usar el principio de la Mente Maestra compartiendo los problemas administrativos, compartiendo las utilidades, compartiendo todo. Donde he tenido éxito en influenciar a un negocio para que adopte esta política, la compañía ha ganado más dinero que nunca, los empleados han recibido mejores sueldos y todo mundo está contento.

Uno de los ejemplos más extensos de esta práctica es la McCormick Tea & Spice Company de Baltimore, Maryland. Es uno de mis productos. Antes de que entrara en funcionamiento la planta en la que ahora operan, había molestia, quejas e insatisfacción. Cualquier capataz podía despedir a un obrero sin el consentimiento de nadie más. Hoy en día lleva cinco veces más tiempo despedir a una persona de la McCormick Company que contratarla. Ningún individuo puede despedir a una persona, ni siquiera el presidente de la compañía. ¿Por qué? Porque si se presenta una queja contra un empleado, tiene derecho a una audiencia con la gerencia y un número igual de sus compañeros obreros. En otras palabras, tiene la oportunidad de exponer su caso. Si en última instancia la decisión unánime es en efecto despedirlo, no dejan que el empleado se vaya así nada más a buscar otro trabajo; se ponen a buscar hasta encontrarle empleo en otra compañía donde el tema particular que causó su despido no sea problema. Qué maravilloso que una empresa haga eso, ¿no crees?

SEIS CUALIDADES DE UN EMPLEADO

Si quieres conocer mi idea del cristianismo aplicado, es ésa. No es sólo teoría, es tratar a los demás como si fueran uno mismo: convertirte en cuidador de tu hermano. Es una cosa maravillosa, cuando tienes que concluir tu asociación con alguien, poder darle la mano y decirle sinceramente: "Las fortunas de la vida parecen dictar que no podemos continuar juntos. Tu camino va para un lado y el mío para otro. Te deseo éxito de todo corazón".

Si puedes decirle eso a una persona cuando ha llegado el momento de tomar distintos caminos y decirlo en serio, qué alegría para ambos, pero no solemos despedirnos en esos términos. Normalmente lo hacemos con ira, jalones de pelo, epítetos y comentarios poco halagadores sobre la otra persona.

Hasta donde he podido determinar, Cristo y sus 12 apóstoles constituían una alianza de la Mente Maestra, la cual, si bien era humilde y con poco poder al inicio, se ha extendido hasta convertirse en uno de los grandes poderes del mundo.

Ya sabes lo que pasó cuando uno de esos discípulos traicionó a su maestro una vez: se topó con la catástrofe suprema de su vida. He visto eso mismo una y otra y otra vez en las relaciones humanas, en negocios, en profesiones y en el hogar: alguien voltea la espalda y se vuelve desleal. Le estoy ayudando al señor Stone a construir una gran organización que más adelante será internacional. ¿Tienes idea de cuáles son las dos primeras cualidades que busco en todos los empleados que vamos a contratar de ahora en adelante?

Lealtad y *confiabilidad*. Después de esas dos viene la *habilidad* para hacer el trabajo. Observa que coloqué la habilidad en tercer lugar. No me interesa la habilidad de una persona hasta saber si es confiable y leal.

La cuarta es una *actitud mental positiva*, por supuesto. ¿De qué te sirve tener a tu lado a un aguafiestas negativo? Podrías pagarle por no acercarse y sería más útil.

La quinta es *recorrer la milla extra*. Y la sexta es *fe aplicada*. Cuando encuentras gente que posee estos seis rasgos, realmente has encontrado a alguien especial. Estás ante la realeza.

El Club de Rotarios constituye una ilustración maravillosa de la Mente Maestra. Pero éste tiene una debilidad, que es por lo que no ilustra al cien por ciento el potencial de la Mente Maestra.

No tienen un propósito determinado, ningún proyecto sobresaliente. Como dice Bill Robinson, vienen, comen, eructan y se van a casa. No es mi intención faltarle el respeto al Club de Rotarios —yo fui miembro del primero—, pero lo que él dijo de los rotarios bien podría ser cierto de prácticamente todos los demás clubes. Muchos están haciendo cosas maravillosas a pequeña escala, pero necesitan un gran proyecto general. Sólo piensa lo que pasaría si el Club de Rotarios, el Kiwanis, el Club de Leones, el Exchange Club y todos los demás clubes empezaran a hacer proselitismo en esta nación. Sólo piensa lo que podrían hacer. Sería fenomenal: el potencial y el poder que estarían disponibles serían algo fuera de este mundo. Sólo piensa lo que pasaría si el Club de Leones, por ejemplo, tomara esta filosofía y la patrocinara por todo el país e iniciara grupos de estudio en todas las ciudades donde haya un Club de Leones. Entonces podrían tomar parte de las ganancias y usarlas para organizar un club para niños en cada ciudad.

Ésa es una buena idea: clubes para niños. Oigo hablar mucho de delincuencia entre los jóvenes, sobre todo los chicos. Si los chicos tuvieran un club con cosas que les interesan, no se andarían metiendo en hábitos destructivos. Sería una cosa maravillosa si todos los Clubes de Leones retomaran esa idea en todo el mundo. Ya existe un Club para Niños patrocinado por el Club de Leones de Marshall Square, donde tuve el privilegio de hablar la semana antepasada, y están haciendo un trabajo maravilloso.

En cualquier alianza de la Mente Maestra, reunirse en un espíritu de compañerismo, como hacen los rotarios, es maravilloso, pero no basta. Deberían tener algún proyecto dinámico sobresaliente mediante el cual presten un servicio útil, ayudando a los demás y ayudándose a sí mismos.

FORMAR UNA ALIANZA DE LA MENTE MAESTRA

Ahora quiero abordar las instrucciones de cómo formar y mantener una alianza de la Mente Maestra.

Primero, adopta un propósito determinado que sea el objetivo que busca alcanzar la alianza, eligiendo a miembros individuales cuya educación, experiencia e influencia sean tales que los vuelvan óptimos para alcanzar ese propósito.

A menudo me preguntan: ¿cuál es el número más favorable para una alianza de la Mente Maestra y cómo se hace para seleccionar al tipo de gente correcta para tu alianza de la Mente Maestra?

El procedimiento es exactamente el mismo que si estuvieras empezando un negocio y eligiendo a los empleados: ¿qué clase de empleado elegirías? Elegirías al que sabe hacer la cosa que necesitas que haga en el negocio.

¿Cuántos? Eso dependería del volumen de tu negocio. Si sólo tienes un puesto de cacahuates o dos, quizá sólo necesites a una persona, pero si tienes una cadena de puestos de cacahuates tal vez necesites a cientos de personas.

En cuanto a las cualificaciones de los miembros de la alianza de la Mente Maestra, antes que nada, toma los seis puntos que ya te di: son las cualificaciones para tu Mente Maestra. Debe haber confiabilidad, lealtad, habilidad, actitud mental positiva, disposición a recorrer la milla extra y fe aplicada. Si quieres saber cuáles son las cualificaciones que necesitan tus aliados de la Mente Maestra, son ésas, y no te conformes con menos. Si encuentras a una persona que posee cinco de esas cualidades pero no las seis, más vale que desconfíes, porque todas son esenciales en una relación de la Mente Maestra.

Puedes revisar con cuidado y verás que es cierto. No podrás tener armonía perfecta a menos que estés trabajando con alguien que cumpla al cien por ciento en estos seis frentes. No podrás tener una alianza de la Mente Maestra. Podrás tener un acuerdo laboral, como mucha gente, pero no contará con todos los valores potenciales de la Mente Maestra.

Después, determina qué beneficio es apropiado que reciba cada miembro a cambio de su cooperación en la alianza. Recuerda, nunca nadie hace algo a cambio de nada.

Podrás decir que cuando le das amor a alguien no recibes nada a cambio; pero eso no lo haces a cambio de nada. Déjame decirte algo. Recibes mucho a cambio, porque tener el privilegio de amar es un gran privilegio. Aunque el amor no sea correspondido, de todas maneras tienes el beneficio de ese estado mental conocido como amor, y disfrutas de desarrollo y crecimiento en consecuencia.

No existe eso de hacer algo a cambio de nada. Nadie trabaja sin algún tipo de compensación. Existen muchos tipos de compensación, así que no esperes que tus aliados de la Mente Maestra lleguen corriendo a ayudarte a ganar una fortuna —ni a hacer ninguna otra cosa— a menos que participen equitativamente de los beneficios que genere la alianza de la Mente Maestra.

Ése es el criterio que debes seguir: cada individuo debe beneficiarse aproximadamente lo mismo que tú, ya sea un beneficio económico o social o de felicidad o de paz mental.

Luego, también tienes que pensar en los nueve motivos básicos, que impulsan a la gente a hacer o abstenerse de hacer todo lo que hace a lo largo de toda su vida. Nunca le pidas a nadie que haga nada a menos que le des un motivo adecuado para hacerlo.

Si yo fuera al banco a pedir un préstamo de 10 000 dólares, ¿cuál sería un motivo adecuado para que el banco me prestara ese dinero?

Dos motivos, ambos bajo el rubro de utilidad económica. El banco estará encantado de prestarme todo el dinero que me pueda yo llevar si les doy garantías de tres a uno. Quieren una garantía prendaria y quieren ganar utilidades del préstamo. Ése es su negocio.

Ahora bien, existen otras transacciones que no se basan en un motivo monetario. Por ejemplo, cuando un hombre le pide a la chica que ha elegido que se case con él, ¿ahí cuál es el motivo?

¿Amor? A veces. En teoría, pero no siempre. He conocido muchos matrimonios en los que el amor no tuvo nada que ver para ninguna de las partes.

Quiero contarte que cuando mi padre trajo a mi madrastra a la casa, él era un simple granjero y nunca se ponía camisa blanca y corbata. Le daban miedo las camisas blancas con corbata; usaba camisas de algodón azul. Mi madrastra era universitaria, tenía una buena educación, y eran tan diferentes como el polo norte y el polo sur.

Ella lo pulió y le puso una camisa blanca y lo hizo que pareciera alguien. No obstante, le tomó bastante tiempo lograrlo. Finalmente lo puso a ganar dinero y se volvió un hombre muy destacado. Un día le pregunté a mi madrastra:

—¿Cómo rayos le hizo mi padre para venderse contigo? ¿Cuál fue el motivo?

Me dijo:

—Te lo voy a decir. Reconocí que tenía en las venas buena sangre anglosajona, así que tenía posibilidades que pensé que yo podría ayudarle a sacar —y eso hizo.

Muchas veces, una mujer se casa con un hombre porque ve que tiene posibilidades. A veces hay consideraciones económicas, a veces es por amor, a veces por otra cosa y a veces por otra más. Pero cada vez que una persona participa en una transacción, hay un motivo detrás, de eso puedes estar seguro.

Cuando quieras que alguien haga cualquier cosa, elige el tipo de motivo adecuado e implántalo en su mente en las condiciones adecuadas, y te volverás un vendedor experto.

Después, establece un plan definido mediante el cual cada miembro de la alianza haga su aportación al trabajo para alcanzar el objetivo de la alianza, y fija una hora y lugar definidos para la discusión conjunta del plan. Aquí los plazos indefinidos acarrean la derrota. Mantén al día los medios de contacto entre todos los miembros de tu alianza.

¿Alguna vez has tenido una gran amistad con alguien y de pronto ves cómo esa amistad se enfría y luego termina? A la mayoría nos ha pasado, sin duda. ¿Cuál crees que haya sido la razón?

Descuido. Eso es todo: descuido. Si tienes amigos muy cercanos y queridos, la única manera de conservarlos es mantenerte en contacto constante. Aunque sólo sea mandarles una postal de vez en cuando. Tengo una alumna que tomó mi clase en la ciudad de Nueva York en 1928. Nunca se le ha pasado uno solo de mis cumpleaños sin mandarme una tarjeta. Una vez ella andaba de vacaciones y no se volvió a acordar hasta el día de mi cumpleaños a medio día; pues me mandó un telegrama. En otras palabras, ha sido la estudiante más constante que he tenido, de los muchos miles por todo el país. Como resultado de esa atención que ella ha tenido conmigo, ha habido veces en que yo he podido ayudarla en sus negocios. Le conseguí un ascenso que equivalía a unos 4 000 dólares al año —una recompensa bastante buena sólo por haberse mantenido en contacto—.

Tienes que mantenerte en contacto con tus aliados de la Mente Maestra. Deben tener lugares donde se reúnan habitualmente. Tienes que mantenerlos activos. De lo contrario, se van a enfriar, a volver indiferentes y finalmente no te aportarán nada.

CLUB DEL ÉXITO ILIMITADO

Tienes una oportunidad de beneficiarte con el principio de la Mente Maestra si primero te unes al Club del Éxito Ilimitado, donde todos los miembros cooperan con el fin de ayudarse unos a otros a alcanzar su gran propósito determinado o solucionar problemas personales. Si no se puede encontrar una solución en tu club, el caso puede remitirse al personal ejecutivo de Napoleon Hill y Asociados, y más adelante recibirán una visita de nuestro personal ejecutivo con respuestas para todos los problemas razonables.

¿No ves qué cosa tan maravillosa tienes aquí? No sólo acabas de adquirir el privilegio de asistir a este curso, sino que has adquirido una alianza de aquí en adelante. Si la usas con inteligencia, esa alianza te aportará beneficios el resto de tu vida, sin importar para qué uses esta filosofía. Pero tienes que mantener la relación viva. Si al terminar este curso sales de aquí y te olvidas de nosotros, nos olvidaremos de ti. Como dice ese viejo y cierto refrán: santo que no es visto, no es adorado. Mantén viva la alianza. Tenemos contactos valiosos que puedes usar con sólo pedirlo. Cuando averiguamos cuáles son tus necesidades, de inmediato acudimos a nuestro fichero de contactos, y están por todo el mundo. Si necesitas algo en la India, por ejemplo, podría ponerte en contacto con los hombres más poderosos de la India, que te darían todas las consideraciones posibles. Si necesitas algo en Brasil, podría ponerte en contacto telefónico con hombres poderosos de Brasil. Puedo contactar a quien sea por teléfono en máximo un par de horas. En cualquier parte del Imperio británico, podría darte un maravilloso contacto profesional, comercial o social. Podría dártelo porque he dedicado toda mi vida a entablar contactos amistosos: gente que haría un esfuerzo especial por atender a cualquiera que yo les presentara. Quiero que aproveches el valioso contacto que tienes aquí en este curso. Para eso es Napoleon Hill y Asociados. Estamos aquí para servir a las personas que están tomando esta filosofía, para ayudarlas a que a su vez hagan un mejor trabajo sirviendo a los demás.

Al ir haciendo tus propias alianzas con otros miembros de esta clase que estén de acuerdo en alcanzar un mismo fin deseado, vas a formar algunas alianzas perfectamente maravillosas.

EL PODER DE LAS MUJERES NOTABLES

La señora Ford y la señora Edison son dos de los ejemplos notables que uso una y otra vez para demostrar lo que una mujer puede hacer para que su marido tenga éxito. De no haber sido por el entendimiento de la señora Ford del principio de la Mente Maestra (aunque ella no lo llamara así), el señor Ford nunca se hubiera dado a conocer, la Ford Motor Company jamás habría existido, y dudo que la industria automotriz hubiera alcanzado el auge que tiene actualmente. Fue la señora Ford quien lo motivó a seguir adelante, quien lo mantuvo alerta y lleno de confianza en sí mismo cuando las cosas se pusieron difíciles y toda la gente lo criticaba por su artilugio, como le decían, que sólo servía para asustar a los caballos. La señora Ford lo apoyó en esos momentos difíciles cuando las cosas no iban bien.

Tú vas a experimentar periodos así en tu vida. En algún momento, las cosas se ponen difíciles para todo mundo. A mí me tocó por más de 20 años. Lo maravilloso es que haya tenido el aguante, física, mental y espiritualmente, para pasar por todo lo que pasé. Tiene que haber sido por un gran propósito. Seguramente había alguien velando por mí que yo nunca vi.

4

LA FE APLICADA

Tu educación, tu historia familiar, tu nacionalidad, tu credo no tienen absolutamente nada que ver con tu capacidad de lograr. Es el estado mental que mantienes. Eso es lo que determina cuándo, cómo y qué vas a lograr. Para mí, ésta es la cosa más profunda de todo el conocimiento de la humanidad: el hecho de que una persona pueda tomar posesión de su propia mente. Que pueda colorearla como quiera: proyectarla a lugares elevados o al fango. Que pueda volverla un éxito o un fracaso: un cambio de actitud mental puede transformar un éxito en un fracaso casi de inmediato.

Tu actitud mental tiene ese mismo impacto en tu salud física. ¿Alguna vez habías pensado en eso? Hace un año fui a Jackson, Misisipi, a dar todo este Curso Magistral en sólo cinco sesiones nocturnas para un grupo de dentistas. Tenía que dar clase cuatro horas cada noche. De las 8 a.m. a las 12 p.m. estaba escribiendo guiones y grabando programas para la estación de radio local. De la una de la tarde a las cuatro me entrevistaba con cada uno de mis estudiantes, escuchando sus problemas y dándoles las respuestas. El resto del tiempo estaba de ocioso, rascándome la panza.

Cuando fui para allá tenía gripe. Mi doctor me dijo que en vez de irme a una gira de conferencias, debería irme al hospital. Al terminar la semana había vencido la gripe y había descubierto que mi mente podía hacerse cargo de cualquier circunstancia fuera de lo común si yo lo deseaba. Quiero decirte que todo el dinero de la Tesorería de los Estados Unidos no habría alcanzado para convencerme de aceptar un trabajo como el que fui a hacer allá si lo hubiera estado haciendo sólo por el dinero. No hubiera sometido a mi cuerpo físico a esa clase de prueba. Pero salí airoso. No tuve ningún efecto negativo; en la vida me he sentido mejor. Aprendí una gran lección: que la mente humana no tiene limitaciones, excepto las que tú mismo le pones. Creo que ésa ha sido una de las experiencias más gloriosas y profundas de toda mi vida.

Descubrí algo que no sabía. Concretamente, que no hay limitaciones a lo que puedes hacerle a tu cuerpo físico o hacer por él con tu mente.

Un deseo ferviente es la materia con que se crea la fe. Un deseo ferviente es una obsesión. Obsesión significa un deseo que se apodera de ti: te obsesiona. Ahora bien, hay muchos deseos en el mundo, pero no son deseos fervientes ni obsesivos. La mayoría de la gente en toda su vida nunca ha experimentado un deseo obsesivo por nada. Empezamos con deseos y vagas esperanzas. Todo el mundo desea tener mucho dinero sin tener que ganárselo trabajando. La gente desea un Cadillac cuando maneja un Ford; desea un abrigo de visón cuando trae un abrigo acolchado.

Fui con el señor Stone a Miami, Florida, a hablar en una convención de sus gerentes estatales. En mi discurso, les dije a las esposas de los gerentes lo fácil que sería que todas trajeran abrigos de visón en vez de abrigos de conejo, y lo fácil que sería que sus maridos tuvieran un Cadillac en vez de un Ford. ¿Y sabes qué? No se les ocurrió nada mejor que creerme. Las esposas pusieron manos a la obra, y ahora casi todos los días nos enteramos de que la esposa de algún gerente se compró un nuevo abrigo de visón o un Cadillac.

Luego me invitaron a Richmond, Virginia, a contarle esa misma anécdota a un grupo de allá. Querían saber cómo conseguir los Cadillacs y los abrigos de visón. Les dije lo mismo que te estoy diciendo aquí: que tu mente no tiene limitaciones. Si quieres un abrigo de visón, no te conformes con nada menos: haz que tu marido salga a ganar lo suficiente para comprártelo. Si quieres un Cadillac y estás decidido a tenerlo, incluye en tu trabajo aquello que te haga merecedor del Cadillac. Si no quieres un Cadillac, lo más probable es que toda tu vida manejes un Ford.

Tienes que querer las cosas. Tienes que quererlas con un deseo ferviente, y luego tienes que hacer algo con ese deseo ferviente. ¿Qué?

Acción. Tienes que empezar en el lugar mismo donde te encuentres, demostrando que tienes fe en tus habilidades. Empieza allí donde estés parado, con acción.

Hay muchos ejemplos de individuos con grandes logros, pero hay uno en especial que quisiera hacerte notar: la señorita Helen Keller, quien creía que iba a aprender a hablar a pesar de haber perdido el uso del habla, la vista y el oído cuando era muy pequeña. ¿Te imaginas eso? No podía oír, no podía ver y no podía hablar. Sin embargo, la señorita Helen Keller llegó a ser una de las mujeres más preparadas del mundo. Participa en más asuntos públicos y cívicos en todo el mundo que 90% de las mujeres, que tienen todos sus sentidos. Es una cosa admirable, y lo único que la guía es la vibración. Si le hablas, pone los dedos sobre tus labios; entiende lo que estás diciendo con la punta de los dedos —totalmente por medio de la vibración—. Piensa en una mujer con semejante discapacidad toda la vida, que disfruta de la vida, presta un servicio valioso, da discursos. Aprendió a hablar; está haciendo un gran trabajo cuando la mayoría de la gente con una sola de esas aflicciones se hubiera conformado con una taza de hojalata y un montón de lápices para vender en cualquier esquina.

Cuando estaba trabajando para el presidente Roosevelt, todos los días en la esquina de la avenida Pennsylvania —la calle que pasa junto a la Casa Blanca— veía a un hombre sentado con una taza de hojalata y unos lápices. Llegué a conocer a ese hombre. Había perdido el uso de sus piernas; tenía exactamente el mismo padecimiento que Franklin D. Roosevelt, y les había pasado más o menos al mismo tiempo. Me enteré de que el hombre poseía una educación incluso superior a la de Franklin D. Roosevelt, pero aquí estaba, con su taza de hojalata y sus lápices, tratando de ganarse la vida mendigando. A sólo una cuadra estaba un hombre con el puesto más importante y de mayor responsabilidad del mundo entero, gobernando una gran nación, que también había perdido el uso de las piernas; pero este hombre había perdido el uso del cerebro, había perdido la confianza en sí mismo.

Esas pérdidas físicas a veces resultan ser grandes bendiciones. Muy a menudo nos enseñan que podemos salir adelante sin un ojo o sin piernas o sin manos. Podemos salir adelante sin muchas cosas si tenemos la actitud mental correcta hacia lo que quede de nosotros. Eso es importante.

Si vas a tener fe, mantén la mente enfocada en lo que quieres y *no* en lo que no quieres. Bueno, ¿y eso cómo se hace?

Busca la palabra *transmutar* en el diccionario y ve lo que significa. Lo sabes en un sentido general, pero búscala, porque así se grabará en tu mente subconsciente.

La manera de mantener a tu mente alejada de las cosas que no quieres es transferir a tu mente las cosas que *sí* quieres y empezar a hablar de ellas, dando gracias por ya poseerlas. Esto le va a sonar tonto a cualquiera que no sepa lo que estás haciendo, pero a ti no porque tú sí lo sabes. Estás hablando con tu mente subconsciente; te estás reeducando. Estás manteniendo tu mente enfocada en las cosas que quieres y alejada de las cosas que no quieres. Para poder hacer eso, tienes que seguir hablando. Tienes que seguir pensando. No puedes hablar sin pensar (hay gente que puede, pero la mayoría no). Sigue hablando de las cosas que quieres.

Si alguna vez te sientes triste o desanimado o que te falta valentía, te voy a decir un buen remedio. Siéntate, agarra un cuaderno y empieza a enumerar. Número uno, escribe lo que más quieras en la vida. Número dos, la siguiente cosa que más quieras. Número tres, la cosa que más quieras después de ésa. Cuando llegues al tipo de casa en la que quieres vivir, describe en qué lote la quieres: quieres varias hectáreas arriba de una colina, o la quieres abajo junto al camino o un poco más arriba; cuántos cuartos quieres que tenga esa casa; cómo quieres amueblar cada cuarto. Te vas a divertir mucho amueblando esos cuartos. Es mejor que ir a mirar aparadores porque en tu mente puedes llegar hasta el límite. Cuando vas a las tiendas sólo tienes dos piernas y sólo puedes caminar cierta distancia. Vete de compras mentalmente un rato y, créeme lo que te digo, tu mente superará ese estado. Te pondrás a hacer algo constructivo y estarás educando a tu mente subconsciente a mantenerse del lado correcto de la calle.

Esta tarea que te estoy dando no es ninguna tontería. No es una ocurrencia. Es una tarea real, y te dará verdadera alegría hacerla. De inmediato te pone a hacer algo físico. Cuando algo te moleste, ponte a escribir las cosas que quieres.

No sé a qué se deba que cuando una persona decide lo que quiere y está determinada a lograrlo, todos los poderes del universo parecen venir en su ayuda para asegurarse de que lo logre. No sé por qué pasa eso, pero sé que *pasa eso*, y con ello me basta. En este mundo hay muchas cosas que puedo ver y muchas ventajas que puedo aprovechar aunque no las entienda. Sé qué botón oprimir para obtener el resultado que quiero. No necesito saber qué es lo que sucede entre que aprieto ese botón y obtengo el resultado. Sé que si sigues las instrucciones de esta filosofía podrás tomar posesión de tu propia mente, obtener las cosas que quieres en la vida, y hacer que la vida te recompense en tus propios términos.

¿Cómo te imaginas que sé que una persona realmente puede hacer que la vida la recompense punto por punto en sus propios términos en vez de tener que aceptar sus circunstancias? Sólo hay una manera en el mundo en que yo podría saber algo así, y es por experiencia propia. Puedo decirte sinceramente que no hay nada de lo mejor de este mundo que yo quiera que no posea ya o que no pueda conseguir fácilmente. Nada de nada.

Qué afirmación tan asombrosa, a diferencia de lo que hubiera podido decir unos años atrás, antes de haber aprendido el secreto para obtener todo lo que quiero. Hubo una época en que yo traía en el bolsillo los cerillos con los que estaba incendiando mi casa de las oportunidades, pero no lo sabía. Finalmente me deshice de esos cerillos. Empecé a construir esa casa de las oportunidades, y el contenido de esa casa se asemeja a la imagen que yo tenía de ella en la mente, hasta en el más mínimo detalle.

No existe eso de una fe a ciegas. Debes tener un objetivo, un propósito y una meta determinados antes de que puedas tener fe en lo que sea. La fe es una actitud mental donde la mente se despeja de todos los temores y las dudas y se dirige hacia el logro de algo determinado, mediante la inspiración de la inteligencia infinita.

La fe es una guía; nada más. No va a ir a traerte ese Cadillac, ni ese abrigo de visón, ni esa casa nueva, ni ese mejor trabajo, ni ese mayor volumen de negocios que necesitas con todos tus clientes; la fe no va a hacer eso. Pero la fe te va a guiar para que encuentres la manera de hacerlo, y descubrirás que siempre hay un papel que tú debes desempeñar. El Creador dispuso sabiamente que podamos producir nuestra comida de la tierra. Todo lo que comemos, lo que usamos y con lo que trabajamos viene de la tierra: todo. Y la inteligencia infinita sabiamente nos proporciona un sistema mediante el cual puedes estar seguro de recibir tus alimentos de la tierra. Acatando las leyes de la naturaleza, sales y siembras la semilla. La siembras en tierra que has examinado para asegurarte de que tenga los elementos que quieres en la planta. La siembras en la temporada correcta. La siembras a la profundidad correcta en la tierra. Todas esas cosas que podrías hacer por recorrer la milla extra, las haces por anticipado. ¿Después qué haces? ¿Acaso regresas al otro día para empezar a cosechar?

No. Le das el plazo debido, averiguas lo que necesita la naturaleza para transmutar una semilla de trigo en una espiga con 500 o 1 000 granos. Y acatas la ley de la naturaleza.

Con la fe pasa exactamente igual. Esperas ser guiado, pero tienes que hacer tu parte. Siempre encontrarás que te toca hacer una parte en relación con demostrar tu fe. La fe no te va a servir de nada si esperas que todo se haga por ti desde fuera.

La fe probablemente funcione a través de la mente subconsciente. ¿Por qué uso la palabra *probablemente*? Porque nadie sabe a ciencia cierta si es así o no. Es una teoría, y a falta de otra mejor, la estoy usando. La fe parece funcionar a través de la mente subconsciente, que actúa como el portal entre la mente consciente y la inteligencia infinita. Mi imagen mental de lo que sucede cuando rezas como debe ser es que primero condicionas tu mente —sabes qué es lo que quieres— y luego le transfieres una imagen clara a tu mente subconsciente. El subconsciente es el intermediario, el que cuida la puerta, entre tú y la inteligencia infinita. Es lo único que puede hacer que se encienda para ti el poder de la inteligencia infinita. Es la única manera en la que puedes acceder a la inteligencia infinita, según mis reglas. Y si así no es como funciona, en lo que a mí respecta es como si lo fuera, pues yo así lo hago funcionar.

PASOS PARA DESARROLLAR LA FE

Ahora veamos algunos pasos esenciales para el desarrollo de la confianza en uno mismo basada en la fe. Si hay algo que la gente necesita más que cualquier otra cosa, es confianza en sí misma: creer en ti mismo.

Éstos son los pasos más importantes. Primero que nada, adopta un gran propósito determinado y empieza de inmediato a alcanzarlo usando las instrucciones descritas en el capítulo 1. Ése es el primer paso para desarrollar confianza en uno mismo. Cuando sabes lo que quieres y lo empiezas a conseguir, tienes un grado de seguridad en ti mismo. Estás demostrando un grado de seguridad en ti mismo, porque si no creyeras en ti ni siquiera hubieras empezado, ¿verdad? El hecho mismo de empezar, aunque estés muy lejos de alcanzar lo que quieres, demuestra que tienes cierto grado de seguridad en ti mismo. Entre más apliques esa idea, más fuerte será tu creencia.

Luego: asocia con el objetivo de tu gran propósito determinado tantos de los nueve motivos básicos como sea posible. En otras palabras, cuando busques conseguir lo que sea, inspírate con la mayor cantidad posible de esos nueve motivos básicos.

Para obtener algo que quieres con muchas ganas —más dinero, por ejemplo— empiezas a tramar y definir alguna clase de plan para lograrlo. Cuando mi hijo menor, Blair, tenía seis o siete años quería un tren eléctrico fino que costaba 50 dólares. En ese momento era más de lo que sentíamos que podíamos gastar, porque entonces habríamos tenido que comprarles regalos de 50 dólares a nuestros demás hijos. Le dije esto a Blair, y él me contestó: "Ah, pero yo no te pedí que me compraras nada. Sólo quería que me dieras permiso de comprar el tren, porque ya lo escogí; ya hasta llené el formato para encargarlo", y en efecto lo tenía: tren Lionel, 50 dólares.

Al día siguiente cayó una gran nevada. Blair le pidió prestada una pala al conserje y se fue caminando por la calle, quitando la nieve de las aceras. Toda la gente salió de sus casas y conversó con él.

"Ah —les decía él—, es que pensé que estaría bien despejar la nieve de tu acera. Veo que aún no has empezado a hacerlo. Pensé que estaría bien, por si me lo quieres agradecer."

Invariablemente le daban 25 centavos, 50, a veces un dólar; un hombre le dio cinco dólares. Mucho antes de que acabara el mes, ya tenía sus 50 dólares y 10 más, y él los había ganado. Su mamá pensaba que no debíamos dejarlo hacer eso: como que nos rebajaba eso de dejarlo andar en las calles limpiando las aceras.

"Bueno —dije, dejando a un lado eso de rebajarnos—, ya descubrieron quiénes somos, si educamos así a un niño."

¿Cómo lo hicimos? Motivación.

Escribe una lista de todas las ventajas de tu gran propósito determinado, y recuérdalas muchas veces cada día, haciendo con ello que tu mente esté atenta al éxito. ¿Sabías que para ser sano tienes que estar atento a la salud? No importa qué otras precauciones tomes, si tu actitud mental no es de estar atento a tu salud, si no estás pensando en términos de tu salud, si no tienes la expectativa de ser sano, no lo vas a ser, sin importar qué más hagas.

Pasa igual con el éxito. Si aceptas cualquier tipo de miedo o complejo de inferioridad, si no tienes la expectativa de tener éxito y no desarrollas una expectativa o atención al éxito, no vas a ser exitoso. Si tu gran propósito es alcanzar alguna cosa material o dinero, visualízate ya en posesión de eso. Es de vital importancia evocarlo conscientemente porque, otra vez, el poder de tu fe va a entrar en juego. Si tu fe no es tan grande que ya puedas ver la cosa en tus manos aun desde antes de salir a buscarla, entonces no estás usando la fe aplicada.

Asóciate con personas que simpaticen contigo y con tu gran propósito, y deja que te den ánimos de todas las maneras posibles. Esto se refiere sólo a tus amistades cercanas o a los miembros de tu alianza de la Mente Maestra. No reveles tus fines y propósitos a gente que no sea absolutamente confiable, leal y cercana a ti. A veces la gente a la que le revelas tus ideas —si son buenas ideas— sale a la esquina y se te adelanta, y empieza a usar tu idea antes que tú, o dice algo para desanimarte.

No dejes pasar un solo día sin dar por lo menos un paso decidido hacia lograr tu gran propósito, y elige a alguna persona próspera e independiente para que sea tu marcapasos: alguien que te ayude a ir a buen paso, no sólo para alcanzarlo, sino para superarlo.

Espero de todo corazón que todos y cada uno de mis alumnos que se dediquen al negocio de la enseñanza decidan que van a superar a Napoleon Hill, y que lo van a hacer pronto. Cuentan con el cien por ciento de mi simpatía y cooperación para ayudarlos a lograrlo. Un maestro merecedor de ese título siempre quiere desarrollar alumnos que lo superen. Eso es exactamente lo que voy a hacer, y voy a decirte por qué: porque tú ahora tienes muchas más facilidades a tus órdenes de las que yo tenía cuando empecé. En otras palabras, tenemos el equipo para ayudarte a lograr mucho más en mucho menos tiempo de lo que yo pude hacer jamás. No puedo imaginarme a ninguna persona inteligente con una educación razonable que tomara estas conferencias que tú estás tomando y no lograra armar una buena carrera dando clases. Te sorprenderá lo rápido que se volverán maestros capaces todos aquellos que sigan las instrucciones.

La fe es una actitud mental positiva en acción. Tu actitud mental se refleja en cada palabra que dices, y habla más fuerte que tus palabras. Tu actitud mental es la suma total de tus pensamientos en un momento dado. Una actitud mental positiva tiene sus raíces en la voluntad espiritual. La actitud mental es el medio a través del cual las adversidades pueden transmutarse en beneficios.

Encuentra algunas sugestiones que te gusten, escríbelas en una tarjeta o en algún formato que te permita colgarlas y verlas todos los días y hacerlas tuyas. Rodéate de sugestiones. Adondequiera que voltees, verás algo que te sugiera una actitud mental positiva. Notarás cuando vayas a la oficina o a la casa de una persona exitosa que a menudo vive rodeada de imágenes de personas que admira. A menudo ves lemas en las paredes. He visto cientos.

Entré al despacho de mi amigo Jennings Randolph cuando estaba en el Congreso en Washington, y vi que todas las paredes estaban cubiertas de imágenes de hombres que él consideraba admirables. Lo hacía para vivir en el ambiente de lo admirable, en el ambiente de las cosas que mantenían su mente positiva.

Empieza a hacerlo en tu casa, en tu negocio, en tu oficina, donde pases más tiempo. Quizá sea en tu recámara, donde duermes todas las noches. Cuelga algo que te haga tener un pensamiento positivo antes de irte a acostar y que te lo recuerde cada vez que entres al cuarto. Te sorprenderás de todo el bien que te va a hacer.

5

RECORRER LA MILLA EXTRA

El siguiente tema es recorrer la milla extra. Eso significa prestar más y mejor servicio del que te pagan, hacerlo todo el tiempo y con una actitud mental agradable.

Una de las razones por las que hay tantos fracasos en el mundo actual es que la mayoría de las personas ni siquiera recorren la primera milla, por no hablar de la segunda. A menudo, si recorren la primera milla, se quejan sobre la marcha y se convierten en una molestia para la gente que les rodea.

No sé de ningún otro rasgo o cualidad que pueda conseguirle una oportunidad más rápido a una persona que hacer un esfuerzo especial por hacerle un favor a alguien o serle de utilidad. Es una cosa que puedes hacer en la vida sin tener que pedirle a nadie el privilegio. Siempre puedes mejorar tus servicios y tomarte la molestia de hacer algo amable, aunque pertenezcas a un sindicato y no te dejen poner 1 000 o 1 200 ladrillos (que fácilmente podrías poner). También hay una manera de darle la vuelta a eso. Si perteneces a un sindicato y tienes que acatar las reglas, no hay nada que te impida ser agradable y sonreír cuando trabajas, y así llamarás la atención de alguien que te dará un mejor trabajo, donde no tengas que seguir las reglas del sindicato. No hay nada que te impida hacer eso.

De hecho, más vale que te hagas a la idea de que nunca podrás ser libre, autodeterminado y económicamente independiente a menos que te hagas al hábito de recorrer la milla extra y volverte tan indispensable como puedas. No sé de ninguna manera en que alguien pueda volverse indispensable excepto recorriendo la milla extra, prestando algún servicio que no se esperaba que prestaras, y prestándolo con la actitud mental correcta.

La actitud mental es importante. Si te quejas de recorrer la milla extra, lo más probable es que no te aporte mayores beneficios.

EL EJEMPLO DE LA NATURALEZA

¿De dónde saco la autoridad para enfatizar este principio de recorrer la milla extra? De la experiencia. De mirar a mi alrededor y observar cómo hace las cosas la naturaleza. Siempre que puedas seguir los hábitos de la naturaleza, no te vas a equivocar. Y también a la inversa, cuando no puedas reconocer la forma en que la naturaleza hace las cosas y no te alinees, te vas a meter en problemas tarde o temprano. Hay un plan general con el que opera este universo; no importa cómo lo llames, la primera causa o el Creador, hay un solo plan. Hay un solo juego de leyes naturales. De cada individuo depende descubrir esas leyes naturales y ajustarse a ellas.

Si hay una cosa que destaca por sobre todas las demás en la naturaleza, es que la naturaleza exige que cada ser vivo recorra la milla extra para poder comer, vivir y sobrevivir. El hombre no sobreviviría ni una temporada de no ser por esta ley de recorrer la milla extra. Por ejemplo, cuando el campesino sale a sembrar la semilla en la tierra y siembra un grano de trigo, digamos, ¿luego qué hace? Toma el tiempo.

El tiempo es importante. No des el servicio del millón de dólares un día y esperes el cheque al día siguiente. En otras palabras, si empiezas a dar el servicio del millón de dólares, quizá tengas que esperar un poco de tiempo y tengas que ir ganando reconocimiento. Mientras pasas por ese proceso de reconocimiento, lo más probable es que no seas compensado por recorrer la milla extra. Lo más probable es que tengas que recorrerla bastante tiempo antes de que alguien lo note.

Pero siempre ten cuidado. Si recorres la milla extra demasiado tiempo sin que nadie note tu esfuerzo, y si la persona indicada no lo nota, busca hasta encontrar a quien sí lo note. Eso equivale a decir que si tu empleador actual no te reconoce, despide a ese empleador tarde o temprano, y deja que su competidor sepa qué clase de servicio prestas. Que haya un poco de competencia en tu camino.

LA LEY DE RETORNOS CRECIENTES

Nunca nadie acepta una regla ni hace nada sin motivo, y a continuación esbozo una gran variedad de razones para recorrer la milla extra.

Una de las razones más adecuadas que conozco para recorrerla es que te da el respaldo de la ley de retornos crecientes. La ley de retornos crecientes significa que recibirás más de lo que des, ya sea bueno o malo, ya sea positivo o negativo; así funciona la ley de la naturaleza. Lo que sea que des, lo que le hagas a otra persona o hagas por ella, lo que sea que des de ti, te regresa en especie multiplicado muchas veces. No hay absolutamente ninguna excepción a esto.

Otra vez está la cuestión del tiempo. El proceso de que algo regrese no siempre ocurre rápidamente. A veces tarda más de lo que uno esperaría. Pero puedes estar seguro de que si estás enviando influencias negativas, se te van a regresar tarde o temprano. Quizá no reconozcas qué las causó, pero van a regresar. No te pasarán por alto. La ley de retornos crecientes es eterna, es automática, está operando todo el tiempo y es tan inexorable como la ley de gravitación. Nadie en el mundo puede evadirla ni suspenderla ni por un momento. Todo el tiempo está en operación.

La ley de retornos crecientes significa que cuando haces un esfuerzo especial por prestar más y mejor servicio del que te pagan, es imposible que *no* recibas más de lo que te pagan, porque tarde o temprano la ley de retornos crecientes se encargará de eso. Por ejemplo, si trabajas a cambio de un salario, la ley se encargará de eso mediante ingresos adicionales, mayores responsabilidades, ascensos, oportunidades, o poner tu propio negocio. Te va a regresar de 1 001 maneras diferentes.

A menudo las recompensas no vendrán de la misma fuente para la que prestas el servicio. No tengas demasiado miedo de prestar servicio a un comprador o un empleador codiciosos. No importa a quién le prestes este servicio. Si lo prestas de buena fe y con buena actitud y lo sigues haciendo por costumbre, es imposible que no seas compensado.

Ésa era una cosa que me confundía en los primeros años. Cuando empecé a experimentar con estas leyes, observé que le prestaba servicio a mucha gente que no me daba ni las gracias. Dejaba a muchas personas entrar sin pagar a mis clases, y descubrí que prácticamente todos ellas me causaban problemas de una u otra manera y que casi ninguna obtenía el menor beneficio de las clases. Verás, a la gente que está esperando algo a cambio de nada le resulta muy difícil salirse con la suya. Es por la ley de retornos crecientes.

Cuando empiezas a aplicar este principio, no tienes que ser demasiado cuidadoso a la hora de ver con quién. De hecho, deberías aplicar este principio con toda la gente con la que entres en contacto, sin importar quién sea: conocidos, desconocidos, asociados laborales y familiares por igual. Haz que sea asunto tuyo prestar un servicio útil cada que entres en contacto con las relaciones humanas de cualquier modo, manera o forma que sea posible.

CALIDAD Y CANTIDAD DE SERVICIO

La única manera de incrementar el espacio que ocupas en el mundo será mediante la calidad y la cantidad del servicio que prestes (no me refiero necesariamente a espacio físico, sino a tu espacio mental y espiritual). La calidad y la cantidad del servicio, sumado a la actitud mental con que lo prestes, determinarán qué tan lejos llegarás en la vida, qué tanto obtendrás de ella, qué tanto la disfrutarás, y qué tanta tranquilidad mental vas a tener.

Prestar servicio también hace que uno llame la atención favorablemente de aquellos que pueden brindar y brindan oportunidades de ascenso. Entra a cualquier organización, y si estás alerta y te fijas, rápidamente descubrirás qué personas recorren la milla extra. También descubrirás que ellas son las que reciben los ascensos. No tienen que pedirlos; no es necesario para nada, porque los empleadores naturalmente están buscando a la gente que recorra la milla extra. Hacer algo extra tiende a volverlo a uno indispensable en las distintas relaciones humanas, y por lo tanto le permite a uno exigir una compensación por encima del promedio.

EL PLACER DE HACER EL BIEN

Recorrer la milla extra también te hace algo por dentro, en el alma. Te hace sentir mejor. Si no existiera ninguna otra razón para recorrer la milla extra, yo diría que con ésa basta. Muchas cosas en la vida nos hacen tener sentimientos negativos y experiencias desagradables. Esto es algo que puedes hacer por tu cuenta que siempre te dará un sentimiento agradable. Si recuerdas tus propias experiencias, estoy seguro de que verás que nunca hiciste una cosa buena sin haber obtenido a cambio una buena cantidad de alegría. A lo mejor la otra persona no lo agradeció… eso no es importante. Es igual que el amor: el solo hecho de haber amado es un gran privilegio. No importa en lo más mínimo si tu amor es correspondido por la otra persona. Tienes los beneficios de la emoción del amor en sí.

Es igual con el principio de recorrer la milla extra. Te dará mayor valentía. El solo hecho de salir y serle de utilidad a alguien te permitirá superar inhibiciones y complejos de inferioridad que has estado almacenando al paso de los años.

No te sorprendas demasiado cuando hagas algo cortés o útil por alguien que no lo espera, y te voltee a ver perplejo, como si dijera: "Me pregunto por qué hiciste eso". Algunas personas se sorprenderán un poco cuando hagas un esfuerzo especial por serles de utilidad.

Recorrer la milla extra también lleva al crecimiento mental y a la perfección física, desarrollando así una mayor habilidad y destreza en tu vocación elegida. Hagas lo que hagas, ya sea impartir este curso, dar una conferencia, trabajar en tu cuaderno o cumplir con tu trabajo, toma la decisión de que cada vez que lo hagas, superarás todos tus esfuerzos anteriores. En otras palabras, te vuelves un reto constante para ti mismo. Verás lo rápida y aceleradamente que creces si lo abordas así.

Nunca en la vida he dado un discurso que no pretendiera dar mejor que los de antes. No siempre lo logro, pero ésa es mi intención. No importa qué clase de público tenga. Pongo el mismo esfuerzo en una clase chica que en una grande, no sólo porque quiero serles de utilidad a mis alumnos, sino porque quiero crecer y desarrollarme. El crecimiento viene del esfuerzo, de la dificultad, del uso de tus facultades.

BENEFÍCIATE DE LA LEY DE CONTRASTES

El hábito de recorrer la milla extra también le permite a uno beneficiarse de la ley de contrastes. ¿Alguna vez has pensado en eso? Eso no tendrás que anunciarlo mucho; se anuncia solo, porque la mayoría de la gente que te rodea no está recorriendo la milla extra. Si todos lo hicieran, este mundo sería un gran lugar donde vivir, pero entonces no podrías beneficiarte de este principio tan definitivamente como ahora, porque tendrías una competencia tremenda. No te preocupes: no vas a tenerla. Puedo asegurarte que vas a estar prácticamente en una clase aparte.

En algunos casos, la gente con la que trabajas o estás asociado puede ser puesta en evidencia por no recorrer la primera milla, ya no digamos la segunda, y no le gusta. ¿Vas a ponerte a llorar por eso, renunciar, y volver a tus viejos hábitos sólo porque al otro no le gusta lo que estás haciendo?

Por supuesto que no. Triunfar es tu responsabilidad individual en este mundo. Es tu única responsabilidad y no puedes permitir que las ideas, idiosincrasias ni ocurrencias de nadie se interpongan en el camino de tu éxito. Debes ser justo con la demás gente. Más allá de eso, no estás obligado a dejar que la opinión de nadie te impida salir a triunfar. Me gustaría ver a la persona que pudiera impedirme tener éxito, y quiero que tú sientas lo mismo. Quiero que te decidas a poner estas leyes en operación y a no permitir que nadie te lo impida.

DESARROLLAR UNA ACTITUD POSITIVA

Recorrer la milla extra también conduce al desarrollo de una actitud mental positiva, agradable, que es el rasgo más importante de una personalidad agradable. De hecho, es el primer rasgo de una personalidad agradable.

Puedes cambiar con facilidad tu química cerebral para ser positivo en vez de negativo. ¿Cómo? Poniéndote en ese estado mental donde quieres hacer algo útil por la otra persona, sin prestarle el servicio con una mano y quitarle el dinero con la otra. Hacerlo sólo por la bondad de hacerlo, sabiendo que si prestas más y mejor servicio del que te pagan, tarde o temprano te pagarán más, y de buena gana. Así funciona la ley. Ésa es la ley de la compensación y es una ley eterna. Nunca olvida. Tiene un sistema contable maravilloso. Puedes estar seguro de que cuando prestas el tipo de servicio correcto con la actitud mental correcta, estás acumulando créditos en alguna parte que tarde o temprano te regresarán multiplicados.

El hábito de recorrer la milla extra también tiende a desarrollar una imaginación aguda, porque uno constantemente está buscando formas nuevas y más eficientes de prestar un servicio útil. Empiezas a mirar a tu alrededor y a ver cuántos lugares, cuántos medios y formas hay de ayudar a la gente a encontrarse a sí misma. Al ayudar a la otra persona a encontrarse a sí misma, te encuentras a ti mismo.

LOS BENEFICIOS DE SER DE UTILIDAD

Cuando tienes un problema o una situación desagradable y no sabes cómo resolverlo, aunque hayas probado con todo lo que sabías, siempre hay algo más que puedes hacer. Si lo haces, lo más probable es que no sólo soluciones tu problema, sino que además aprendas una gran lección.

¿Qué es eso que puedes hacer? Encontrar a alguien que tenga un problema igual o mayor, y empezar en ese mismo lugar y momento a ayudar a esa otra persona. Y he aquí que eso libera algo en ti que permite que la inteligencia infinita entre a tu cerebro y te dé la respuesta a tu problema.

No sé cómo funciona, pero sé que lo hace. ¿Sabes por qué puedo afirmarlo tan categóricamente? Porque yo mismo lo he puesto a prueba cientos y cientos de veces y he visto a mis estudiantes ponerlo a prueba cientos y cientos de veces. ¡Una cosa tan sencilla!

No sé qué es lo que te hace. No sé por qué funciona. Hay muchas cosas en la vida que uno no sabe. Luego hay cosas que uno sabe pero no hace nada con ellas. Ésta es una cosa de la que no sé nada pero que sí aprovecho. Sigo la ley porque sé que si necesito que mi propia mente se abra a recibir oportunidades, la mejor manera de hacerlo es ver a cuánta gente puedo ayudar. Nunca me aparto de esta regla; jamás lo he hecho, desde que asimilé esta filosofía (antes de eso sí me apartaba y no llegué muy lejos). Mira alrededor, busca a alguien que necesite de tu servicio y empieza a prestarlo.

La semana pasada el señor Stone y yo fuimos a la Escuela de los Ozarks. Estando allá, encontré un medio maravilloso para canalizar mis energías a recorrer la milla extra. Decidí: "Voy a exponer esta filosofía aquí para todos estos muchachos y muchachas montañeses. Vamos a donarle el curso a la escuela y voy a ir a impartirlo yo mismo, por lo menos la primera clase".

En la escuela se pusieron felices cuando supieron lo que yo iba a hacer, porque pensaban que les iba a costar mucho dinero, y no lo tenían. "Vaya —pensé—, todo el dinero del mundo no alcanzaría para pagarme por lo que voy a recibir a cambio de prestarles este servicio a esos pobres muchachos y muchachas montañeses, pensando en el Napoleon Hill allá de los tiempos en que andaba hasta peor que ellos. Sé lo que esta filosofía puede hacer por ellos y voy a asegurarme de que lo obtengan."

Fue una decisión conjunta mía y del señor Stone, y nadie sabía que habíamos tomado esa decisión. Luego uno de los principales donadores de esa escuela, que había dado muchos cientos de miles de dólares para construir edificios, vino a iniciar negociaciones con Napoleon Hill y Asociados para que sus 800 empleados tomaran nuestro curso de estudio en casa.

Casi de inmediato el pan que regalé me regresó, y con mucha mantequilla y mermelada. Dio muy buenos frutos. Y eso no es todo. Este hombre es el accionista mayoritario de los almacenes J. C. Penney. Antes de terminar, no sólo habremos atendido a los 800 empleados de este hombre, sino a una cantidad muchas veces mayor de empleados de los almacenes J. C. Penney.

No fuimos hasta allá buscando hacer contactos; no fuimos buscando nada excepto la oportunidad de darles un mensaje a esos jóvenes. Se los dimos con la actitud mental correcta y las cosas empezaron a suceder de inmediato. Así de rápido puedes cambiar tu vida cuando te metes al negocio de recorrer la milla extra y hacerlo con el espíritu de serle de utilidad a la demás gente.

DESARROLLAR LA INICIATIVA

Esta práctica también desarrolla el importante factor de la iniciativa personal. Te hace al hábito de mirar a tu alrededor en busca de algo útil que hacer y de hacerlo sin que nadie te lo pida. La vieja postergación es toda una amargada y causa muchos problemas en el mundo. La gente deja para pasado mañana las cosas que tenía que haber hecho antier. Todos somos culpables de esto, todos y cada uno de nosotros. Yo tampoco me escapo, pero voy mejor que hace unos años.

Ahora puedo encontrar muchas cosas que hacer. ¿Por qué las encuentro? Porque hacerlas me da alegría. Cada vez que recorras la milla extra, lo que estés haciendo te va a dar alegría; de lo contrario, no recorrerías la milla extra.

CULTIVAR LA DETERMINACIÓN DE PROPÓSITO

El hábito de recorrer la milla extra desarrolla la confianza de los demás en nuestra integridad y habilidad general. También desarrolla la determinación de propósito, sin la cual el éxito es impensable. Con eso bastaría para justificarlo. Te da un objetivo, para que no te la pases dando vueltas y vueltas como un pez dorado en su pecera, siempre volviendo a donde empezaste y con lo mismo que tenías al empezar. La determinación de propósito llega por recorrer la milla extra.

Este hábito también te permite hacer que tu trabajo sea una alegría en vez de una carga. Llegas al punto en que te encanta. Y si en tu vida no estás involucrado en algo que hagas por amor, estás perdiendo el tiempo seriamente. Creo que una de las mayores alegrías en este mundo es que se te permita dedicar tiempo a la actividad que preferirías hacer por sobre todas las demás.

ALEGRÍA

Y seguramente, cuando estás recorriendo la milla extra, lo estás haciendo precisamente porque no es obligatorio. Nadie espera que lo hagas. Nadie te pidió que lo hicieras. Desde luego que ningún empleador les pediría a sus empleados que recorran la milla extra. Puede pedirles que echen la mano de vez en cuando, pero no lo haría regularmente. Así que es algo que haces por iniciativa propia y le da dignidad a tu trabajo, aunque estés cavando una zanja: estás ayudando a alguien. La dignidad que viene con eso le quita al trabajo lo agotador y lo desagradable.

Créeme, me he pasado muchas noches quemándome las pestañas y para nada me parecía un trabajo pesado. Era idea mía. Sólo usé mi iniciativa, pero me dio mucha alegría hacerlo e hice que valiera la pena.

¿Qué aplicación has hecho de este principio que te haya brindado la mayor alegría? Algunos podrán decir que estar casados. Cuando estás cortejando a la chica que eliges o estás siendo cortejada por el hombre que eliges, es increíble cuántas noches en vela puedes pasar.

¿No sería maravilloso poder poner la misma actitud en tus relaciones profesionales o comerciales que la que pones en el cortejo?

Eso es justamente lo que vamos a hacer. Otra vez vamos a empezar a brillar. Vas a empezar en casa con tu propia pareja. Créeme, no podría empezar a decirte cuántas parejas casadas he echado a andar en una nueva racha de brillo. Les ha traído mucha alegría. Se ahorran muchas fricciones, muchas discusiones y reducen gastos.

No lo digo de broma. Hablo muy en serio cuando digo que ése es uno de los mejores lugares del mundo para empezar a recorrer la milla extra. Ten cuidado de no ser demasiado abrupto en tu implementación y desconcertar a tu pareja. Uno de mis estudiantes empezó a hacerlo de inmediato y a su esposa le pareció tan sospechoso que contrató a la Agencia de Detectives Pinkerton para vigilarlo a toda hora. Finalmente él se dio cuenta de que ella lo estaba vigilando y vino a preguntarme si yo podía hacer algo. ¿Qué pasó? Que él fue a la tienda y le compró lencería bonita —de la que hacía años no le compraba—, una botella de perfume francés, un gran ramo de flores. Le compró todo de golpe. Ella pensó que él había hecho algo malo y estaba tratando de compensarlo.

TEN UNA PLÁTICA DE VENTAS

Cuando empieces a recorrer la milla extra con alguien, siéntate con él y ten una pequeña plática de ventas. Dile que has cambiado de actitud, y que buscas un acuerdo mutuo de que ambas partes cambiarán de actitud de aquí en adelante: "Todos vamos a recorrer la milla extra. Nos vamos a relacionar sobre una base diferente, y como resultado todos obtendremos más alegría, más tranquilidad mental y más alegría de vivir". Si fueras a casa esta noche y tuvieras esa charla con tu pareja, no te haría daño, y podría ayudarte.

En cuanto a esa persona de negocios con la que no te has llevado bien, si mañana por la mañana fueras con una sonrisa y te acercaras a ella, le tomaras la mano, se la estrecharas y le dijeras: "Oye, amigo, a partir de ahora me gustaría que tú y yo disfrutáramos trabajando juntos. ¿Qué opinas?" ¿No funcionaría? Claro que sí. Pruébalo y verás.

Hay algo que hace más daño que nada en el mundo y es una cosita llamada orgullo. No tengas miedo. No tengas miedo de humillarte si eso va a crear mejores relaciones con la gente con la que tienes que relacionarte todo el tiempo.

GANARSE EL COMPROMISO DE LOS DEMÁS

Por último, recorrer la milla extra es lo único que te da derecho a pedir un ascenso o mayor paga. No tienes cómo justificar pedirle más dinero o un ascenso al comprador de tus servicios a menos que desde antes lleves un tiempo recorriendo la milla extra, haciendo más de lo que te pagan por hacer. Obviamente si no haces más de lo que te pagan por hacer, entonces te están pagando lo justo, ¿no? Así que primero tienes que empezar a recorrer la milla extra para que la otra persona se empiece a sentir comprometida contigo antes de poder pedirle favores. Si consigues que suficiente gente se sienta comprometida contigo por haber recorrido la milla extra, cuando necesites un favor, siempre puedes recurrir a un lado o a otro y conseguirlo. No necesito pedir prestados 1 000 dólares ni 5 000 ni 10 000 ni 25 000. Pero si fuera el caso, conozco por lo menos media docena de lugares donde podría conseguir el dinero con una llamada telefónica y sin tener que pedirlo. Bastaría con decir que lo necesito. ¿Por qué? Porque he establecido esos contactos: la gente se siente comprometida conmigo por favores que les he hecho. Conozco a por lo menos una docena de multimillonarios que empezaron de cero y que me deben sus fortunas a mí. Si quisiera pedirles 25 000 dólares, no podrían negármelos. Claro que no voy a hacerlo, pero es lindo saber que uno tiene ese tipo de crédito al alcance, ¿no es cierto? Quiero que tú tengas esa clase de crédito con los demás, y quiero enseñarte la técnica para lograrlo.

LA NATURALEZA RECORRE LA MILLA EXTRA

Al observar la naturaleza obtenemos pistas de lo perfecto que es el principio de recorrer la milla extra. Como dije antes, la naturaleza recorre la milla extra al producir suficiente de todo lo que necesita y un excedente para emergencias y desperdicio. Las flores en los árboles. Los peces en el mar: no sólo produce suficientes peces para perpetuar la especie sino también para alimentar a las serpientes y los cocodrilos y descontar todos los que mueren de causas naturales, y aun así tener suficientes para perpetuar la especie. La naturaleza es de lo más abundante en el tema de recorrer la milla extra. A cambio, es muy exigente en cuanto a que cada ser vivo recorra la milla extra. Las abejas reciben miel como recompensa a sus servicios de polinizar las flores donde la miel se encuentra, atrayéndolas, pero tienen que realizar el servicio para obtener la miel, y hacerlo por adelantado.

Has oído decir que las aves del cielo y las bestias del campo no hilan ni tejen pero siempre tienen qué comer. Pero si observas la vida salvaje, nunca comen sin antes realizar alguna clase de servicio, sin trabajar, sin hacer algo antes de poderse alimentar. Pongamos por ejemplo una parvada de cuervos comunes y corrientes del maizal. Se tienen que organizar. Viajan en parvadas. Tienen centinelas y tienen claves para dar la voz de alarma. Tienen que prepararse mucho hasta para poder comer a salvo.

La naturaleza le exige al hombre recorrer la milla extra. Todo el alimento proviene de la tierra, así que si quiere comer, tiene que sembrar la semilla. No puede vivir únicamente de lo que la naturaleza le da. Tenemos que sembrar nuestro alimento en la tierra. Primero tenemos que despejar la tierra. Tenemos que ararla. Tenemos que gradarla. Tenemos que cercarla. Tenemos que protegerla de los animales depredadores y todo eso cuesta trabajo, tiempo y dinero. Y todo tiene que hacerse por anticipado o no vas a comer.

No me costaría ningún trabajo convencer a un campesino de esta idea, que la naturaleza hace que todos recorran la milla extra. Él lo sabe sin duda alguna. Sabe a cada minuto de su vida que si no recorre la milla extra no va a comer y no va a tener qué vender. El campesino prepara su tierra; planta su semilla. Selecciona la semilla con cuidado para asegurarse de que tiene la semilla adecuada y es fértil. La siembra en la tierra a la profundidad correcta y luego toma el tiempo de toda la transacción.

Quiero enfatizar la importancia del tiempo. ¿Es posible que un empleado que recién empieza en un trabajo se ponga a recorrer la milla extra y de inmediato exija el salario y el puesto más alto de la compañía? Simplemente no funciona así. Tienes que irte haciendo un historial, una reputación. Tienes que ser reconocido en este asunto de recorrer la milla extra antes de que puedas presionar por obtener una compensación. De hecho, si recorres la milla extra con la actitud mental correcta, las probabilidades son 1 000 a 1 de que nunca tendrás que pedir una compensación por los servicios que prestas porque te será otorgada automáticamente, ya sea en la forma de un ascenso o de un aumento salarial.

LA LEY DE LA COMPENSACIÓN

En el universo entero, todo se ha arreglado de tal manera mediante la ley de la compensación, tan adecuadamente descrita por Emerson, que en los libros de la naturaleza, por decirlo así, todo cuadra. Todo tiene un opuesto equivalente. Hay positivo y negativo en cada unidad de energía, día y noche, frío y calor, éxito y fracaso, dulce y amargo, felicidad y tristeza, hombre y mujer. En todas partes y en todas las cosas vemos en operación la ley de acción y reacción. Cada acción causa algún tipo de reacción. Todo lo que haces, todo lo que piensas, cada pensamiento que liberas causa una reacción, si no en alguien más, entonces en la persona que emite el pensamiento. De hecho, cuando liberas un pensamiento, aún no has terminado con él. Cada pensamiento que expresas, aun en silencio, se vuelve una parte definitiva del patrón de tu mente subconsciente. Si almacenas suficientes pensamientos negativos en esa mente subconsciente, serás una persona predominantemente negativa. Si te haces al hábito de liberar sólo los pensamientos positivos, tu patrón subconsciente será predominantemente positivo, y atraerás a ti las cosas que quieres. Si eres negativo, repeles las cosas que quieres y atraes sólo las que no quieres. Eso también es una ley natural.

Recorrer la milla extra es una de las mejores maneras que conozco para educar a tu mente subconsciente a que atraiga las cosas que quieres y aleje las que no quieres. Puedes considerar un hecho probado que, si ignoras el desarrollo y la aplicación de este principio de recorrer la milla extra, jamás serás exitoso en lo personal ni alcanzarás una independencia económica.

He tenido el privilegio de observar a bastantes miles de personas, algunas que aplicaban el principio de recorrer la milla extra y otras que no, y he tenido el privilegio de averiguar qué fue de unas y otras. Sé sin el menor lugar a duda que nadie se eleva por encima de la mediocridad ni de su condición social si no tiene el hábito de recorrer la milla extra; simplemente no sucede. Si hubiera descubierto un solo caso de alguien que llegó a la cima sin recorrer la milla extra, diría que hay excepciones. Pero estoy en una posición en la que puedo decir que no hay excepciones, porque nunca encontré ese caso. Y en definitiva puedo decirte por experiencia propia que nunca en la vida he recibido un beneficio importante que no fuera resultado de recorrer la milla extra.

Cuando empecé con Carnegie, me dio tres horas y luego me pidió que me quedara otros tres días con sus noches. Yo no estaba obligado a hacerlo; mi revista no me pagó esos tres días y noches. En esas tres horas había obtenido todo lo que buscaba, que era un reportaje sobre el señor Carnegie.

No sólo me quedé tres días con sus noches cuando ni siquiera estaba seguro de que me iba a alcanzar el dinero, sino que además traté de ser agradable. Y logré ser lo bastante agradable como para causar en el señor Carnegie la impresión de que yo era el indicado para llevarle su filosofía al mundo. Yo diría que fui bastante bien recompensado.

Te estoy dando una gran variedad de ejemplos de este principio, pero por favor encuentra los tuyos. No todos tienen que ser de gente como Andrew Carnegie o Thomas A. Edison o Henry Ford o siquiera Napoleon Hill. Toma al muchacho que bolea zapatos o a cualquiera que haga algo útil recorriendo la milla extra, y úsalo de ejemplo.

Me tomó mucho tiempo aprender que si hablas demasiado de estos señores con los que he estado asociado, ahuyentas a mucha gente, que no aspira a convertirse en un Henry Ford o un Edison. Sólo quiere ser gente común y corriente con lo suficiente para vivir y tener independencia, buena salud y tranquilidad mental. No ahuyentes a las personas que no quieren llegar hasta arriba del montón, por así decirlo, usando ejemplos que ellas crean que nunca podrán igualar.

Pongamos por ejemplo al tal Napoleon Hill. No sé si lo sepas, pero ese tipo dedicó 20 años de labor productiva al servicio del hombre más rico del mundo sin recibir ninguna compensación. Al menos eso fue lo que dijeron sus hermanos y su padre. Eso dijeron todos sus conocidos (excepto su madrastra): que había sido un tonto al trabajar para el hombre más rico del mundo por 20 años sin recibir ninguna compensación. Y al tipo no se le ocurrió nada mejor que persistir en ese trabajo. Seguro era débil mental.

Por fin llegó el día en que este tipo Hill ni siquiera tuvo que pedirle a Andrew Carnegie lo que gastaba en viajes. Pudo pagarlos él mismo. Ya no necesitaba al señor Carnegie. Eso ya es algo, ¿no es cierto?

Cuando este tipo empezó, necesitaba cartas de presentación para poder entrar a ver a otras personas, pero llegó el día en que no necesitaba al señor Carnegie para eso. Podía presentarse solo.

Y eso es lo que quiero que hagas. Quiero que te vuelvas independiente, para que puedas hacer estas cosas sin la ayuda de nadie. Ése es el momento en que llega la compensación: cuando puedes salir y hacer lo que quieras en el mundo. Ya sea que alguien quiera que lo hagas o quiera ayudarte o no, puedes hacerlo por tu cuenta. Ésa es una de las sensaciones más grandiosas, más gloriosas que conozco. Cualquier cosa que quiera hacer, puedo hacerla. No tengo que preguntarle a nadie, ni siquiera a mi esposa (aunque lo haría, porque estamos en buenos términos). Ahora bien, hay formas y medios para ponerte en esa posición.

UNA OPORTUNIDAD POTENTE

Hasta donde he podido determinar, nunca ha habido otro autor en mi campo que haya desarrollado un seguimiento tan decidido y extenso, ni con una relación tan buena como la que yo tengo con mis seguidores.

Mi relación con mis alumnos es algo fuera de este mundo. Provoca algo en ellos y provoca algo en mí. Por eso me gusta ver gente en mis clases. Aunque hayan leído todos los libros que he escrito, aunque se los hayan aprendido de memoria, de todas formas quiero que vengan y le echen un ojo a Napoleon Hill por su sinceridad en la preparación, su entusiasmo y su fe, porque eso echa raíces y empieza a crecer, y entonces se vuelve tu personalidad y no la mía.

En primer lugar, tengo un seguimiento amigable de muchos millones de personas que se han beneficiado con la filosofía. Honestamente no sé cuántos millones, pero sí sé que entre 13 y 14 millones de ejemplares de *Piense y hágase rico* se han vendido fuera de los Estados Unidos, y calculamos que por cada ejemplar vendido, por lo menos cinco personas lo han leído. Son como 70 millones de personas fuera de Estados Unidos, y quién sabe cuántas dentro del país. Allá en California hicieron una encuesta y determinaron que una de cada tres personas en ese estado es seguidora de Napoleon Hill, tiene sus libros o los ha leído en la biblioteca. Hicimos una encuesta de todas las principales bibliotecas de Estados Unidos, y el consenso fue que *Piense y hágase rico* estaba en primer lugar de todos los libros de todo tipo cuando salió, y aún se mantiene.

No tengo que pedir disculpas por lo que estoy diciendo. Ni siquiera tengo que decirte que no estoy presumiendo, porque lo que yo soy es lo que llegarás a ser. Sólo te estoy presentando la muy potente oportunidad que tienes con esta filosofía. No sólo será de gran ayuda en este mundo, sino que te será de gran ayuda a ti también, porque cuando sales al mundo ocupando más espacio en la mente y el corazón de la gente, están ocupando más espacio en tu propia mente y tu propio corazón.

Mis libros tienen demanda. Podría firmar un contrato con cualquier editorial de mi campo que elija, para cualquier libro que quisiera escribir, aun desde antes de escribirlo. No siempre estuve en una posición envidiable. Cuando Carnegie me dio esta oportunidad, ni siquiera tuve el sentido común para rechazarla, que según mi hermano era lo que debía haber hecho. Siempre he sospechado que él tenía un motivo egoísta para querer que yo la rechazara, porque yo había acordado con él pagar nuestra carrera de derecho en George-town University, y cuando acepté, él se quedó volando. Pasaron dos años antes de que él pudiera seguir adelante con su educación, pero se puso a trabajar y ahorró lo que necesitaba. Creo que ésa fue una de las mejores cosas que pudieron haberle pasado: él se pagó su educación en vez de depender de mí. Nunca me lo ha dicho, pero siempre he sospechado que para él fue algo bueno.

Luego está mi programa de radio. Imagina que le presentas un programa de radio a una de las grandes radiodifusoras del país y es un éxito desde la primera transmisión sin tener que empezar poco a poco. Sencillamente nunca se ha hecho. Cualquiera en el campo de la radio te diría que es imposible. Y en un principio yo también lo habría dicho, si no es porque ya había eliminado esa palabra, *imposible*, de mi diccionario hacía mucho tiempo. El programa salió en la KFWB, una de las estaciones grandes de Los Ángeles, de 1947 hasta 1950, tres años, verano e invierno, sin las vacaciones acostumbradas en radio, y superaba a todos los demás programas de esa estación juntos. La competencia era bastante fuerte, créeme lo que te digo.

¿Cómo sé que eso pasó? Uno no puede guiarse sólo por las encuestas, porque llaman por teléfono a mucha gente y luego promedian. No tuvimos que estar adivinando nada, porque el correo fue el factor determinante. Había, me parece, un promedio de 657 respuestas por cada transmisión. En la KFWB me dijeron —y después lo he corroborado en otros círculos de la radio— que por cada persona que escribía probablemente había 1 000 escuchas que no. Eso significa que cada domingo en la tarde tenía a más de 650 000 personas escuchando.

¿Por qué suponen que el programa superó a todos los demás sin empezar poco a poco? ¿Qué factores intervinieron?

Número uno, yo llevaba toda la vida construyendo los créditos que ahora me daban derecho a empezar a obtener esa clase de resultados. Número dos, mis libros se habían distribuido ampliamente en California desde antes de que me fuera para allá. Número tres —y proba-blemente éste sea el más importante—, el programa no competía con ningún otro. No había nada parecido y se ocupaba del éxito personal de los escuchas. Siempre que le empieces a hablar a alguien sobre incrementar su éxito personal, no hace falta que seas brillante, no hace falta que seas muy efectivo, porque seguirá escuchando mientras le estés dando cualquier información que pueda usar.

Por eso el programa encajó de esa manera. Por eso esta filosofía va a funcionar para ti cuando salgas, porque es potente y la gente la quiere. No existe nadie que ya sea tan exitoso que no quiera más éxito.

Aquí está tu oportunidad de recorrer la milla extra. Yo empecé con un pequeño grupo de personas. Aunque sólo sea con dos o tres personas en tu casa o en el lugar donde trabajas, cada vez que yo te dé una lección, inmediatamente ve y haz la prueba de dársela a alguien más para ver cómo va saliendo. Te sorprenderá lo que va a pasar. No te preocupes por cuánto vas a sacar por hacerlo. Empieza por hacerlo. Si no encuentras nadie más con quién ponerlo a prueba, hazlo con tu mujer, tu marido o tus hijos. Quizá tengas que simplificarlo a términos que una persona más joven pueda entender. Pero cada vez que interpretas esta filosofía para otras personas, provocas algo en ti mismo. Vas a descubrir que nunca lograrás aprender y aplicar esta filosofía adecuadamente hasta que empieces a enseñársela a más gente. Ahí es donde vas a crecer en serio. Yo he estado en esto de manera activa desde 1928, y todo ese tiempo he estado creciendo y pasándomela muy bien al hacerlo. Y debería seguir creciendo todo el tiempo que viva, por la alegría que me da crecer y ver a otros crecer bajo mi influencia.

TRANQUILIDAD MENTAL

Luego hay un pequeño tema que no es cualquier cosa: la tranquilidad mental que me dieron esos 20 años de recorrer la milla extra.

¿Tienes alguna idea de cuántas personas en el mundo están dispuestas a hacer algo 20 años seguidos sin recibir nada a cambio? Para el caso, ¿tienes alguna idea de cuántas personas en el mundo estarían dispuestas a hacer algo tres días seguidos sin estar seguras de que van a sacar algo a cambio?

Te sorprendería descubrir lo pocas que son. Es pasar por alto una de las oportunidades más grandiosas que un ser humano podría tener, sobre todo aquí en nuestro país, donde realmente podemos crear nuestro propio destino y expresarnos de cualquier manera que queramos. Los discursos son gratuitos, las actividades son gratuitas, la educación es gratuita: es una oportunidad maravillosa para entrar de lleno y recorrer la milla extra en cualquier dirección que quieras viajar. Pero la mayoría de la gente no lo hace. Tanto mejor para ti, porque si toda la gente fuera exitosa no te necesitarían de maestro.

Por cierto, en toda mi carrera nunca vi un momento en que el mundo entero estuviera tan listo y preparado para esta filosofía como lo está hoy. La gente en todo el mundo está sufriendo de miedo, frustraciones, desilusiones y complejos de inferioridad. Uno de varios factores es la turbulenta situación política actual. Jamás había visto a los políticos caer tan bajo al atacarse unos a otros como ahora. Nunca en toda mi vida había visto cosa igual, lo que significa que hay mucha gente enferma en este mundo. Por lo tanto tú, el doctor, vas a tener muchos pacientes que examinar.

En lo que a mí respecta, estos tiempos no tienen nada de malo. Están que ni mandados a hacer para esta filosofía. He visto una época cuando no había muchas personas interesadas en sus fallas porque eran prósperas, les iba bien, no tenían mayores problemas. Hoy, casi todo mundo tiene problemas, o cree tenerlos. Si leen los periódicos de Hearst, tienen una clase de problemas; si leen el *Daily News*, son de otro tipo; si leen el *Tribune*, tienen de todos. Si lees los periódicos, encontrarás muchas cosas que están mal en el mundo.

En vez de averiguar qué anda mal en el resto del mundo, yo trato de averiguar qué puedo hacer para corregir a este tipo de aquí. Tengo que comer con él, tengo que dormir con él, tengo que lavarle la cara y rasurarlo todas las mañanas, tengo que bañarlo de vez en cuando. No tienes idea de cuántas cosas tengo que hacer por él. Y tengo que vivir con este tipo 24 horas al día. Así que le dedico tiempo a tratar de superarme y, a través de mí, a tratar de superar a mis amigos y mis alumnos escribiendo libros, dando conferencias, impartiendo cursos y de otras maneras. Me resulta mucho más provechoso que si tomara cualquiera de los diarios y leyera todos los artículos sobre homicidios, pleitos de divorcio y todo lo demás que exhiben en sus páginas cada día.

Para este tipo en el podio, que no tuvo el sentido común de rechazar la oferta de Andrew Carnegie de trabajar 20 años a cambio de nada, sus últimos años serán de felicidad gracias a las semillas de amabilidad y ayuda que ha sembrado en los corazones de otros.

Si pudiera vivir mi vida de nuevo, la viviría exactamente igual. Cometería todos los errores que cometí, y en la misma época en que los cometí, joven, para tener tiempo de corregir algunos de ellos. Y el periodo en el que llegaría a tener tranquilidad mental y entendimiento sería en el otoño de mi vida, no antes, porque cuando eres joven puedes soportar los problemas; los aguantas. Pero cuando pasas el verano y entras al otoño, cuando tus energías y tu capacidad mental muchas veces ya no son lo que eran, no puedes soportar tantos problemas como antes. No te quedan tantos años para corregir los errores que cometiste.

Tener la paz, la tranquilidad mental que tengo hoy, en el otoño de mi vida, es una de las grandes alegrías que me ha dado esta filosofía. Si me preguntas cuál ha sido mi mayor compensación, yo diría que ésa, porque hay mucha gente de mi edad, e incluso mucho más joven, que no ha encontrado la tranquilidad mental. Nunca la encontrarán, porque la están buscando en el lugar equivocado. No están haciendo nada al respecto; están esperando que alguien más lo haga por ellos. Pero la tranquilidad mental es algo que tienes que conseguir tú mismo: te la tienes que ganar.

Creo que mi mejor libro aún no se ha publicado. Hace tres o cuatro años acabé de escribirlo, y lo publicaré tarde o temprano. Habla de cómo lograr la tranquilidad mental. De hecho, se titula *Cómo alcanzar la tranquilidad mental*. En realidad yo no escribí el libro: lo viví, lo viví durante 40 años. No habría podido escribirlo antes de haberme encontrado a mí mismo y haber encontrado la clave, la fórmula, de cómo se puede alcanzar la tranquilidad mental.

Tienes que empezar a buscarla, no donde la busca la persona promedio —allá afuera en las alegrías de lo que el dinero puede comprar, en las alegrías del reconocimiento y la fama y la fortuna—, sino en la humildad de tu propio corazón.

Y obtengo tranquilidad mental sobre todo detrás de un muro interno que es alto como la eternidad, donde entro a meditar muchas veces al día. Ahí es donde obtengo mi verdadera paz mental, y siempre puedo retirarme a ese muro interno, dejar fuera toda influencia terrena y comulgar con las fuerzas superiores del universo. Qué cosa tan grandiosa es, y cualquiera lo puede hacer: tú lo puedes hacer. Cuando completes tu estudio de esta filosofía, podrás hacer cualquier cosa que quieras tan bien como yo o mejor.

Por cierto, yo albergo la esperanza de que todos los estudiantes que tengo tarde o temprano me superen de todas las maneras posibles. Quizá retomes donde yo me quedé y escribas libros mejores que los míos. ¿Por qué no? No he dicho la última palabra en mis libros ni en mis conferencias ni en ningún otro lado. De hecho, soy sólo un estudiante. Me considero un estudiante más o menos inteligente, pero soy sólo un estudiante en el camino, y el único estado de perfección que poseo es que realmente he encontrado la tranquilidad mental y sé cómo obtenerla.

Ahora que empieces a enseñarle esta filosofía a la gente y abordes este tema, vas a necesitar muchos ejemplos, y estas cosas que he estado contando sobre mí los últimos minutos te serán de utilidad. Como ya me conoces y conocen mi historia, saben que les he estado diciendo la verdad. Si cualquiera la cuestiona, siempre hay mucha evidencia de que he estado diciendo la verdad.

Estos ejemplos personales son muy potentes desde el punto de vista pedagógico. Cuando le dices a una persona que una cosa funciona de tal y cual modo, y sabes que así funciona porque tú lo hiciste o lo hizo alguien más, es muy impresionante. Pero si le dices a alguien que algo funciona pero no le das ningún ejemplo de cómo ha funcionado, no sabe si tienes razón. Acepta lo que le dices como una opinión, pero no necesariamente como un hecho.

Todos los ejemplos que te he dado aquí están basados en casos reales que yo he observado, y eres libre de usar los que quieras.

UNA TAREA

Ahora quiero dejarte una tarea: participar en por lo menos una acción de recorrer la milla extra cada día. Puedes elegir tus propias circuns-

tancias; si no es más que llamar por teléfono a un conocido para de-
searle buena fortuna, sólo te va a costar una moneda. Te sorprenderás
de lo que te sucederá cuando empieces a llamar a tus amigos, a los que
has descuidado por algún tiempo, sólo para decir: "Hola, me acordé
de ti. Estaba pensando en ti y me dieron ganas de llamarte para saber
cómo estás. Espero que te sientas tan bien como yo".

Te sorprenderás de lo que eso te va a hacer, y también a tu amigo.
No tiene que ser un amigo cercano. De hecho, ni siquiera tiene que
ser alguien que conozcas. Puede ser alguien que no conoces, pero
que quieres conocer. Una tarde lluviosa estaba en mi oficina en Washington cuando recibí una llamada de una de las voces femeninas más
agradables y perfectas que he oído en la vida. Dijo:

—Señor Hill, quisiera hacer una cita con usted, ¿tendría la bondad
de decirme que sí?

Contesté:

—Pues sólo depende de dónde, cuándo y por qué.

—Quiero que usted venga a los almacenes Woodward & Lothrop
y que suba al departamento de ropa para caballeros. Tengo algo que
mostrarle que creo que le dará placer ver. ¿Me haría ese favor?

Dije:

—Voy para allá.

Me dio mucha curiosidad. Claro, el lugar que propuso para la cita
sonaba bastante seguro. Iba tranquilo sabiendo que la demás gente
de la tienda me protegería si pasaba algo. Cuando llegué, había otro
señor y ella le estaba vendiendo un impermeable. Era un día lluvioso
y, créeme, ella estaba vendiendo mucho. Yo no sólo le compré un impermeable, sino que también le compré un traje antes de irme. Ella no
me conocía, ni yo a ella, pero había algo en su voz que me hizo querer
conocerla.

¿Sabías que las ventas por teléfono se están convirtiendo en uno
de los métodos de ventas más destacados de hoy? Siempre estás hablando con alguien que no conoces, pero le pones ese algo a tu voz, y
entonces lo que le dices a esa persona crea un contacto personal.

Ya lo ves, después de todo no andaba muy errado cuando dije que
podías llamar a alguien que ni conoces. Por supuesto, debes tener un

motivo, y tienes que venderle el motivo a la otra persona de manera satisfactoria, o no llegarás muy lejos llamando a un desconocido.

Otra manera de recorrer la milla extra es relevar a un compañero de su turno por una media hora o algo así, o dejar que los vecinos te manden a sus hijos para poder ir al cine. Puedes ser niñera de vez en cuando para alguno de tus vecinos. De todas formas vas a estar en casa. Quizá tú también tengas hijos. Quizá conozcas a alguna vecina que quisiera escaparse para ir al cine, pero no puede dejar a sus hijos. Ya sé que los niños son escandalosos, y es probable que se acaben peleando con los tuyos, pero si eres verdaderamente diplomático podrás mantenerlos separados. Ella se sentirá comprometida contigo, y tú sentirás que hiciste algo realmente amable al ayudar a alguien que de otro modo no hubiera tenido ese rato de libertad.

La mayoría de las amas de casa no recibe ningún salario. Trabajan 24 horas al día. Pasan por toda clase de vicisitudes, y me parece que muchas veces no pueden disfrutar mucho de la vida, sobre todo cuando están criando niños pequeños. Para quien no tiene hijos sería muy lindo decir: "¿Por qué no te vas con tu marido o tu esposa al cine o a ver un espectáculo, y yo vengo a cuidar a tus hijos?"

Estoy seguro de que la mayoría tiene algún vecino a quien podría acercarse de una manera similar.

No es tanto lo que haces por la otra persona, es lo que haces por ti mismo al encontrar la forma y los medios de recorrer la milla extra. ¿Sabías que tanto los éxitos como los fracasos en la vida están hechos de cosas muy pequeñas, tan pequeñas, de hecho, que a menudo se pasan por alto? Las verdaderas razones del éxito se pasan por alto, porque las cosas que construyen el éxito son tan pequeñas que parecen insignificantes.

Conozco a algunas personas que son tan populares que no podrían tener un solo enemigo. Simplemente no podrían tener un solo enemigo. Una de ellas es mi distinguido socio, el señor Stone. No creo que el señor Stone pudiera tener un enemigo permanente; sencillamente no me parece posible. Es demasiado considerado con las demás personas. Hace un esfuerzo especial. No sólo recorre la segunda milla, recorre la tercera y la cuarta, la quinta, la sexta y la décima. Mira qué próspero es. Mira cuánta gente está recorriendo la milla extra por él. Hay mucha gente que, si no estuviera ganando buen dinero trabajando para el señor Stone, pagaría por trabajar con él. Escuché a una de estas personas decir justo eso, y es alguien que se ha vuelto inmensamente rico trabajando para el señor Stone. Dijo: "Si no ganara dinero trabajando para él, yo le pagaría de ser necesario. Sólo por la relación con él".

El señor Stone no es distinto de ti ni de mí ni de nadie más, excepto en su actitud mental hacia la gente y hacia sí mismo. Le gusta recorrer la milla extra. A veces la gente se aprovecha de eso y no actúa de manera justa con él. También lo he visto. Él no se preocupa demasiado por eso. Vamos, no se preocupa por nada en el mundo, porque ha aprendido a ajustarse a la vida de tal forma que le da mucha alegría vivirla y le da mucha alegría la gente.

Puedes escribirle una carta a algún conocido ofreciéndole aliento. En el trabajo, puedes hacer un poco más que lo que te pagan por hacer —quedarte un poco más tarde, darles alguna alegría a otros miembros del personal—. Cuando estés preparado para enseñar esta filosofía, puedes establecer una base sólida para ti mismo agregando un estudiante nuevo a tu clase gratuita de entrenamiento cada semana hasta que la clase llene su cupo. Ese servicio gratuito bien podría acabar siendo el servicio más redituable que hayas prestado en tu vida.

Por cierto, ésta es una escuela de entrenamiento para maestros porque quiero multiplicarme al menos por 1 000 maestros antes de parar. No voy a entrenar a toda esa gente yo mismo, pero espero que mucha gente venga a tomar esta clase para que pueda entrenar a la que sigue. Hay una gran oportunidad para que atraigas y acerques a esta filosofía a mucha gente a la que podrás darle una oportunidad que no tiene comparación en ninguna parte del mundo.

6

UNA PERSONALIDAD AGRADABLE

Ahora quiero presentarte a la persona más maravillosa del mundo. Es la persona que ocupa tu asiento en este momento. Cuando comiences a analizar a esa persona punto por punto —de acuerdo con los 25 factores que intervienen para crear una personalidad agradable— descubrirás exactamente en qué eres maravilloso y por qué.

Voy a pedirte que te califiques mientras voy exponiendo estos 25 factores. Ponte la calificación que creas merecer, puede ser cualquier cosa desde 0 hasta 100 por ciento. Ante la duda, no te califiques de más, no te des el beneficio de la duda. Dale el beneficio de la duda al cuestionario y califícate a la baja en vez de a la alta.

Cuando termines, haz la suma y divide el total entre 25. Eso te dará tu calificación promedio de una personalidad agradable, y si al final obtienes un promedio de 50%, vas muy bien.

1. ACTITUD MENTAL POSITIVA

El primer rasgo de una personalidad agradable es siempre una *actitud mental positiva* porque nadie quiere estar con una persona negativa. Sin importar qué otros rasgos poseas, si no tienes una actitud mental positiva, al menos cuando estés en presencia de la gente, no vas a ser considerado alguien con una personalidad agradable. Califícate entre el 0 y el 100. Si puedes llegar al 100, estarás hasta arriba en una clase aparte con Franklin D. Roosevelt. Bastante elevado.

2. FLEXIBILIDAD

El siguiente es *flexibilidad*. Por flexibilidad me refiero a la capacidad de relajarse, de ajustarse a las circunstancias variables de la vida sin que te hagan naufragar. En este mundo hay mucha gente tan hecha a sus hábitos y su actitud mental que no puede ajustarse a nada que sea desagradable ni nada con lo que no esté de acuerdo.

¿Sabes por qué Franklin D. Roosevelt fue uno de los presidentes más populares, si no es que el *más* popular, que hemos tenido en nuestra generación? Porque podía ser todas las cosas para toda la gente. Me tocó estar en su oficina cuando llegaban senadores y congresistas dispuestos a degollarlo y salían hablando maravillas de él, sólo por la actitud mental con que los recibía.

En otras palabras, se ajustaba a la actitud mental de ellos, y no se enojaba al mismo tiempo que ellos. Por cierto, ésa es una manera estupenda de ajustarse: aprender a ser lo suficientemente flexible para no enojarte cuando la otra persona está enojada. Si quieres enojarte, hazlo por tu cuenta, cuando la otra persona está de buen humor, y así tendrás muchas mejores probabilidades de no salir lastimado.

He visto a los presidentes de Estados Unidos ir y venir; he tenido relación con varios. Sé lo que este factor de flexibilidad puede significar en el cargo más alto del mundo. Probablemente Herbert Hoover haya sido uno de los mejores hombres de negocios en términos generales que hemos tenido en la Casa Blanca, pero no logró convencer a la gente de votar por él una segunda vez, porque era inflexible. No se podía doblar. Era demasiado estático, demasiado inamovible.

Calvin Coolidge era igual, y Woodrow Wilson en cierta medida también. Era demasiado austero, demasiado estático, demasiado inamovible, demasiado correcto. En otras palabras, no permitía que nadie le diera una palmada en el hombro, lo llamara "Woody" o se tomara ninguna libertad personal con él. Franklin D. Roosevelt te permitía hacer todo eso y más, si querías. Si le dabas una palmada en la espalda, simplemente te la devolvía. En otras palabras, era flexible. Podía ajustarse.

Y escucha: hay muchas cosas en esta vida a las que uno tiene que ajustarse temporalmente si quiere tener tranquilidad mental y buena salud, así que más vale empezar de una vez a aprender cómo hacerlo. Si no eres flexible, puedes volverte flexible.

3. UN TONO DE VOZ AGRADABLE

El número tres es un *tono de voz agradable*. Ésta es una cosa importante con la cual experimentar. Mucha gente tiene un tono áspero, nasal, y le pone algo a su tono de voz que irrita a los demás. Por ejemplo, un orador monótono: no tiene ningún magnetismo personal, no sabe cómo modular y entonar su voz. Nunca se va a ganar a su público, ni en un millón de años. Si vas a dar clases, si vas a dar conferencias, si vas a hablar en público o incluso para tener una buena conversación, tienes que aprender a darle a tu voz un tono agradable y placentero. Esto se logra con un poco de práctica. Muchas veces con sólo bajar la voz y no hablar muy alto puedes volverla agradable al oído —o puedes hablar todavía más alto hasta que todos quieran darte de ladrillazos—. En medio de estos dos extremos, hay un punto medio afortunado que es el que quieres usar en tus conversaciones, en tus clases y cuando hables en público.

No creo que nadie pueda enseñarle a otra persona a tener un tono de voz agradable. Pienso que es algo que tiene que hacer uno mismo. Y se hace experimentando. En primer lugar, tú mismo tienes que *sentirte* agradable. ¿Cómo podrías tener un tono de voz agradable si estás enojado o si te desagrada la persona con la que estás hablando? Podrías, pero no será muy eficaz a menos que por dentro te sientas realmente como te estás expresando.

¿Tienes alguna idea de por qué puedo tomar a cualquier público y en tres a cinco minutos ganarme a ese público y tenerlo cautivado todo el tiempo que quiera sin ponerme a caminar por el escenario ni jalarme el pelo ni hacer gestos ni nada por el estilo? ¿Sabes cómo se hace?

En primer lugar, ¿qué hay dentro de mi corazón? Lo dejo salir todo en un tono de voz natural. En otras palabras, hablo exactamente igual que hablaría si estuviera teniendo una conversación normal contigo, y donde hay que encender el entusiasmo, lo enciendo.

Hay otro truco que creo que deberías aprender. Puedo hacer que un público aplauda en cualquier momento que quiera. ¿Sabes cómo lo hago?

Haciéndoles una pregunta. ¿Quieren que les diga cuántas veces lo hemos oído desde que empezamos? ¿Quieren que se los diga? Claro, me aplauden. Todas estas cosas son técnicas cuidadosamente estudiadas que tienes que adquirir si quieres volverte agradable. No sé de nada que vaya a resultarte más redituable que ser agradable a los ojos de la gente. Es una de esas cosas de las cuales sencillamente no se puede prescindir.

4. TOLERANCIA

Tolerancia… ¿qué significa? Mucha gente no entiende a plenitud lo que significa la tolerancia. Significa tener una mente abierta en todos los temas, con toda la gente, en todo momento. En otras palabras, tu mente no está cerrada contra nada ni nadie. Siempre estás dispuesto a escuchar una palabra más.

Te sorprendería la poca gente que hay en este mundo que es de mente abierta. Algunos tienen la mente tan cerrada que no podrías abrirla ni con una barreta; no lograrías meterle una idea nueva por mucho que lo intentaras. ¿Alguna vez has conocido a una persona así que sea agradable? Claro que no, ni la conocerás.

Debes tener una mente abierta, porque en el instante mismo en que la gente descubra que tienes prejuicios que la involucra a ella y su entendimiento de la religión, la política, la economía o cualquier otra cosa, se va a alejar de ti.

¿Tienes alguna idea de por qué puedo tener seguidores de todas las religiones en mis clases y llevarme bien con todos: católicos y protestantes, judíos y gentiles, todas las razas, todos los credos? Porque los amo a todos. Para mí, todos son lo mismo. Son seres como yo, mis hermanos y hermanas. Por eso me llevo bien con ellos. Nunca pienso en nadie en términos de sus convicciones políticas, religiosas ni económicas. Pienso en la persona en términos de lo que está tratando de hacer por superarse y ayudar a otros a hacerlo. Ésos son los términos en los que pienso en la gente, y por eso me llevo tan bien con ella.

Antes no era así. Solía tener algunos prejuicios sin resolver; era de mente cerrada para muchas cosas. No hacía falta que me preguntaras qué me pasaba: yo hacía un esfuerzo especial por decírtelo, lo cual desde luego me volvió muy popular. Ahora no digo demasiado, excepto a mis alumnos, y ellos me pagaron, así que estoy obligado a hacerlo, pero en lo que respecta a la gente de fuera, ya no sale de mí decirle lo que pienso.

¡Una mente abierta! Qué cosa maravillosa es estar en posesión de uno mismo para poder mantener una mente abierta. Si no lo haces, no vas a aprender mucho. Si tienes una mente cerrada, te vas a perder mucha información que necesitas pero que no puedes recibir sin una mente abierta.

Tener la mente cerrada te hace algo por dentro. Si tú tienes la última palabra y ya no quieres recibir más información, has dejado de crecer. En el instante mismo en que cierras tu mente sobre cualquier tema —que dices: "Ésta es la última palabra; no quiero más información sobre el tema"— has dejado de crecer.

5. SENTIDO DEL HUMOR

Un agudo *sentido del humor* —y no me refiero a contar muchos chistes—. Me refiero a que debes tener cierta disposición. Si no es el caso, tienes que cultivarla para poder adaptarte a todas las cosas desagradables que pasan en la vida sin tomarlas demasiado en serio.

Una vez vi una máxima en la oficina del señor Frank Crane. Me impresionó mucho, sobre todo por encontrarla en la oficina de un predicador. Decía: "No te tomes tan condenadamente en serio a ti mismo". Me explicó lo que significa "condenado". Me dijo que significaba exactamente lo que decía. Si te tomas a ti mismo demasiado en serio, te estás condenando. Eso es obvio, ¿no es cierto? Después de todo no era una palabra profana. Me gustó; me sigue gustando. Pienso que es una buena máxima para cualquiera sobre no tomarse muy en serio a sí mismo.

Después de todo el reconocimiento que he recibido en el mundo de gente destacada, si me hubiera tomado a mí mismo muy en serio, nadie habría soportado vivir conmigo. Habría sido egoísta y vanidoso, y se me habría notado a leguas. Nunca me hubiera ganado la confianza de la gente. A nadie le agrada una persona vanidosa o egoísta.

Otra cosa. Si tienes un agudo sentido del humor, nunca tendrás úlceras en el estómago. Las úlceras en el estómago sólo dan por una causa; si te dan, sólo hay una manera de curarlas, y es desarrollar un agudo sentido del humor y cultivarlo todo el tiempo.

Leo algunas de las tiras cómicas en los periódicos porque de vez en cuando me sacan una risa. Allá en la costa tenemos una que se llama *Emily y Mabel*. Son dos viejitas solteronas que se la pasan tratando de cazar un hombre y siempre fallan. Sus episodios son tan parecidos a la vida que de veras me tengo que reír. Si no me saca un buen ja ja, siempre le digo a mi esposa que me robaron los cinco centavos del periódico.

Por cierto, uno de los mejores tónicos que te puedes permitir (además de vitaminas y suplementos alimenticios, que es lo que más necesitas) es echarte una buena risa varias veces al día. Si no tienes nada de qué reírte, invéntate algo. Mírate al espejo, por ejemplo. Eso siempre te hará reír. Te sorprenderás de cómo cambia la química de tu mente mientras lo estás haciendo. Si tienes problemas, se esfumarán, y cuando te estás riendo no parecerán ni remotamente tan grandes como cuando estás llorando.

Yo no sé si mi sentido del humor sea agudo, pero está alerta. Puedo divertirme un poco con casi cualquier circunstancia en la vida. Antes recibía mucho castigo de algunas circunstancias con las que ahora me divierto porque he aceptado mi sentido del humor y lo he vuelto un poco más alerta que antes.

6. FRANQUEZA

El siguiente rasgo es *franqueza* en el modo de ser y de hablar, con un control selectivo de la lengua, basado en todo momento en el hábito de pensar antes de hablar.

La mayoría de la gente no lo hace. Primero habla y después piensa, o mejor dicho se arrepiente. Antes de pronunciar cualquier expresión con quien sea, piensa si va a beneficiar o perjudicar a la persona que está escuchando, y si te va a beneficiar o perjudicar a ti. Si ponderas y piensas un poco antes de abrir la boca, nunca dirás la mitad de las cosas que después te arrepientes de haber dicho.

Hay gente que echa a andar su boca y luego se va y la deja funcionando. Se le olvida lo que dice, porque no está ahí. Casi siempre está en dificultades.

Ser franco en la manera de hablar no significa que tengas que decirle a todo mundo exactamente lo que piensas de ellos, porque si haces eso te vas a quedar sin amigos. Ser franco tampoco significa ser evasivo ni usar lenguaje ambiguo. A nadie le agrada la gente que se anda con ambigüedades. A nadie le agrada una persona que siempre sale con evasivas y nunca expresa una opinión sobre nada.

7. UNA EXPRESIÓN FACIAL AGRADABLE

El número siete es una *expresión facial agradable*. No sé si analices tu expresión facial en el espejo. Es maravilloso ver cuánto más agradable puedes volver tu expresión facial si lo intentas. Es maravilloso aprender a sonreír cuando estás hablando con la gente. Te sorprenderías de cuánto más eficaces se vuelven tus palabras si las dices con una sonrisa en vez de con el ceño fruncido o una expresión seria. Es una diferencia enorme para la persona que está escuchando.

Yo detesto hablar con una persona que tiene una expresión seria, como si cargara el mundo entero sobre sus hombros. Me pone nervioso. Lo único que quiero es que acabe de hablar pronto y se vaya, pero si suaviza la expresión, como solía hacerlo Franklin D. Roosevelt, y te pone la sonrisa del millón de dólares, hasta la cosa más trivial que te diga suena a música, a sabiduría, por lo que te provoca psicológicamente.

No le sonrías a la gente si no es de forma sincera, porque hasta los monos pueden sonreír. Aprende a sonreír porque lo sientes. ¿En dónde empieza una sonrisa? ¿En tus labios, en tu cara? En tu corazón, donde la sientes: ahí es donde ocurre. No hace falta que seas bonita. No hace falta que seas guapo. Ponte una sonrisa: te adornará y embellecerá seas quien seas. Hace que tu expresión facial se vea más bella.

8. UN AGUDO SENTIDO DE LA JUSTICIA

La siguiente cualidad es un *agudo sentido de la justicia* hacia toda la gente. En otras palabras, ser justo con la otra persona incluso cuando no te convenga. Te ganas el cariño de las personas cuando saben que ser justo con ellas te está costando algo. No tiene mayor virtud ser justo con la otra persona si en ello llevas algún beneficio.

Mucha gente es justa, imparcial y honesta sólo cuando sabe que de algún modo se le va a regresar. ¿Sabes lo rápido que esa gente se volvería deshonesta si le resultara redituable? No voy a decirte el porcentaje; detestaría decirte cuál creo que es. Es demasiado alto.

9. SINCERIDAD DE PROPÓSITO

La siguiente es *sinceridad de propósito*. A nadie le agrada la gente que obviamente no es sincera en lo que dice y lo que hace, que trata de aparentar lo que no es, o que dice cosas que no representan su modo de pensar. No es tan malo como decir mentiras abiertamente, pero es lo más cercano: una falta de sinceridad de propósito.

10. VERSATILIDAD

Luego viene la *versatilidad*: una amplia gama de conocimientos sobre gente y eventos mundiales fuera de nuestras áreas inmediatas de interés.

La persona que no sabe de nada más que de un solo tema se vuelve aburridísima en cuanto se sale de su tema. No tendrás que usar tu imaginación demasiado para pensar en alguien que conozcas que tenga la nariz tan metida en su trabajo que no sepa de nada más. No será muy buen conversador ni muy interesante en otras áreas a menos que sepa sobre un rango suficientemente amplio de cosas para poder hablar contigo de lo que te interesa.

¿Sabes cuál es la mejor manera del mundo para resultarle agradable a la demás gente? Háblale de las cosas que le interesan. Por cierto, si hablas con la otra persona de las cosas que le interesan, cuando se pongan a hablar de las cosas que te interesan a ti, será mucho más receptiva.

11. TACTO

Luego viene el *tacto* en el modo de ser y de hablar. No es necesario que reflejes tu actitud mental en tus palabras. Si lo haces, serás un libro abierto y cualquiera podrá leerte, incluso cuando preferirías que no lo hicieran.

Siempre puedes tener tacto. Cuando vas manejando y otro tipo te raya la defensa, ya sabes el tacto que tienen los dos al bajarse de un salto e ir de un lado a otro viendo los daños. A lo mejor el daño es de 10 centavos donde se despostilló la pintura, pero causan 100 dólares en daños insultándose mutuamente.

Uno de estos días voy a tener la experiencia de ver a dos sujetos chocar en la carretera y bajarse de un salto a pedir una disculpa, cada uno insistiendo en que fue su culpa y queriendo pagar la cuenta. No sé quién lo va a hacer, pero uno de estos días lo voy a ver.

Te sorprenderías de cuánto puedes lograr con la gente si tan sólo tienes tacto con ella. Muchas veces, en vez de decirle a la gente que haga algo puede ser útil preguntarle si no le molestaría hacerlo. Aunque tengas la autoridad para darle indicaciones, de todas formas es mejor pedir las cosas.

Uno de los empleadores más notables que he conocido nunca les daba instrucciones directas a sus empleados. Andrew Carnegie siempre les preguntaba a sus socios y empleados si no les molestaría hacer algo por él, si no sería mucha molestia o un inconveniente. Nunca les ordenaba que hicieran nada; siempre se los pedía. Con razón se llevaba tan bien con la gente; con razón era tan exitoso.

12. PRONTITUD DE DECISIÓN

Después sigue la *prontitud de decisión*. Nadie puede caer muy bien o tener una personalidad muy agradable si siempre posterga la toma de decisiones cuando ya cuenta con toda la información necesaria. No estoy diciendo que la gente deba actuar precipitadamente o hacer un juicio prematuro. Pero cuando tienes todos los datos y ha llegado el momento de decidir, hazte al hábito de tomar esa decisión. Si tomas una decisión equivocada, siempre podrás revertirla, y no te portes demasiado grande —o mejor dicho, demasiado pequeño— como para no revertir tus decisiones si descubres que es necesario. Es una gran ventaja ser justo contigo mismo y con la otra persona, y dar marcha atrás si has tomado una decisión equivocada.

13. FE EN LA INTELIGENCIA INFINITA

No necesito hacer mayor comentario sobre el número 13: *fe en la inteligencia infinita*. Tú sabes cuál es tu fe, y si sigues tu religión fielmente deberías sacar una calificación muy alta en este punto.

Te sorprenderías de cuánta gente habla de dientes para fuera de la fe y la inteligencia infinita pero no hace mayor cosa al respecto. No participa en ninguna acción sobresaliente que respalde su supuesta creencia en la inteligencia infinita. No sé qué opinión le merezca al Creador, pero yo pienso que un acto vale más que un millón de toneladas de buenas intenciones y creencias.

14. PROPIEDAD EN LAS PALABRAS

Número 14: *propiedad en las palabras*, sin jerga, chascarrillos ni groserías. Nunca he visto una época cuando la gente se haya permitido tantos chascarrillos, modismos y hablar sin decir nada. Puede parecerle ingenioso al que lo está haciendo, pero no al que está escuchando. Podrá reírse, pero no va a quedar demasiado impresionado con alguien que se la pase diciendo chascarrillos.

Un idioma suele no ser lo más fácil de llegar a dominar, pero es algo hermoso, con un amplio rango de palabras y significados. Es una cosa maravillosa aprender a controlar el idioma de tal manera que uno pueda transmitirle a la otra persona exactamente lo que se tiene en mente (o lo que quieras que piense que tienes en mente).

15. ENTUSIASMO CONTROLADO

Luego viene el *entusiasmo controlado*. Podrás decir: "¿Por qué controlar el entusiasmo? ¿Por qué no liberarlo y dejar que se vuelva loco?" Porque si haces eso te meterás en problemas. Tu entusiasmo debe manejarse como la electricidad. Es una cosa maravillosa —lava la ropa, lava los platos, hace funcionar el tostador, quizá hasta te permita cocinar en la estufa—, pero tienes que manejarla con cuidado. La enciendes cuando la necesitas, y cuando no, la apagas.

Tu entusiasmo debe manejarse con el mismo cuidado. Lo enciendes cuando quieres encenderlo, y puedes apagarlo igual de rápido. Si no eres capaz de apagarlo tan rápido como lo enciendes, va a llegar alguien que te va a entusiasmar por algo que no debería entusiasmarte. ¿Alguna vez has sabido de un caso así? Y mira, vas a quedar como un perfecto idiota.

¿Sabes lo que es el entusiasmo? Es una forma leve, y a veces no tan leve, de hipnotismo. Puedes autohipnotizarte con entusiasmo, y también a la otra persona, pero no lo uses demasiado. Puedes llegar a ser tan entusiasta con la otra persona que mentalmente baje la persiana. Me ha tocado recibir a vendedores que eran tan entusiastas que no los recibí una segunda vez, porque no quería tomarme la molestia de tener que defenderme de ellos.

He oído a oradores que son así; también a algunos predicadores. Yo no querría seguirlos. Ya sabes a qué tipo de persona me refiero. Alguien que enciende la batería del entusiasmo y se va y la deja encendida; lo único que te queda es huir o tratar de apagarla.

Una persona que hace eso no va a ser popular, pero la persona que puede encender la cantidad de entusiasmo correcta en el momento adecuado y que puede apagarlo oportunamente es la persona que va a ser considerada de personalidad agradable.

Por cierto, si no eres capaz de irradiar entusiasmo cuando quieras, no vas a ser considerado de personalidad agradable, porque hay ocasiones en las que definitivamente es necesario. Dar clases, conferencias, conversar o casi cualquier cosa que hagas en el área de las relaciones humanas requiere cierta cantidad de entusiasmo en algún momento.

El entusiasmo, al igual que todas estas cualidades, es algo que se puede cultivar. Sólo hay una cualidad que no puede cultivarse mediante la actitud. Andrew Carnegie decía que él podía darte todas las demás cualidades excepto ésta. Se trata del magnetismo personal. Si tienes aunque sea un poco de eso, también puede someterse a control y transmutación, pero es algo que una persona no puede darle a otra.

16. ESPÍRITU DEPORTIVO

La siguiente cualidad es un sano y genuino *espíritu deportivo*. En la vida no vas a ganar todo el tiempo. Nadie puede hacerlo. Habrá veces que pierdas. Cuando te pase, pierde con elegancia y dignidad. Di: "Bueno, perdí, pero quizá haya sido lo mejor porque ahora mismo voy a empezar a buscar la semilla de un beneficio equivalente. La próxima vez voy a dejar que pierda alguien más. Voy a ponerme más listo". Luego no te lo tomes muy en serio, sea lo que sea.

Durante la Depresión, cuatro de mis amigos se suicidaron. Dos se lanzaron desde un edificio alto. Otro se dio un tiro en la cabeza y el otro tomó veneno. Yo perdí el doble que ellos. No me aventé de un edificio, no me di un tiro, no tomé veneno. Dije: "Es una bendición, porque al haber perdido esta cantidad de dinero ahora, tendré que ponerme a ganar más". Ésa era mi actitud mental. Me dije a mí mismo: "Si pierdo hasta el último centavo, hasta mi último traje, hasta los calzones, siempre puedo conseguir un barril de algún lado y volver a empezar. Mientras pueda juntar a un grupo de gente a escucharme, podré empezar a ganar dinero".

¿Cómo vas a derribar a una persona con esa actitud? Por muchas veces que la derrotes, vuelve a levantarse. Es como un corcho. Puedes hundirlo, pero en cuanto le quitas la mano de encima de inmediato sale a flote, y si tú no le quitas la mano, él hará que la quites.

17. CORTESÍA

Ah, qué cosa tan maravillosa es: ¡la *cortesía* común y corriente de todos los días! Sobre todo hacia la gente que está en un plano más bajo que tú, social o económicamente. Es maravilloso ser cortés con una persona con quien no tendrías necesariamente que serlo. Le provoca algo a la otra persona, y te provoca algo a ti.

Siempre detesto ver a quien sea actuar con prepotencia. Nada me molesta tan rápido como entrar a un restaurante y ver que llega algún nuevo rico y se pone a mandonear y maltratar a los meseros. Aunque a veces se lo merezcan, yo nunca aprendí a actuar así. Siempre he pensado que alguien capaz de maltratar a otra persona en público, con o sin causa, tiene problemas con su maquinaria.

Cuando estaba viviendo en el hotel Bellevue-Stratford de Filadelfia, un mesero me tiró sopa caliente justo en la nuca y me quemó. El capitán llegó corriendo. Poco después, llegó el gerente del hotel y quería llamar a un doctor. Le dije:

—No es para tanto. Después de todo, el mesero sólo me tiró encima un poco de sopa.

—Mandaremos su traje a la tintorería.

—No —les dije—, no se molesten. Yo soy el que debería estar molesto y no lo estoy.

Cuando el mesero terminó su turno, subió a mi cuarto y dijo:

—Quiero decirle cuánto agradezco sus palabras. Si usted hubiera querido, me despiden, prácticamente estaba despedido. Si no les hubiera hablado de la forma en que lo hizo, me habrían echado, y es algo que no me puedo permitir.

No sé cuánto bien le haya hecho al mesero, pero a mí me hizo mucho. Después de todo, era un hombre al que podría haber humillado.

Hasta donde sé, nunca en toda mi vida he humillado a nadie intencionalmente (aunque quizá lo haya hecho sin querer). Me siento bien de poder decir eso. Me siento bien de tener esa actitud hacia las personas. Y se me regresa, porque la gente también tiene esa actitud hacia mí. No me quiere humillar. ¿Por qué? Porque la gente te regresa lo mismo que transmites. Eres un imán humano y atraes hacia ti la suma y sustancia de lo que ocurre en tu corazón y tu alma.

18. BUENA PRESENTACIÓN

Tener *buena presentación* es importante para cualquiera en la vida pública. No digo que tengas que emperifollarte como el caballo de la señora Astor o como un payaso. No tienes que usar ropa llamativa, pero cualquiera que tenga que lidiar con un público debe seleccionar una vestimenta acorde a su personalidad.

Yo nunca he sido muy quisquilloso con eso. Nunca visto ropa formal excepto en contadas ocasiones. Hace algún tiempo iba a dar una conferencia en un club de ejecutivos de ventas en Chicago y me avisaron que tenía que ir de esmoquin. Yo ni tenía esmoquin, desde hacía más de 20 años. Fui a comprarme uno sólo para esa ocasión.

Cuando subí al escenario, conté la anécdota de uno de los banqueros de la ciudad que estaba platicando conmigo en el bar antes de que nos sentáramos a cenar. Dijo:

—Señor Hill, ¿alguna vez se pone nervioso cuando va a hablar en público?

—Pues nunca, excepto hoy.

—¿Y hoy por qué?

—Por este maldito traje de mamarracho que me hicieron ponerme. Le conté eso a mi público y le pareció de lo más divertido.

Es perfectamente apropiado usar ropa formal cuando sea necesario, pero ten buen gusto. Normalmente, si te preguntan más adelante qué traía puesto la persona mejor vestida, no podrías describirla. Dirías: "Sólo sé que se veía bien".

19. MAESTRÍA ESCÉNICA

Maestría escénica: debes tener dotes escénicas si quieres que los demás te compren, en cualquier estrato de la vida. Hay que saber cuándo dramatizar las palabras, cuándo dramatizar las circunstancias.

Tomemos la historia del hombre más notable del mundo. Si te limitas a contar los hechos y no dramatizas la historia al irla contando, vas a fracasar. Tienes que dramatizar las cosas de las que estás hablando con la gente con la que haces negocios. Tienes que aprender sobre la marcha el arte de la maestría escénica. Es algo que se puede aprender.

20. RECORRER LA MILLA EXTRA

No necesito mencionar que debes hacerte al hábito de *recorrer la milla extra*; ya tuviste toda una lección sobre el tema.

21. MODERACIÓN

Moderación significa ni demasiado ni demasiado poco de nada. Puedes hacerte el mismo daño comiendo que bebiendo alcohol. La regla que sigo en todas estas cosas es que no permito que nada se apodere de mí. Cuando fumaba, cuando llegué al punto en que los puros me estaban fumando a mí, los dejé. Puedo tomarme un coctel, puedo tomarme dos, supongo que podría tomarme tres. No recuerdo nunca haber bebido más de eso, socialmente, pero si alguna vez viera que los cocteles me están tomando a mí, o si viera que no soy capaz de resistirlos, me alejaría de ellos de inmediato.

Quiero estar en posesión de Napoleon Hill en todo momento. Ni demasiado ni demasiado poco. La moderación es una cosa maravillosa. ¿No sabes que no hay nada en la vida que sea tan tremendamente malo si no te excedes?

Hay una amplia gama de pensamiento al respecto. Bien y mal son conceptos relativos. En última instancia, si algo está bien o mal depende simplemente de quién lo esté diciendo. Si te afecta adversamente, está mal. Si te afecta favorablemente, está bien. Así es como lo ve la mayoría de la gente.

22. PACIENCIA

Luego viene la *paciencia*, bajo cualquier circunstancia. En este mundo en que vivimos, debes tener paciencia. Es un mundo competido. Se te exige que uses la paciencia todo el tiempo; al ser paciente, aprendes a esperar las cosas hasta que el momento sea el más favorable. Si no tienes paciencia y tratas de forzar a los demás, puedes recibir una negativa o un rechazo cuando no quieres.

Necesitas tener paciencia para hacerles tiempo a tus relaciones con la gente, y necesitas tener mucha. Tienes que ser capaz de controlarte en todo momento.

Gran parte de la gente no tiene mucha paciencia. Toma a la mayoría de la gente: puedes hacerla enojar en dos segundos. Basta con que digas o hagas algo equivocado.

Yo no necesito enojarme porque alguien dice o hace algo equivocado. Podría si quisiera, pero yo elijo; puedo elegir no enojarme. Puedo ser paciente y esperar a que llegue mi momento de devolverle el golpe al otro tipo, si acaso quisiera devolverlo. Si una persona me hiciera un mal, la única forma en que lo devolvería sería haciéndole un favor, para mostrarle su pequeñez.

23. PORTE

El número 23 es el *porte*, en la postura y el movimiento del cuerpo. Cuando hablo, puedo pararme erguido sin apoyarme en nada.

24. HUMILDAD

Humildad de corazón, las 24 horas, basada en un agudo sentido de la modestia. No sé de otra cosa tan maravillosa que uno pudiera tener como la verdadera humildad de corazón.

A veces tengo que criticar a la gente con la que estoy trabajando —a alguna, no a toda—, pero por dentro siempre digo: "De no ser por la gracia de Dios, yo podría ser el hombre que ahora estoy criticando, y quizá yo haya hecho cosas 10 veces peores que la que ahora critico". En otras palabras, trato de mantener ese sentido de humildad en mi corazón, sin importarme si me sucede algo desagradable.

Entre más exitoso me vuelvo, más observo este sentimiento de la humildad de corazón. Reconozco que cualquier éxito que tenga se debe por completo al maravilloso amor, afecto y cooperación amistosa de otras personas, porque sin eso jamás habría podido extenderme por el mundo como lo he hecho. Jamás hubiera podido beneficiar a tanta gente, ni crecer tanto en lo personal, de no haber sido por el amor, el afecto y la maravillosa cooperación amistosa de otras personas. Y no habría obtenido esta cooperación si no me hubiera adaptado a los demás en un estado de amistad.

25. MAGNETISMO PERSONAL

Por último, pero no en importancia, tenemos el *magnetismo personal*. Esto, desde luego, se refiere a una emoción sexual, a un rasgo innato; es el rasgo de personalidad que no puede cultivarse, aunque sí puede controlarse y dirigirse a un fin provechoso. De hecho, los más sobresalientes líderes, vendedores, oradores, clérigos, abogados, conferencistas, maestros —los individuos más sobresalientes en cualquier campo— son personas que han aprendido a transmutar la emoción sexual: pueden transformar esa gran energía creativa y usarla para hacer lo que más quieren.

Y esa palabra, *transmutar*, es algo que vale la pena evocar, que hay que buscar en el diccionario; asegúrate de entender lo que significa.

Tienes mucho que pensar sobre estas 25 cualidades, y vas a descubrir algunas cosas sobre ti mismo. Cuando te pongas realmente a responder estas preguntas y calificarte, descubrirás que tienes algunas debilidades que no sabías que tenías, y que tienes algunas fortalezas y cualidades que quizá habías subestimado.

Indaguemos en nosotros mismos para ver dónde estamos parados. ¿Qué nos mueve? ¿Por qué le caemos bien a la gente, por qué le caemos mal? Podría sentarme a platicar contigo. Con unas 20 preguntas —no más— podría definir con exactitud qué es lo que evita que seas popular, si no eres popular.

Tú puedes hacer lo mismo. Eso es lo que quiero que hagas. Quiero que aprendas a analizar a la gente, empezando por ti mismo; descubre qué es lo que hace que la gente sea popular, qué es lo que la mueve. Cuando lo logres, tendrás uno de los recursos más grandes que te puedas imaginar.

Ahora tienes que ponerte a trabajar en esta lección, y quiero que lo hagas con alegría, quiero que hacerlo te dé placer, y quiero que aprendas mucho sobre ti mismo.

7

LIDERAZGO E INICIATIVA

Tengo que contarte algo que me sucedió el sábado pasado. Fui a la agencia de viajes a cambiar mi boleto para poder regresar el lunes en vez del domingo. Cuando entré, el gerente de la agencia de viajes me estrechó la mano. Se presentó y se puso a hablarme de las mil maravillas de *Piense y hágase rico*. Poco después, sin que me hubiera soltado la mano, entró otro señor, un amigo suyo que estaba conectado con una de las aerolíneas. Oyó el nombre "Napoleon Hill", y me agarró la otra mano y me empezó a hablar de las mil maravillas de *Piense y hágase rico*. Dijo:

—Quizá le interese saber que antes de entrar a la aerolínea, yo tenía una compañía de ventas con aproximadamente 100 personas. Y uno de mis requisitos para cada uno de mis vendedores es que tuvieran todos sus libros. Era indispensable.

Me sentí bastante bien. Cuando iba saliendo, había dos muchachas muy guapas en la acera repartiendo propaganda electoral. Cuando pasé, una de ellas me dijo:

—¿No es usted Napoleon Hill?

Me di la vuelta e incliné la cabeza. Dije:

—Así es. ¿Quién es usted?

—Hace como dos años oí una conferencia suya en un club de mujeres, ella es mi prima. A nuestros maridos les va muy bien gracias a que han leído sus libros.

Me dirigí a mi coche, y un policía me estaba escribiendo una multa. Yo le había puesto una sola moneda al parquímetro, pensando que no estaría ahí más de 12 minutos, pero con tantas conversaciones amenas, demoré mucho más.

Cuando llegué al coche, el policía estaba escribiendo la multa; iba como a la mitad.

Me le acerqué y le dije:

—Usted no le haría eso a Napoleon Hill, ¿verdad?

—¿A quién?

—Napoleon Hill.

—No —dijo—, no se lo haría a Napoleon Hill, pero a usted por supuesto que sí.

Me presenté, saqué mi tarjeta de crédito y se la di junto con mi licencia.

—Pues qué cosa —agarró la infracción, la rompió y dijo—: Olvidemos eso. Quizá le interese saber que logré entrar a la policía de Glendale como resultado de haber leído su libro *Piense y hágase rico*.

Me subí a mi coche y me fui a mi casa a toda velocidad. Me daba miedo que si me quedaba allí más tiempo, me iba a seguir topando con más convencidos de esta filosofía.

No importa qué tan exitoso llegues a ser ni cuánto reconocimiento tengas: no creo que ninguna persona normal llegue jamás al punto en que ya no aprecie una felicitación honesta y sincera. Sé que yo la aprecio, y espero nunca llegar al punto en que deje de hacerlo.

Ésta es una gran lección porque es la parte de la filosofía que produce acción. No importa mucho si entiendes o no todos los demás principios si no haces algo al respecto; ¿por qué habría de importar? En otras palabras, el valor que vas a obtener de esta filosofía no va a consistir en nada que yo diga en estas lecciones. Lo importante es qué vas a hacer con todo esto: las acciones que emprenderás para empezar a usar esta filosofía por iniciativa propia.

Hay ciertos atributos de la iniciativa y el liderazgo, y ahora quiero que pongas manos a la obra y te califiques en cada uno. Son 31 atributos. La calificación puede ir desde 0 hasta 100 en cada punto. Cuando termines, súmalos todos, divídelos entre 31, y obtendrás tu promedio general de iniciativa personal. Por cierto, este ejercicio de calificarte a ti mismo en estas cualidades es el primer paso para volverlas tuyas.

1. GRAN PROPÓSITO DETERMINADO

No necesito hacer mayor comentario sobre tener un *gran propósito determinado*, porque obviamente si no tienes un objetivo en la vida, un propósito general, no tienes mucha iniciativa personal.

Ése es uno de los pasos más importantes que hay que tomar: descubrir qué quieres hacer. Si no estás seguro de qué quieres hacer en toda una vida, vamos a averiguar qué quieres hacer este año, o lo que queda del año. No pongamos una meta demasiado elevada, ni demasiado lejana.

Si estás en un negocio o una profesión o un empleo, tu gran propósito determinado desde luego podría ser incrementar los ingresos por tu servicio, sea cual sea. Al final del año puedes revisar tu desempeño, reestablecer tu gran propósito determinado y pensar en una meta más grande, quizá otro plan de un año, o quizá un plan de cinco años. Pero el punto de partida de la iniciativa personal es descubrir adónde vas, por qué vas ahí, qué vas a hacer cuando llegues y cuánto vas a obtener económicamente.

La mayoría de la gente de este mundo podría ser muy exitosa si tan sólo decidiera cuánto éxito quiere tener y en qué términos quiere evaluar su éxito. Hay mucha gente en este mundo que quiere tener un buen puesto y mucho dinero, pero no está muy segura de qué clase de puesto, ni cuánto dinero, ni cuándo quiere obtenerlo. Pensemos un poco en el tema y pongamos nuestra calificación para el número uno.

2. MOTIVO ADECUADO

Número dos: un *motivo adecuado* que inspire a la acción continua en la búsqueda del objetivo de nuestro gran propósito determinado.

Analízate cuidadosamente y ve si tienes un motivo o motivos adecuados. Será mucho mejor si tienes más de un motivo para alcanzar el objetivo de tu gran propósito o algún propósito inmediato.

De nuevo, nunca nadie hace nada sin motivo. Voy a reformularlo: nadie fuera de un manicomio va a hacer nada nunca si no cuenta con un motivo adecuado. Una persona en un manicomio o que esté desequilibrada puede hacer muchas cosas sin el menor motivo, pero la gente normal sólo actúa por un motivo. Entre más fuerte sea ese motivo, más activa se vuelve y es más probable que actúe por iniciativa propia.

En este mundo no hace falta tener una gran inteligencia; no hace falta ser muy brillante. No hace falta tener una educación maravillosa para poder tener un éxito notable; basta con que tomes lo poco que tienes, sea poco o mucho, y empieces a usarlo, a ponerlo en operación, y a hacer algo sobre eso y con eso. Y por supuesto, esto requiere de iniciativa.

3. UNA ALIANZA DE LA MENTE MAESTRA

El número tres es *una alianza de la Mente Maestra*: cooperación amistosa mediante la cual alcanzar el poder necesario para tener logros notables.

Toma la iniciativa ahora mismo y descubre cuántos amigos tienes a los que podrías llamar si necesitaras su cooperación. Haz una lista de las personas a las que realmente podrías acudir si necesitaras un favor: su respaldo, algún contacto, quizá un préstamo de dinero.

A menos que tengas todo el dinero que necesitas, quizá llegue el momento en que requieras un préstamo. ¿No sería lindo conocer a alguien a quien puedas recurrir para obtenerlo? Siempre puedes ir al banco: todo lo que tienes que hacer es dejar una garantía por el cuádruple del valor y te prestan todo el dinero que quieras. Pero hay veces en que necesitas una suma mediana u otro favor similar, y necesitas tener a quién recurrir para estos favores.

Sobre todo si aspiras a cualquier cosa por encima de la mediocridad, debes tener una alianza de la Mente Maestra de una o más personas además de ti que no sólo cooperen contigo, sino que hagan un esfuerzo especial por ayudarte y que también tengan la habilidad de hacer algo que te sea de beneficio.

De ti depende tomar la iniciativa de construir a esos aliados de la Mente Maestra. No van a llegar a unirse a ti sólo porque eres buena gente. Tienes que trazar un plan, debes tener un objetivo y tienes que encontrar a las personas adecuadas para tu alianza. Luego tienes que darles un motivo adecuado para convertirse en tus aliadas de la Mente Maestra.

Por cierto, me consta que la gran mayoría de la gente no tiene una alianza de la Mente Maestra con otras personas. No tengas miedo de ponerte una calificación de cero si no la tienes, pero la próxima vez que te califiques, que sea más alta. La única manera de lograr esto es poner manos a la obra y encontrar por lo menos un aliado de la Mente Maestra con quien puedas unirte de inmediato.

4. CONFIANZA EN UNO MISMO

Número cuatro: *confianza en uno mismo* proporcional a tu gran propósito. Averigua exactamente cuánta confianza en ti mismo posees. Quizá necesites la ayuda de otras personas, de tu esposa o esposo, tu amistad más cercana o alguien que te conozca bien.

Quizá creas tener confianza en ti mismo. ¿Cómo puedes saberlo? Vuelve al número uno. Evalúa cuidadosamente tu gran propósito determinado y ve qué tan grande es. Si no cuentas con uno, o si no está por encima de cualquier cosa que hayas logrado hasta ahora, no tienes mucha confianza en ti mismo y debes ponerte una calificación baja. Si tienes la cantidad correcta de confianza en ti mismo, fijarás tu gran propósito determinado muy por encima de cualquier cosa que hayas logrado antes, y estarás decidido a alcanzarlo.

5. DISCIPLINA PERSONAL

Número cinco: suficiente *disciplina personal* para garantizar el dominio de la mente y el corazón y para sostener los motivos de uno hasta que se realicen.

¿En qué momento es cuando más necesitas tener disciplina personal? ¿Cuando vas en ascenso y las cosas van bien y estás triunfando? No. Necesitas disciplina personal cuando la cosa se pone difícil, cuando el pronóstico no es favorable.

En ese punto necesitas una actitud mental positiva. Necesitas tener tu mente disciplinada en la medida en que sabes adónde vas, sabes que tienes derecho a ir para allá, y sabes que estás decidido a llegar, por muy difícil que se ponga el camino y por mucha oposición que encuentres. Necesitarás por lo menos suficiente autodisciplina para sostenerte en ese periodo difícil en vez de darte por vencido o quejarte.

6. PERSISTENCIA

El número seis es *persistencia* basada en la voluntad de ganar. ¿Sabes cuántas veces tiene que fracasar la persona promedio antes de darse por vencida o decidir que quiere hacer otra cosa? ¿Una? ¿Oíste hablar del tipo que fracasa desde antes de empezar porque sabe que no tiene caso empezar, porque sabe que no puede hacer nada? Eso es menos que una.

La gran mayoría de la gente fracasa desde antes de empezar. En realidad nunca empieza. Piensa cosas que quisiera hacer, pero nunca hace nada al respecto. La gran mayoría de los que llegan a empezar algo se dan por vencidos a la primera adversidad o se dejan desviar hacia otra cosa.

Para ser honesto, mi recurso más sobresaliente ha sido justamente mi persistencia. Tengo persistencia, voluntad de ganar, y la disciplina personal para aferrarme a las cosas con más ganas cuando la cosa se pone difícil. Ésas son mis cualidades más sobresalientes; siempre lo han sido y lo serán. Sin esas cualidades, jamás habría terminado esta filosofía, y jamás hubiera podido difundirla de manera tan amplia.

¿Se nace con persistencia o es algo que se puede adquirir? Bueno, si no se pudiera adquirir, no tendría mucho caso tomar esta clase, ¿no crees?

Desde luego que se puede adquirir, y no es muy difícil. Por cierto, ¿qué es lo que causa que una persona sea persistente?

Un motivo, un deseo ferviente. Un motivo respaldado por un deseo ferviente hace que la gente persista.

Nunca pienso en persistencia y deseo ferviente sin recordar cuando cortejaba a mi mujer. Recuerdo que puse más persistencia y deseo ferviente en cortejarla que en ninguna otra cosa en mi vida.

¿No crees que puedas transmutar esa emoción en otra cosa, concentrarla en tu negocio, tu profesión o tu empleo, y tener el mismo sentimiento por alcanzar el éxito que por conquistar a la persona que has elegido? ¿No crees que puedas hacerlo?

Tú sabes lo que significa la palabra *transmutar*, por cierto. Si no lo has probado, empieza a hacerlo. La próxima vez que te sientas malhumorado o desanimado, trata de transformarlo en una emoción de valentía y fe. Verás qué cosa tan maravillosa te sucede. Activas toda tu química, todo el cerebro y todo tu cuerpo. Serás mucho más eficiente.

7. IMAGINACIÓN

El número siete es la facultad de una *imaginación* bien desarrollada, controlada y dirigida. La imaginación que no se controla ni se dirige puede ser muy peligrosa. Quise hacer un sondeo, un análisis, de todos los hombres en las penitenciarías federales de Estados Unidos; fue para el Departamento de Justicia. La mayoría de los hombres en las penitenciarías estaban ahí porque tenían demasiada imaginación, pero no estaba controlada ni dirigida constructivamente.

La imaginación es una cosa maravillosa, pero si no la tienes bajo control y si no la diriges hacia fines definidos y constructivos, puede ser muy peligrosa para ti.

8. TOMA DE DECISIONES

Número ocho: el hábito de *tomar decisiones definitivas y expeditas*. ¿Es algo que haces? ¿Tomas decisiones definitivas y expeditas cuando tienes en la mano todos los datos necesarios para tomarlas?

Si cuando ya tienes todos los datos no tienes el hábito de tomar decisiones claras expedita y definitivamente, estás de holgazán en el trabajo, estás postergando y estás destruyendo esa cosa tan vital llamada iniciativa personal.

Uno de los mejores lugares para empezar a practicar la iniciativa personal es aprender a tomar decisiones con firmeza, de manera definitiva y rápidamente en cuanto tienes todos los datos disponibles. No estoy hablando de tomar decisiones ni dar opiniones prematuras, basadas en evidencia incompleta. Estoy hablando de que ya cuentas con todos los datos sobre determinado tema, los tienes a la mano y disponibles. Entonces tienes que hacer algo con esos datos; debes decidir exactamente qué vas a hacer y luego no perder el tiempo como le pasa a tanta gente. Si caes en esto, en menos de lo que te lo cuento tendrás el hábito de postergarlo todo. En otras palabras, no serás una persona que actúe por iniciativa propia.

9. BASAR LAS OPINIONES EN HECHOS

Luego viene el hábito de *basar las opiniones en hechos* en vez de guiarte por conjeturas. ¿Reconoces cuántas veces al formar tus opiniones te basas en conjeturas comparado con la cantidad de veces que te basas en hechos? Me pregunto si reconoces la importancia de tomarte como un deber averiguar todos los hechos antes de formarte una opinión sobre nada. ¿Sabías que no tienes derecho a tener una opinión sobre nada, en ningún momento ni lugar, a menos que esté basada en hechos, o lo que crees que son los hechos? Esto es para no meterte en problemas, porque no quieres fracasar.

Claro que puedes tener opiniones, y todos las tenemos —por montones—. Incluso puedes dárselas a la gente sin que te las pida, y todos lo hacemos. Pero antes de que puedas expresar o incluso tener una opinión, verdaderamente y con seguridad, debes hacer cierta cantidad de investigación y basar tus opiniones en hechos, o lo que creas que son los hechos. Si no tienes suficiente iniciativa para hacer esto, no vas a ser un maestro experto de esta filosofía.

10. ENTUSIASMO

Ahora llegamos al número 10: la capacidad de generar *entusiasmo* a voluntad.

¿Sabes cómo generar entusiasmo a voluntad? Puedes actuar de forma entusiasta. Pero ¿cómo haces eso? Tienes que sentir la emoción. Tu mente tiene que estar alerta por un objetivo, propósito o motivo determinado, y luego haces algo con ese motivo. Lo haces con palabras, con la expresión de tu cara, o mediante alguna otra forma de acción. La palabra *acción* es inseparable de la palabra *entusiasmo*. Es imposible separarlas.

Hay dos clases de entusiasmo. Está el entusiasmo pasivo, que sientes pero no expresas en modo alguno. Hay veces en que lo necesitas, porque de lo contrario revelarás lo que tienes en mente cuando no quieres que eso suceda.

Un gran líder, un gran ejecutivo, puede tener una tremenda cantidad de entusiasmo, pero lo exhibirá con quien él quiera y bajo las circunstancias que elija. No lo va a encender y luego irse y dejarlo andando. Pero esto es lo que hace la mayoría de la gente. Cuando tiene entusiasmo, sólo lo enciende y se la pasa cacareándolo, y no logra nada.

El entusiasmo controlado —el entusiasmo que se enciende y se apaga en el momento preciso— es una cosa importante, y tu iniciativa es lo único que puede controlarlo. Si tomaras nada más ese tema —cómo encender y apagar el entusiasmo— y llegaras a dominar el arte, podrías convertirte en un vendedor maravilloso de cualquier cosa que quisieras vender; de veras que sí.

¿Alguna vez has sabido de alguien que vendiera algo sin tener entusiasmo por lo que estaba vendiendo? ¿Alguna vez has vendido algo sin tener un sentimiento de entusiasmo por lo que estabas tratando de hacer por la otra persona? Si no tenías ese sentimiento de entusiasmo y además por iniciativa propia, tú no hiciste la venta. Quizá alguien te compró algo porque lo necesitaba, pero tú tuviste muy poco que ver en ello, a menos que le hayas impartido ese sentimiento.

¿Cómo le impartes el sentimiento de entusiasmo a otra persona? ¿Cómo lo haces en las ventas, por ejemplo? Tú debes ser el primer convencido. En otras palabras, es algo que empieza en tu propia constitución emocional. Tienes que sentirte así.

Si abres la boca para hablar, debes hablar con entusiasmo. Debes tener entusiasmo en tu expresión facial: debes poner una buena sonrisa, amplia, porque nadie habla con entusiasmo si tiene el ceño fruncido. Son cosas que no se mezclan.

Hay muchas cosas que tienes que aprender sobre expresar entusiasmo si quieres aprovecharlo al máximo, y todas tienen que ver con tu iniciativa personal. Tienes que hacerlo tú. Nadie más puede hacerlo por ti. Yo no puedo decirte cómo ser entusiasta. Puedo decirte cuáles son las partes del entusiasmo y cómo expresarlo, pero a fin de cuentas el trabajo de expresarlo en realidad depende de ti.

11. UN SENTIDO DE JUSTICIA

Número 11: un agudo *sentido de justicia* bajo cualquier circunstancia. No voy a comentar el punto porque supongo que todos sentimos que tratamos honorablemente a los demás y que actuamos con un agudo sentido de justicia bajo cualquier circunstancia. Si no es el caso, por lo menos deberíamos sentir que sí.

12. TOLERANCIA

Pasemos al número 12: *tolerancia*. Mente abierta. No debemos tener ninguna actitud negativa hacia nadie bajo ninguna circunstancia a menos que se base en algo que justifique esa actitud, o por lo menos algo que consideremos que la justifique.

¿Tienes alguna idea de todo el valor del que te privarás a lo largo de tu vida sólo por cerrar tu mente contra alguien que te cae mal, aunque esa persona pueda ser la más benéfica del mundo para ti?

Una de las cosas más costosas en una organización industrial o comercial es la mente cerrada de las personas. Cierran su mente a los demás, a las oportunidades, a la gente que sirven y a sí mismas.

Cuando se habla de intolerancia, a menudo se piensa en alguien a quien le desagrada el otro por sus ideas religiosas o políticas. Eso ni siquiera araña la superficie del tema. La intolerancia se extiende a casi todas las relaciones humanas. A menos que te hagas al hábito de mantener una mente abierta en todos los temas, hacia toda la gente y en todo momento, nunca serás un gran pensador, nunca tendrás una gran personalidad magnética, y desde luego nunca serás muy popular.

Puedes ser muy franco con gente que no te simpatiza y a quien tú no le simpatizas si sabe que eres sincero y que estás hablando con una mente abierta. Lo único que la gente no va a tolerar es reconocer que está hablando con alguien cuya mente ya está cerrada, por lo que sus palabras no van a tener el menor efecto, sin importar cuánto valor o verdad haya en ellas.

De vez en cuando aparece alguien que quiere meter esta filosofía en las escuelas públicas o las universidades. Elimina la idea. Yo me di de topes mucho tiempo y finalmente me di por vencido porque en ese campo hay demasiadas mentes cerradas. Ésa es una cosa que está mal con nuestro sistema educativo: hay demasiadas mentes cerradas y no hay suficiente educación de cómo mantener las mentes abiertas.

13. HACER MÁS DE LO QUE TE PAGAN

El número 13 es siempre el hábito de *hacer más de lo que te pagan*. Esto es algo para lo cual ciertamente tienes que moverte por iniciativa propia. Nadie te va a decir que lo hagas; nadie va a esperar que lo hagas. Es totalmente tu prerrogativa. Pero probablemente sea una de las fuentes más importantes y más redituables para ejercer tu propia iniciativa personal. Si tuviera que elegir las circunstancias bajo las cuales puedes hacer que tu iniciativa personal tenga el máximo beneficio, sin duda sería al prestar más y mejor servicio que el que te pagan por prestar, porque no tienes que pedirle a nadie el privilegio de hacerlo.

Si sigues este hábito —no sólo hacerlo de vez en cuando, que no es tan efectivo— tarde o temprano por la ley de retornos crecientes se empiezan a acumular tus dividendos, y cuando esos dividendos vuelven a ti, regresan multiplicados muchas veces. En otras palabras, el servicio que prestas al recorrer la milla extra siempre te reditúa devolviéndote mucho más de lo que diste.

Estuve al servicio de la gran R. G. LeTourneau Company durante año y medio, y adoctriné a sus 2 000 empleados con esta filosofía. Me pagaron por ese servicio y me pagaron bien. Pero años después de haber terminado mi servicio para esa compañía, recibí un cheque muy considerable. La mitad eran donativos aportados por esos 2 000 empleados, la otra mitad la había puesto la compañía para igualar aquel monto, y era sobre todo por el valor de este principio de recorrer la milla extra. Me hicieron énfasis en la importancia de seguir hablando de este tema en mis clases públicas y demás, como lo había hecho con ellos.

En toda mi experiencia, jamás he sabido de una persona que recibiera un bono años después de haber dejado la compañía. Fue una de las cosas más inesperadas de toda mi vida.

Cuando empiezas a vivir siguiendo este principio de recorrer la milla extra, puedes esperar que te pasen cosas fuera de lo común, y serán cosas agradables, todas y cada una.

14. TACTO

¿Por qué vale la pena tomarse el tiempo necesario para tener *tacto*? Porque si lo haces, es más fácil obtener la cooperación de los demás. Si llegas y me dices que tengo que hacer algo, te voy a decir: "Un momento. Quizá no. Quizá tenga otra cosa que hacer".

Si me lo planteas así, de inmediato voy a oponer resistencia. Pero si llegas y me dices: "Te agradecería mucho si pudieras hacer algo", cuando sabes de entrada que tendrías derecho a exigirlo, vas a obtener resultados muy diferentes.

Como dije, una de las cosas más impresionantes que aprendí de Andrew Carnegie es que nunca le ordenaba a nadie que hiciera nada. Fuera quien fuera la persona, nunca le daba órdenes. Siempre le pedía: "¿Podría hacer tal cosa, por favor?"

Era sorprendente la lealtad que el señor Carnegie tenía de sus hombres. Se desvivían por él de día y de noche, por el tacto que tenía al tratar con ellos. Cuando era necesario disciplinar a uno de ellos, normalmente lo invitaba a su casa, le servía una cena espectacular de cinco o seis tiempos —lo atendía a cuerpo de rey—. Después de la cena, venía la confrontación y pasaban a la biblioteca, donde empezaba a hacerle preguntas.

Uno de los secretarios en jefe del señor Carnegie estaba programado para convertirse en miembro de su grupo de la Mente Maestra. Este muchacho se enteró de que le iba a tocar un ascenso y se le subió a la cabeza. Empezó a juntarse con un grupo de jóvenes disipados de Pittsburgh, que se la vivían dando fiestas y demás. En poco tiempo, estaba bebiendo y desvelándose mucho. Llegaba en las mañanas con los ojos hundidos en las mejillas.

El señor Carnegie permitió que esto continuara unos tres meses y luego invitó al joven a cenar. Al terminar la cena, pasaron a la biblioteca. El señor Carnegie dijo:

—Ahora que estoy acá en mi sillón y usted allá en el suyo, quiero preguntarle qué haría si estuviera en mi lugar. Si tuviera a un colaborador programado para recibir un ascenso importante, y de pronto pareciera que se le subió a la cabeza y empezara a juntarse con gente disipada, a desvelarse, a beber demasiado y a preocuparse por todo excepto su trabajo. ¿Qué rayos haría usted en ese caso? Estoy ansioso por saberlo.

El joven contestó:

—Señor Carnegie, sé que me va a despedir, así que más vale que lo haga de una vez.

El señor Carnegie dijo:

—No, si quisiera despedirlo no le habría invitado una cena deliciosa aquí en mi casa. Hubiera podido hacerlo en la oficina. No, no voy a despedirlo. Sólo voy a pedirle que usted mismo se haga una pregunta, para ver si está o no en una posición en la que usted mismo se tenga que despedir. Tal vez lo esté. Tal vez esté más cerca de lo que se imagina.

El joven cambió de inmediato. Se volvió miembro del grupo de la Mente Maestra del señor Carnegie y más adelante se hizo millonario. El tacto del señor Carnegie lo salvó de sí mismo.

El tacto del señor Carnegie era algo fuera de este mundo. Sabía cómo tratar a la gente. Sabía cómo lograr que se analizara a sí misma. No sirve de mucho que yo te analice a ti, pero puede hacer mucho bien que tú te analices a ti mismo en relación con tus defectos y virtudes.

El autoanálisis es una de las formas más importantes de actividad personal en las que puedes participar. Yo no dejo pasar un día sin examinarme para determinar dónde caí, dónde estoy débil, dónde puedo hacer mejoras, qué podría hacer para prestar más y mejor servicio. Me examino todos los días. Créeme lo que te digo, llevo haciéndolo muchísimos años y, hasta el día de hoy, siempre puedo encontrar algún lugar donde puedo mejorar o puedo hacer algo mejor o algo más.

Es una forma muy sana de iniciativa personal, porque finalmente llegas al lugar donde eres honesto contigo mismo. ¿Tienes alguna idea de cuánta gente es deshonesta consigo misma? Es la peor clase de deshonestidad que conozco: crear excusas en tu mente para respaldar tus acciones y pensamientos en vez de analizarte a ti mismo, descubrir dónde eres débil, y luego zanjar esas debilidades o buscar el apoyo de alguien de tu alianza de la Mente Maestra para que te ayude a zanjarlas.

¿Qué preferirías? ¿Que alguien de fuera te critique y señale tus fallas? ¿O preferirías criticarte tú mismo y encontrarlas?

Si haces lo segundo, puedes hacerlo de manera confidencial. No tienes por qué publicitar esas debilidades y puedes corregirlas antes de que alguien más las descubra. Pero si te esperas hasta que alguien más tenga que llamarte la atención, se vuelven del dominio público y pueden avergonzarte; pueden herir tu orgullo. Incluso pueden llevar a que desarrolles un complejo de inferioridad si esperas a que la otra persona te señale tus debilidades.

Eso también es iniciativa personal: encontrar tus puntos débiles. ¿Qué hace que a la gente no le agrades? ¿Por qué no estás saliendo adelante como otras personas cuando sabes que eres igual de inteligente, o más, que ellas?

Otro lugar maravilloso para aplicar la iniciativa personal es compararte con otros que están triunfando a un nivel superior al tuyo. Haz comparaciones y análisis, y ve qué tienen ellos que no tienes tú. Te sorprenderás de ver cuánto puedes aprender de la otra persona, quizá incluso de una persona que no te agrada mucho. Puedes aprender algo de ella, si va por delante de ti, si le está yendo mejor.

Créeme lo que te digo, siempre puedes aprender algo de la persona a la que le va mejor que a ti. A veces puedes aprender algo de la persona a la que no le está yendo tan bien como a ti. Funciona en ambos sentidos. Quizá puedas descubrir por qué no le está yendo tan bien.

15. ESCUCHAR

¿Tiendes a *escuchar* más de lo que hablas? ¿Alguna vez has pensado en la importancia de tomar la iniciativa en eso? ¿Alguna vez has pensado en la importancia de aprender a hacer preguntas inteligentes y dejar que la otra persona sea la que hable y revele qué hay en su mente y que tú no necesariamente tienes que revelar todo lo que hay en la tuya? ¿Le encuentras algún valor a esto?

Uno aprende escuchando y observando. Nunca he sabido de nadie que aprenda nada mientras está hablando, excepto quizá a no hablar tanto.

La gran mayoría de la gente habla mucho más de lo que escucha y parece muy decidida a decirle a la otra persona hasta la última palabra, en vez de escuchar y ver qué tiene que decir que pueda beneficiarla.

Anoche tuve el privilegio de dirigirme a un grupo muy grande de ejecutivos en Los Ángeles. Cuando terminó mi charla, dije: "Ahora voy a invertir la regla. Voy a tener un foro abierto y voy a dejar que ustedes respondan las preguntas y sean los que hablen, y yo los voy a escuchar".

Les hice tres preguntas, una de las cuales generó respuestas que son de vital importancia para Napoleon Hill y Asociados, para la distribución de esta filosofía y para el futuro de cada maestro que participe o llegue a participar en la enseñanza de esa filosofía.

Una de esas preguntas fue: si tuvieras a tu cargo la dirección de esta filosofía, ¿qué harías para introducirla en las organizaciones de negocios de este país de tal manera que llegara a la gente clave de esas organizaciones?

Hice otras dos preguntas y salí cargado de ideas. Y de paso me invitaron a dar el discurso que he querido dar desde hace 10 años. Logré que me invitaran a hablar el año que entra en el club de la Mesa Redonda del Millón de Dólares, conformado por la gente más importante de las aseguradoras de todo el país.

El presidente del evento, que ya había pensado en mí, iba a ser el presidente del grupo de la Mesa Redonda al año siguiente. Ya había pensado en mí, había leído mis libros, había oído hablar mucho, pero no podía arriesgarse a que fuera un fiasco. Quería oírme en persona. Yo estaba a prueba y no lo sabía hasta que terminé el discurso. Es una cosa peculiar de la vida: a menudo te están vigilando, y las grandes oportunidades están ahí, listas para abordarte si haces o dices lo correcto, o de salir corriendo si haces o dices algo equivocado.

La segunda pregunta que les hice esa noche fue: si estuvieras en mi lugar y tuvieras el privilegio de darle al mundo la primera filosofía práctica sobre el éxito personal, ¿qué harías para impulsar la distribución de esta filosofía por todo el mundo? Recibí como 20 respuestas diferentes. La tercera pregunta no era muy importante. La que más me interesaba que respondieran era la primera.

Volvamos al punto de escuchar mucho y sólo hablar cuando sea necesario. La próxima vez que empieces a decirle a alguien hasta de lo que se va a morir, recuerda lo que dije sobre escuchar primero. Antes de empezar a perder los estribos, espera a que el otro sujeto pierda los suyos. En circunstancias donde quieras regañar a alguien o decir algo que pueda ofender, deja que la otra persona empiece. Quizá en lo que termina, se habrá condenado con sus propias palabras; no tendrás que decirle nada. Primero piensa, y habla menos.

16. OBSERVACIÓN

¿Consideras tener un agudo sentido de la *observación* de los detalles? ¿Crees que podrías caminar frente a una tienda departamental y al llegar a la esquina dar una descripción acertada de todo lo que viste en la vitrina?

Una vez tomé una clase en Filadelfia impartida por un hombre que nos enseñaba la importancia de observar los pequeños detalles. Decía que los pequeños detalles son los que construyen los éxitos o los fracasos de la vida. Para nada los grandes, sino los pequeños: los que normalmente pasamos por alto por no parecernos importantes o que ni siquiera queremos observar.

Como parte de nuestro entrenamiento nos sacó de la sala y caminamos una cuadra por la calle. Cruzamos a la acera de enfrente, caminamos de regreso, y volvimos a entrar a la sala. Al hacerlo, pasamos como 10 tiendas, una de las cuales era una ferretería. En su aparador, yo diría que había por lo menos unos 500 artículos. Nos pidió que lleváramos cuaderno, papel y lápiz —fíjate, nos estaba permitiendo ese apoyo para la memoria— y que apuntáramos las cosas que viéramos al pasar que nos parecieran importantes.

La mayor cantidad de cosas que listó alguien eran 56. Cuando este señor regresó —y no llevaba papel y lápiz— listó 746. Describió cada una, en qué aparador estaba, y en qué parte del aparador.

Me rehusé a aceptarlo. Cuando acabó la clase tuve que regresar a checarlo. El señor había acertado cien por ciento. Se había entrenado a observar los detalles, y no sólo unos cuantos, sino todos.

Un buen ejecutivo, un buen líder, alguien bueno en lo que sea, es una persona que observa todas las cosas que están pasando a su alrededor, las cosas buenas y las malas, las positivas y las negativas. No sólo nota las cosas que le interesan; nota todas las cosas que pudieran interesarle o que pudieran afectar sus intereses. Atención a los detalles.

17. DETERMINACIÓN

Los mejores líderes se reponen pronto de la derrota, confiados en que ahora están mejor equipados para alcanzar la victoria.

18. LA CAPACIDAD DE SOPORTAR
LAS CRÍTICAS SIN RESENTIMIENTOS

¿Invitas la crítica —una crítica amistosa— de los demás? Si no lo haces, estás pasando por alto algo importante. Una de las mejores cosas que podría pasarte sería tener una fuente regular de crítica amistosa de lo que estás haciendo en la vida, por lo menos de lo que constituye tu gran propósito.

Allá en los primeros años, solía tener seis, siete o a veces hasta ocho, nueve o 10 secretarios sentados en el público para escuchar las conversaciones: todo lo que decía la gente. De hecho, ellos iniciaban conversaciones con el público después del evento, y yo descubría muy rápidamente dónde estaba tropezando y dónde no.

Yo quiero crecer; si estoy cometiendo un error, quiero saberlo. Por eso invito la crítica amistosa, y si un estudiante o socio de negocios o amigo llegara y me dijera: "Doctor Hill, si tan sólo hiciera esta cosa un poco diferente, sería mucho más eficaz", me parecería maravilloso. Y tengo algunos socios que hacen justamente eso.

Tú crees que las cosas que haces a diario están bien, o no las estarías haciendo, pero puedes ofender a otros. Igual las vas a seguir haciendo a menos que alguien te haga tomar conciencia de ellas.

Necesitas una fuente de crítica amistosa. No me refiero a la gente que te critica porque no le agradas. Eso no sirve para nada. Yo no dejaría que su crítica tuviera el menor efecto sobre mí. Por otro lado, tampoco le prestaría demasiada atención a la persona que me da una crítica amistosa sólo porque me quiere. Puede hacerte el mismo daño. He oído decir allá en Hollywood que cuando las estrellas empiezan a creerles a sus agentes de prensa (y a veces sucede), están acabadas.

Necesitas tener el privilegio de verte a ti mismo a través de los ojos de los demás. Todos lo necesitamos, porque te aseguro que cuando caminas por la calle, la demás gente no te ve como tú crees que te ves. Cuando abres la boca y hablas, lo que se registra en la mente de la otra persona no siempre es lo que tú piensas que se está registrando.

Necesitas crítica. Necesitas análisis. Necesitas gente que te señale los cambios que debes hacer, porque todos tenemos que hacer cambios a medida que avanzamos; de lo contrario no creceríamos.

¿Sabías que a la mayoría de la gente le molesta cualquier clase de crítica o sugerencia? Le molesta cualquier cosa que pueda cambiar su manera de hacer las cosas. Se hace mucho daño a sí misma al tomarse a mal la crítica amistosa.

Alguien dijo que no existe eso de la crítica constructiva. No me la creo. Yo pienso que sí existe la crítica constructiva. Y me parece que es absolutamente maravillosa.

Al principio no me lo parecía. Allá en los primeros días, cuando alguien criticaba lo que estaba haciendo, me ofendía, ¿pero sabes qué me curó? Un día estaba hablando con un caballero muy amable, mucho mayor, y yo justo acababa de escuchar una crítica muy ensañada de algo que yo había hecho. Ya ni siquiera me acuerdo qué era; quizá un editorial que había escrito en la revista *Golden Rule*.

Le dije a este señor:

—No veo cómo rayos alguien pueda criticar algo de esa revista, porque está diseñada para ayudar a la gente a encontrarse a sí misma. No tiene absolutamente nada de negativo. Todo es constructivo.

—Todo eso es cierto, amigo mío —dijo él—, pero ¿alguna vez oyó hablar de un hombre, un alma muy bondadosa, que pasó por aquí hace unos 2 000 años? Tenía una filosofía maravillosa, pero no tuvo una aceptación del cien por ciento. ¿Alguna vez oyó hablar de él? Se llamaba Jesús. Si él no logró tener una aceptación del cien por ciento, ¿usted quién es para pensar que la tendrá? Sólo recuerde que sin importar lo que haga, lo bien que lo haga ni quién sea usted, nunca tendrá una aceptación del cien por ciento del público. No la espere, y no se moleste si no la obtiene.

19. HÁBITOS DE COMIDA, BEBIDA Y SOCIALES

No pienso comentarlos aquí.

20. LEALTAD

El número 20 es tener *lealtad* a todos a quienes la debas. La lealtad está en primer lugar de mi lista de cualificaciones que debe cumplir la gente con la que me quiero relacionar. Si no le tienes lealtad a la gente que tiene derecho a tu lealtad, no tienes nada. De hecho, entre más brillante, más agudo, listo o bien educado seas, más peligroso puedes ser si no puedes serle leal a la gente que tiene derecho a tu lealtad.

Yo le tengo lealtad a la gente que me agrada, pero también tengo un sentido de obligación hacia la gente si estamos relacionados comercial o profesionalmente, o somos del mismo círculo familiar. En éste hay algunas personas que no me agradan en especial, pero a quienes les soy leal porque tengo esa obligación. Si ellas me quieren ser leales, está bien, y si no, pues peor para ellas, no para mí. Yo tengo el privilegio de ser leal, y voy a vivir a la altura de ese privilegio.

Tengo que vivir con un sujeto… conmigo. Tengo que dormir con él. Tengo que verlo en el espejo todas las mañanas para rasurarlo. Tengo que bañarlo de vez en cuando y tengo que estar en buenos términos con él. No puedes vivir con alguien de manera tan cercana y no estar en buenos términos con él. "Sé sincero contigo mismo, y de ello ha de seguirse / como la noche sigue al día, que no podrás entonces / ser falso con ninguno."* Shakespeare nunca escribió nada más hermoso y más filosófico que esto. Sé sincero contigo mismo: sé leal contigo mismo, porque tú tienes que vivir contigo mismo. Si eres leal contigo mismo, lo más probable es que también seas leal con tus amigos y tus socios.

21. FRANQUEZA

* Versión de Tomás Segovia (*Hamlet*, Penguin Random House, 2015).

22. ESTAR FAMILIARIZADO
CON LOS NUEVE MOTIVOS BÁSICOS

Están enlistados en otra lección. Sin duda reconoces que son el ABC para entender los motivos que impulsan a la gente a la acción.

23. PERSONALIDAD ATRACTIVA

¿Y qué hay de este asunto de tener una *personalidad atractiva*? ¿Es algo con lo que se nace o es algo que debes desarrollar por iniciativa propia?

Puedes adquirirlo. Sólo hay uno de los 25 factores que constituyen una personalidad atractiva con el que naces o no, según sea el caso: el magnetismo personal, y hasta con eso se puede hacer algo. Y desde luego puedes hacer algo con cada uno de los otros 24 factores, porque todos se pueden cultivar mediante la iniciativa personal.

Desde luego, lo tienes que hacer tú mismo. En primer lugar tienes que saber cómo te sitúas en cada uno de estos puntos. Tienes que saber cómo te encuentras y para eso no siempre puedes fiarte de ti mismo. Necesitas que tu esposa o tu esposo o alguien más te lo diga.

A veces te haces un enemigo y él te dirá dónde tropezaste. ¿Sabías que es bueno tener enemigos de vez en cuando? No se guardan nada. Si examinas lo que tus enemigos dicen de ti, lo más probable es que aprendas algo valioso. Si no aprendes nada más, aprenderás por lo menos a asegurarte de que no estén diciendo la verdad sobre ti. Digan lo que digan será incorrecto, porque vas a ir tan derecho por el camino que cualquier cosa despectiva que digan de ti será mentira. Ya es una ventaja, ¿no es cierto?

No les tengas miedo a los enemigos. No tengas miedo de la gente a la que no le agradas, porque quizá diga cosas que te pongan sobre la pista correcta para descubrir algo que necesitas saber sobre ti mismo.

Hace algunos años vino a verme un vendedor, me dijo que llevaba como 10 años con la compañía. Tenía un desempeño maravilloso, varios ascensos, y estaba entre los 10 grandes. Pero hacía seis meses sus ventas habían empezado a caer; clientes que antes le compraban habían empezado a hacerle el feo. Noté que traía puesto un enorme sombrero vaquero de los que usan en Texas. Dije:

—Por cierto, ¿desde cuándo tiene ese sombrero?

—Lo compré hace como seis meses en Texas.

—A ver, amigo —comencé—, ¿sus ventas son en Texas?

—No, a Texas casi no voy.

—Escuche —continué—, use ese sombrero sólo cuando vaya a Texas, porque la verdad no me gusta; no se le ve bien.

—Bueno —contestó—, ¿y cree que eso cambie algo?

—Le sorprendería el impacto que puede tener su apariencia personal. Hay gente a la que si no le agrada su aspecto, no va a querer hacer negocios con usted.

Sí, puedes hacer algo con tu personalidad. Puedes averiguar qué rasgos tienes que irritan a la gente y corregirlos. Tendrás que descubrirlos tú mismo, o encontrar a alguien que sea lo suficientemente franco para hacerlo por ti.

24. CONCENTRACIÓN

El número 24 es la capacidad de *concentrar* toda tu atención en un tema a la vez. Cuando empieces a enseñar esta filosofía y quieras ilustrar un punto, no te detengas a la mitad para irte a una hermosa pradera florida que no tiene nada que ver con lo que estás diciendo, para regresar al punto después. Cuando empieces a ilustrar un punto, no lo sueltes hasta llegar al análisis último, hasta llevarlo al clímax, y luego pasa al siguiente punto.

Ya sea que estés vendiendo o hablando en público, no trates de abarcar demasiados temas al mismo tiempo. Si lo haces, no abarcarás ninguno. Ésta solía ser una de mis principales debilidades. Solía hacerlo, y un día un señor vino y me llamó la atención sobre el tema. Todo mi entrenamiento para hablar en público no fue tan valioso como ese consejo, y fue gratis; no me cobró nada. Dijo: "Tiene usted un dominio maravilloso del idioma, una capacidad de entusiasmo extraordinaria y una enorme cantidad de ejemplos interesantes, pero tiene el mal hábito de divagar en cosas que no tienen nada que ver con el tema que está tocando y volver al tema hasta después. Y para entonces ya se enfrió".

Califícate con base en tu capacidad de concentrar toda tu atención en un tema a la vez, ya sea que estés hablando, pensando, escribiendo o enseñando. Hagas lo que hagas, concéntrate en una cosa a la vez.

25. APRENDER DE LOS ERRORES

Sobre el hábito de *aprender de los errores*: si no aprendes de tus errores, no los cometas. Siempre que veo a un hombre repetir el mismo error una y otra vez, pienso en el viejo aforismo chino: "Si un hombre me engaña una vez, qué vergüenza para el hombre; si me engaña dos veces, qué vergüenza para mí".

Mucha gente debería sentir vergüenza, porque no aprende de sus errores para nada.

26. HACERSE RESPONSABLE DE LOS ERRORES DE LOS SUBORDINADOS

Si tienes subordinados y cometen errores, el que falló fuiste tú, no tus subordinados. Nunca podrás ser un buen líder ni un buen ejecutivo a menos que asumas esta responsabilidad. Si alguien bajo tu dirección no está haciendo, o no puede hacer, lo correcto, depende de ti tomar la iniciativa y hacer algo al respecto. Ya sea entrenarlo a hacer bien las cosas o si no ponerlo en otro puesto donde no tengas que supervisarlo tú; que alguien más se encargue. Pero si esta persona trabaja bajo tus órdenes y es tu subordinada, la responsabilidad es tuya.

27. RECONOCER LOS MÉRITOS DE LOS DEMÁS

No trates de robarle protagonismo a la otra persona. Si hizo un buen trabajo, dale todo el crédito, dale el doble, dale más de lo que se merece antes que darle menos. Otra palmada en la espalda jamás ha lastimado a nadie cuando sabes que ha hecho un buen trabajo. A la gente exitosa le gusta el reconocimiento, y a veces la gente trabaja más por reconocimiento que por cualquier otra cosa.

También puedes exagerar, sólo para que lo sepas. Sin embargo, depende del individuo. Hay personas que son incorruptibles: no puedes adularlas demasiado, porque conocen sus propias capacidades. Si pasas de ese punto, empiezan a desconfiar.

La mayoría de la gente, sin embargo, es corruptible cuando se trata de halagos: puedes adularla al grado en que se lo empiece a creer. Eso es malo para ella y también para ti.

Hay un libro que se distribuyó ampliamente por todo el país. El tema central era que si querías avanzar en el mundo, debías adular a la gente. Pero la adulación es tan antigua como el mundo. Es una de las armas más antiguas y también una de las más mortíferas.

A mí me gusta la aceptación. Disfruto cuando la gente de pronto me reconoce, me felicita. Pero si alguien llegara y me dijera: "Ay, señor Hill, cuánto le agradezco todo lo que ha hecho por mí, pero ¿puedo darme una vuelta por su casa en la tarde? Le tengo una propuesta de negocios", yo de inmediato pensaría: "Me está adulando para poder obtener un poco de mi tiempo y beneficiarse de ello". Demasiada adulación, demasiados elogios, tampoco son buenos.

28. APLICAR LA REGLA DE ORO

Después sigue el hábito de *aplicar la regla de oro* en todas las relaciones humanas. Una de las mejores cosas que puedes hacer es ponerte en el lugar de la otra persona cuando vas a tomar una decisión o a participar en cualquier transacción que involucre a la otra persona. Sólo ponte en el lugar de la otra persona antes de tomar una decisión final. Si lo haces, lo más probable es que siempre seas justo con la otra persona.

29. MANTENER UNA ACTITUD
MENTAL POSITIVA EN TODO MOMENTO

30. ASUMIR PLENA RESPONSABILIDAD

El número 30 es el hábito de *asumir plena responsabilidad* de cualquier acción que hayas tomado —no salir con pretextos—. ¿Sabías que ésa es una cosa en la que la mayoría de la gente es experta? Pretextos: inventar razones por las que no tuvieron éxito o no terminaron el trabajo. Si la mayoría de la gente que inventa pretextos dedicara la mitad de ese tiempo a hacer lo que tenía que hacer en vez de explicar por qué no lo hizo, llegaría mucho más lejos en la vida y le iría mucho mejor.

En general, la gente más ingeniosa para inventar pretextos suele ser la menos eficiente de todo el personal. Tejer pretextos por adelantado se vuelve su profesión, y así cuando los llaman a cuentas ya tienen lista una respuesta.

Sólo hay una cosa que cuenta y es el éxito: lo que cuenta son los resultados. El éxito no requiere explicaciones. El fracaso no admite pretextos. Si es un éxito, no hace falta que lo expliques. Y si es un fracaso, todos los pretextos y explicaciones del mundo no van a servir de nada. Sigue siendo un fracaso, ¿no es cierto?

31. MANTENER A LA MENTE OCUPADA
CON LO QUE UNO DESEA

El número 31 es el hábito de *mantener a la mente ocupada con lo que uno desea*, y no con lo que uno no quiere.

La gran mayoría de los casos en los que la gente ejerce su iniciativa personal es en conexión con cosas que no quiere. Ésa es un área en la que a la mayoría de la gente no hace falta enseñarle a tomar la iniciativa. En eso sí se esmera mucho: en pensar en todas las cosas que no quiere. Y eso es precisamente lo que obtienen de la vida: las cosas en las que piensan, las cosas a las que sintonizan su mente.

Aquí hay un lugarcito donde esa palabra *transmutar* puede entrar en juego. En vez de pensar en las cosas que no quieres, las cosas que te dan miedo, que te dan desconfianza, que te desagradan, piensa en todas las cosas que te gustan, en todas las que quieres y en todas las que estás decidido a lograr. Entrena tu mente a mantenerse enfocada en relación con las cosas que quieres. Para eso se necesita ambición personal.

8

ACTITUD MENTAL POSITIVA

Nada constructivo ni digno de los empeños del ser humano se ha logrado ni se logrará jamás, excepto lo que viene de una actitud mental positiva basada en la determinación de propósito, activada por un deseo ferviente, e intensificada hasta el punto en que el deseo ferviente se eleva al plano de la fe aplicada.

CINCO PASOS HACIA UNA ACTITUD POSITIVA

Aquí hay cinco pasos, cinco estados mentales diferentes, todos los cuales conducen a una actitud mental positiva.

El número uno son los *deseos*. Todo mundo tiene un montón de deseos. Desean esto y desean aquello y desean lo otro. Todos tenemos deseos. Pero cuando sólo deseamos las cosas, no sucede demasiado, ¿verdad?

Entonces vas un poco más allá y te da *curiosidad*. Gastas mucho tiempo en curiosidad ociosa. Puedes perder mucho tiempo en esa curiosidad ociosa y a menudo lo haces. Pasas mucho tiempo observando lo que hacen o no hacen tus vecinos, lo que hacen o no hacen tus competidores. ¿Crees que algo que vale la pena puede ser resultado de la curiosidad? Esto no conduce a una actitud mental positiva.

Un paso más arriba están tus *esperanzas*. Ahora tus deseos adoptan una forma más concreta, se vuelven esperanzas: esperanzas de éxito, de logro, de realización, esperanzas de acumular las cosas que quieres.

Una esperanza por sí misma no es muy eficaz. Todos tenemos una parvada de esperanzas, pero no todos los que tenemos esperanzas tenemos éxito; sólo esperamos tener éxito. Sin embargo, es mejor que desear, porque una esperanza empieza a adoptar la naturaleza de la fe. Estás transmutando un deseo en ese estado mental tan deseable conocido como *fe*. Redoblas tu actitud mental de manera que tus esperanzas se transmuten en un deseo ferviente.

La diferencia entre un deseo ferviente y un deseo normal es ésta: un deseo ferviente es un deseo intensificado basado en la esperanza, cimentada ésta a su vez en la determinación de propósito.

Es un deseo obsesivo. Y desde luego no se puede tener un deseo ferviente sin que haya uno o varios motivos respaldándolo, ¿verdad? Entre más motivos puedas tener para determinada cosa, más rápido podrás avivar tus emociones hasta volverlas un deseo ferviente.

Pero eso no basta. Antes de poder estar seguro del éxito, debes tener otro estado mental: la *fe aplicada*. Ahora has transmutado los deseos, la curiosidad, las esperanzas y un deseo ferviente en algo aún más elevado.

LA FE APLICADA *VS.* LA CREENCIA COMÚN

¿Cuál es la diferencia entre la fe aplicada y la creencia común? La fe aplicada es prácticamente sinónimo de acción. Podrías llamarla *fe activa*. La fe aplicada y la fe activa son exactamente lo mismo: fe respaldada por acción. La oración trae resultados positivos sólo cuando se expresa con una actitud mental positiva. Y las plegarias más eficaces son las expresadas por individuos que han condicionado su mente para pensar habitualmente en términos de una actitud mental positiva.

¿Tienes alguna idea de cuánto tiempo dedicas cada día a pensar en el lado negativo de las cosas comparado con el lado positivo? ¿No sería interesante llevar un registro durante dos o tres días de la cantidad exacta de tiempo que pasas pensando en el lado "no se puede" de la vida y en el "sí se puede", o en el lado positivo y el negativo? Incluso la gente más exitosa se asombraría de descubrir cuántas horas dedica cada día al pensamiento negativo. Los éxitos notables del mundo, los grandes líderes, son los que dedican muy poco tiempo, si acaso, al pensamiento negativo; pasan todo su tiempo pensando en el lado positivo. Una vez le pregunté a Henry Ford si había alguna cosa en el mundo que quisiera hacer y no pudiera. Me dijo que no; no creía que la hubiera. Le pregunté si alguna vez la hubo, respondió:

—Claro que sí.

Me dijo que fue allá en sus inicios, antes de que aprendiera a usar su mente.

—Bueno —dije—, ¿exactamente a qué se refiere con eso?

—Cuando quiero algo o quiero hacer algo, voy averiguando qué puedo hacer al respecto sobre la marcha, mientras empiezo a hacerlo. No me molesto con las cosas que no puedo hacer, ésas las dejo por la paz.

Esa declaración, en apariencia sencilla, contiene un mundo entero de filosofía. Dedicó su mente a hacer algo con la parte con la que podía hacer algo y a pensar en eso, y no a la parte con la que no podía hacer nada.

Si le planteas un problema difícil a la mayoría de la gente, de inmediato empezará a decirte todas las razones por las que el problema no se puede resolver. Si hay algunas partes favorables del problema, gran parte de la gente verá primero las desfavorables, y a menudo no verá nunca el lado favorable.

No creo que exista ningún problema con el que no puedas hacer algo o que no tenga también algún aspecto positivo. No se me ocurre un solo problema que pudiera yo enfrentar que no tuviera también algún lado favorable. Por lo menos, el lado favorable sería el hecho de poder decir que si es un problema que se puede solucionar, lo voy a solucionar, y si es un problema que no puedo solucionar, pues ya no me preocupa.

Pero cuando la mayoría de la gente enfrenta problemas difíciles que no puede solucionar, se empieza a preocupar y entra en un estado mental negativo. ¿Alguna vez has logrado algo que valga la pena estando en ese estado mental?

Claro que no. Cuando vuelves negativa tu mente sólo enturbias las aguas; nunca logras nada que valga la pena. Tienes que aprender a mantener tu mente positiva en todo momento si quieres hacer cosas que valgan la pena.

¿Una actitud mental negativa atrae las oportunidades favorables o las repele? Las repele, ¿verdad? ¿Ese repeler las oportunidades tiene algo que ver con tus méritos o con tu derecho a esas oportunidades? No tiene absolutamente nada que ver con eso. Podrás tener derecho a todo lo bueno de la vida, podrás merecerlo todo, pero si tienes una actitud mental negativa vas a repeler las oportunidades que llevan a alcanzar esas cosas.

Así que tu trabajo es principalmente mantener tu mente positiva para que atraiga hacia ti las cosas que quieres, las cosas que buscas.

¿Alguna vez te has preguntado por qué la oración por lo general no da más que resultados negativos? Extrañamente, éste es el mayor tropiezo para la mayoría de la gente de todas las religiones: no entiende por qué a veces la oración tiene resultados negativos. No podría esperarse otra cosa, pues hay una ley que lo gobierna. La ley es que tu mente atrae hacia ti la contraparte de las cosas con las que tu mente se está alimentando. Es una ley natural. No hay excepciones para nadie.

De modo que si quieres atraer, mediante la oración u otro medio, las cosas que deseas, tienes que volver tu mente positiva. No sólo tienes que creer, sino que tienes que respaldar esa creencia con acciones y transmutarla en fe aplicada. No se puede tener fe aplicada con un estado mental negativo: sencillamente no combinan.

MÁXIMAS

Las máximas constructivas a menudo son usadas por gente que reconoce la influencia poderosa del entorno cotidiano para mantener una actitud mental positiva. Toda la planta industrial de la R.G. LeTourneau Company, con 2 000 empleados, se cargaba positivamente colocando máximas escritas en grandes letras en todos los departamentos y cambiándolas cada semana. Durante el año y medio que pasé ahí, escribí más de 4 000 máximas. Esas máximas se escribieron con un propósito. Cada departamento de esa extensa planta cambiaba las máximas regularmente, a veces todos los días, en la cafetería, y semanalmente en otros departamentos. Las máximas se escribían en letras de 15 centímetros de alto de modo que alcanzaras a leerlas desde el otro lado del edificio. Cada vez que entraban a sus departamentos, los empleados veían esa máxima.

Por cierto, tuvimos una experiencia chistosa con las máximas. Un día yo estaba en la cafetería cuando estaban colgando una de ellas. La cafetería era el lugar donde todos los trabajadores se formaban para pasar por su comida a medio día, y todos pasaban por ahí en algún momento del día. La máxima decía: "Sólo recuerda que tu verdadero jefe es el que anda por ahí debajo de tu sombrero". Para cualquiera que lo lea, significa que en última instancia tú eres tu verdadero jefe, pero oí que un hombre soltó un alarido de apache. Dijo: "¡Vaya, es lo que siempre he dicho! ¡Siempre he sabido que mi capataz era un piojo!"

Estas máximas las lee gente de todos los estratos sociales, y a veces llegan a interpretarlas mal, pero he oído decir a los ejecutivos de Le-Tourneau Company que la filosofía, que ya tiene 14 años, sigue muy presente para sus 2 000 empleados. Y he oído a los ejecutivos de la compañía decir que esas máximas que se colgaron en los departamentos fueron más importantes para lograr que la gente asimilara la filosofía que todas las demás cosas que hicimos. En general, el obrero promedio no es muy bueno para leer, pero siempre puedes comunicar una máxima que tenga un significado. Así que estas máximas te pueden ser de gran utilidad como maestro cuando des clases en plantas industriales.

TRANSMUTA EL FRACASO EN ÉXITO

Luego, hay un método para transmutar el fracaso en éxito, la pobreza en riqueza, la tristeza en alegría, el miedo en fe. Esta transmutación debe empezar con una actitud mental positiva, porque el éxito, la riqueza y la fe no son compatibles con una actitud mental negativa.

El proceso de transmutación es sencillo, y bien puedes permitirte repasar esto muchas veces, asimilarlo y volverlo tuyo.

Número uno, cuando un fracaso te supere, empieza a verlo como si hubiera sido un éxito. En otras palabras, piensa qué habría pasado si hubiera sido un éxito en vez de un fracaso, visualizándote del otro lado de la situación y no del lado del fracaso. Empieza a imaginarte los fracasos como éxitos.

También empieza a buscar la semilla de un beneficio equivalente, que viene con cada fracaso. Aquí lograrás transmutar el fracaso en éxito porque cada adversidad, cada fracaso y cada derrota contiene la semilla de un beneficio equivalente. Si te pones a buscar esa semilla no tendrás una actitud mental negativa hacia la circunstancia; tendrás una actitud mental positiva, porque sin duda encontrarás esa semilla. Quizá no la veas la primera vez que la busques, pero si sigues buscando, tarde o temprano la vas a encontrar, éste es el paso número uno.

Número dos, cuando la pobreza amenace con alcanzarte (o lo haya hecho) empieza a pensar en ella como si fuera riqueza. Visualiza la riqueza y todas las cosas que harías con ella. También empieza a buscar la semilla de un beneficio equivalente en la pobreza.

Recuerdo cuando era niño estar sentado a la orilla del río allá en el condado Wise, donde nací, justo después de que murió mi madre. Antes de que llegara mi madrastra, pasé hambre. No había suficiente comida. Estaba sentado a la orilla del río, pensando si podría pescar unos peces y freírlos para tener algo que comer. Y mientras estaba ahí sentado, cerré los ojos y miré hacia el futuro, y vi que me iba a ir de ahí y me iba a volver rico y famoso, y que volvería a ese mismo lugar. Llegaba cabalgando junto al río, en un caballo que avanzaba a vapor. Podía ver el vapor salirle de las fosas nasales. Podía oír sus cascos sobre las piedras. Era tan vívido para mí. En otras palabras, pude construirme un estado de éxtasis en ese momento de pobreza y carencia y hambre.

Pasaron los años y llegó el día en que llegué a ese mismo lugar manejando mi Rolls-Royce, por el que había pagado 22 500 dólares. Regresé y volví a imaginar esa escena de mi niñez, cuando estaba ahí mismo, sumido en la pobreza. Y dije: "Pues no sé si haberme imaginado esto en aquellos días haya tenido algo que ver o no; quizá sí".

Quizá mantuve viva esa esperanza y finalmente traduje esa esperanza en fe, y con el tiempo esa fe me trajo no sólo un caballo de vapor sino algo mucho más valioso y caro.

Mira hacia el futuro y visualiza las cosas que quieres hacer, transmutando las circunstancias desfavorables y las adversidades en algo agradable. Con esto me refiero a mover tu mente, apartándola de los pensamientos desagradables y poniéndola a pensar en algo placentero.

Número tres, cuando el miedo se apodere de ti, sólo recuerda que el miedo no es más que fe en reversa. Empieza a pensar en la fe en términos de verte a ti mismo convirtiendo la fe en cualquier circunstancia o cosa que desees. No me imagino que haya nadie que se escape de experimentar los siete temores básicos en algún momento, y la mayoría de la gente los experimenta toda la vida. Pero si permites que el miedo se apodere de ti, se volverá un hábito, y sin duda atraerá hacia ti todas las cosas que no quieres. Tienes que aprender a lidiar con el miedo transmutándolo en su opuesto, con tu mente. En otras palabras, en fe. Si le temes a la pobreza, empieza a pensar en ti mismo en términos de opulencia y dinero. Piensa en los medios y las formas en que vas a ganar ese dinero. Las fantasías que puedes tener son infinitas, y es mucho mejor fantasear con el dinero que vas a tener, que usarlas para temer la pobreza que ya sabes que padeces. Te aseguro que no tiene la menor virtud ni beneficio ponerse a lamentar el hecho de ser asolado por la pobreza o de necesitar dinero y no saber cómo obtenerlo.

Honestamente creo que no hay nada en este mundo que el dinero pueda comprar que yo no pueda conseguir si lo deseo. No pienso en términos de lo que no puedo conseguir; pienso en términos de lo que *puedo* conseguir. Llevo mucho tiempo haciendo esto y es una manera maravillosa de condicionar tu mente a ser positiva, para que cuando se presenten las circunstancias en las que necesites tomar una acción mental positiva, tengas el hábito de reaccionar de manera positiva en todo momento más que de forma negativa.

Una actitud mental positiva no se logra con sólo desearla. Se logra trenzando un filamento de la cuerda a la vez, día con día, poco a poco. Sencillamente no se logra de la noche a la mañana.

GUÍAS INVISIBLES

1. Guía de la Buena Salud
2. Guía de la Prosperidad Económica
3. Guía de la Tranquilidad Mental
4. Guías de la Esperanza y la Fe
5. Guías del Amor y el Romance
6. Guía de la Sabiduría

GUÍAS INVISIBLES

Después, crea en tu imaginación un ejército de guías invisibles que se encargarán de todas tus necesidades y deseos. Me has oído hablar de mis guías invisibles. Si no estuvieras en esta filosofía, si no entendieras de metafísica, probablemente pensarías que inventé un sistema fantástico. Pero te aseguro que no es un sistema fantástico; se ocupa de todas mis necesidades y todos mis deseos.

Debo reconocer que la semana pasada me descuidé un poco y mi guía de la buena salud me falló durante uno o dos días, pero hice algo al respecto. Fui en su auxilio. Le di un piquete en las costillas y lo desperté, y ahora tengo más energía de la que había tenido desde que empezamos este curso. Así que fue algo bueno que me resfriara un poco, porque me hizo ser un poco más específico al expresarle mi gratitud a este guía de la buena salud física en vez de descuidarlo.

Ahora bien, me doy cuenta perfectamente de que estos sujetos son una creación de mi propia imaginación. No me engaño ni engaño a nadie con eso. Pero para todo fin práctico, representan entidades reales, personas reales, y cada uno está desempeñando exactamente la función que yo le asigné y lo hace todo el tiempo.

Algunos alumnos no me conocen lo suficiente para saber si estoy diciendo la verdad o no. Por el momento vas a tener que creerme, pero si te quedas conmigo suficiente tiempo, tendrás la oportunidad de saber si estoy diciendo o no la verdad. Y yo no tendría la inteligencia para engañarte ni aunque quisiera, porque te darías cuenta.

Tú llegarás a saber si estoy viviendo de acuerdo con esta filosofía de vida. Lo vas a descubrir. Te toca a ti descubrirlo. Si yo no puedo hacerla funcionar, ¿con qué derecho te digo que la hagas funcionar tú? La estoy haciendo funcionar, y a mí me funciona muy bien. Hace todo lo que quiero que haga en el mundo. Por eso sé que puede hacer lo mismo por ti. Por eso sé que tú puedes hacer que haga lo mismo por otra persona. Pero antes de que puedan hacer mucho por la otra persona, primero tienes que hacer algo con ella tú mismo. No veo cómo alguien pueda volverse un maestro eficaz de esta filosofía si no ha demostrado absolutamente cómo hacerla funcionar en su propia vida.

GUÍA DE LA BUENA SALUD

El primero de estos guías es el *guía de la buena salud*. ¿Por qué te imaginas que lo puse en primer lugar? ¿Qué rayos podría hacer la mente si tuviera que andar en un cuerpo que todo el tiempo necesita muletas? Un buen cuerpo físico fuerte es el templo de la mente y tiene que estar sano, tiene que estar saludable y tener mucha energía.

Cuando enciendes el viejo botón del entusiasmo, si no hay energía, no puedes generar algo a partir de nada. Necesitas tener una reserva de energía, y la energía es de naturaleza física; también es de naturaleza mental. Pero no conozco a nadie que pueda expresar un intenso entusiasmo cuando en el cuerpo tiene una serie de achaques y dolores.

Tu primer deber hacia ti mismo es con tu cuerpo físico: asegurarte de que responda a todas tus necesidades en todo momento, que haga lo que se supone que tiene que hacer. En el día necesitas un poco más de ayuda de la que tú le puedes brindar, porque cuando acuestas tu cuerpo a dormir, la naturaleza pone manos a la obra y le da una afinación y un ajuste. Necesitas contar con esta entidad entrenada llamada el guía de la buena salud para supervisar el trabajo y cuidar que se haga bien.

No te preocupes por lo que vaya a decir nadie más sobre este sistema. Sigue adelante y desarróllalo a tu satisfacción. Descubre que sí funciona, y así, cuando se lo empieces a enseñar a más gente, no tendrás que pedir disculpas.

Yo estoy explicando este sistema; no estoy pidiendo disculpas por usarlo. ¿Por qué habría alguien de disculparse por algo que le sirve de día y de noche, y que le sirve bien? No pedirías disculpas por eso.

GUÍA DE LA PROSPERIDAD ECONÓMICA

El número dos es el *guía de la prosperidad económica.* ¿Por qué te imaginas que lo puse en segundo lugar?

¿Sabes de alguien que pueda serle de mucha utilidad a los demás sin dinero? ¿Cuánto tiempo te las puedes arreglar sin dinero? Voy a decirte cuánto tiempo puedo arreglármelas sin dinero yo. Puedo pasar dos semanas sin necesitar nada. Lo hago dos veces al año cuando ayuno. Pero si tuviera que hacerlo, probablemente me moriría de hambre en tres días. Lo hago porque quiero, porque es un tónico para mi salud.

Debes tener dinero; necesitas una conciencia del dinero en esta entidad que estás construyendo aquí. Mi guía es controlado, sin embargo. No me permito volverme codicioso, querer demasiado o tener que pagar demasiado a cambio del dinero que recibo. Pago lo suficiente, pero no demasiado. Conozco gente que paga demasiado y muere muy joven, por esforzarse demasiado en acumular dinero que no necesitaba y que no pudo usar. Para lo único que acaba sirviendo es para que sus descendientes se peleen por él cuando ellos fallecen. Bueno, eso a mí no me va a pasar. Quiero mucho, pero no demasiado. La tarea de este guía del dinero es cuidar que me detenga cuando tengo suficiente, porque no quiero demasiado.

Este asunto de ganar dinero se vuelve una especie de círculo vicioso para mucha gente. Entras y dices: voy a ganar mi primer millón y luego me salgo. Recuerdo cuando Bing Crosby le anunció a su hermano, que era su mánager, que cuando ganaran los primeros 50 000 dólares sería suficiente; ahí terminarían. Llegaron al punto en que ganan más de un millón de dólares al año y ahí siguen, trabajando más que nunca, metidos en la carrera de codazos. No estoy hablando de manera despectiva de Bing, tú me entiendes. Es amigo mío y le tengo gran admiración, pero estoy hablando de la gente en esa categoría, que paga demasiado por tratar de obtener cosas que no necesita.

Ésta es una filosofía que abarca el éxito económico. El éxito no consiste en destruir tu vida y morir demasiado joven por haber tratado de acumular demasiado de cualquier cosa. Detente cuando tengas lo suficiente. Aprovecha mejor las cosas que tienes ahora en vez de tratar de conseguir muchas más que ni siquiera vas a usar.

Si hubiera podido dar este discurso a cuatro amigos míos antes de la Depresión, dos de ellos no se habrían lanzado de edificios y los otros dos no se hubieran dado un tiro ni envenenado.

Ni demasiado ni demasiado poco: que haya suficiente de todo. ¡Qué buen truco es aprender cuánto es suficiente pero no demasiado! Ésa es una de las bendiciones de esta filosofía: te da una vida equilibrada; aprendes cuánto es suficiente y cuánto es demasiado.

GUÍA DE LA TRANQUILIDAD MENTAL

El que sigue es el más importante: el *guía de la tranquilidad mental*. ¿De qué te serviría ser dueño de todo el mundo y cobrarle regalías a cada ser vivo si no tuvieras tranquilidad mental?

He tenido el privilegio de conocer íntimamente, como amigos, a los hombres más ricos y poderosos que este país ha producido en toda su historia. Esto significa dormir en sus casas, comer con ellos, conocer a sus familias, a sus esposas e hijos, y ver lo que pasó con esos hijos cuando ellos fallecieron. He visto todo eso. Sé la importancia de aprender a vivir una vida equilibrada para que puedas tener tranquilidad mental mientras te dedicas a tu ocupación como si fuera un juego que te aporta alegría. No es nada que temer, sino un juego al que te entregas con la misma pasión que una persona al jugar golf u otro juego que ame.

Siempre he dicho que uno de los pecados de la civilización es el hecho de que haya tan poca gente entregada a lo que hace por amor, a las cosas que le gusta hacer. La mayoría de la gente hace cosas porque tiene que comer y dormir y tener algo de ropa que ponerse. Pero cuando un hombre o una mujer llega a una posición donde puede hacer lo que está haciendo por amor, porque quiere hacerlo, es una persona realmente afortunada. Esta filosofía conduce a esa condición, pero jamás vas a alcanzar esa posición hasta que aprendas a mantener una actitud mental positiva por lo menos la mayor parte del tiempo.

De todas las personas que colaboraron conmigo para construir esta filosofía —y representaban todos los éxitos notables de esa era— sólo había un hombre que yo podría decir que se acercaba ligeramente a tener tranquilidad mental a la par de sus éxitos. Era John Burroughs: sin duda era el que más se acercaba. El que más se acercaba después de él era el señor Edison.

Yo pondría al señor Carnegie en tercer lugar y te diré por qué. En sus últimos años, prácticamente perdió la razón tratando de buscar formas y medios de dispersar su fortuna y regalarla a lugares donde no pudiera hacer daño. Por poco se vuelve loco. Su principal obsesión en sus últimos días era organizar bien esta filosofía en vida y ponerla en manos de las personas para darles el conocimiento mediante el cual pudieran adquirir cosas materiales, incluyendo dinero, sin violar los derechos de los demás. Eso es lo que quería más que nada en el mundo.

El señor Carnegie murió en 1919, antes de que yo pudiera siquiera traducir esto a escritura, pero él acababa de checar y repasar conmigo 15 de mis 17 principios.

Hay dos personas que siempre he lamentado que no vivieran para ver mi día de triunfo después de haberme visto en mis días de desánimo y adversidad: mi madrastra y mi benefactor, Andrew Carnegie. Hubiera sido una gran alegría para mí y compensación más que suficiente por una vida de esfuerzo haber podido desplegar ante esas dos personas maravillosas los resultados de su obra al dirigirme en un momento en que yo necesitaba dirección.

No estoy seguro de que en este momento no estén mirando sobre mi hombro. ¿Sabes?, a veces estoy seguro de que hay alguien que mira sobre mi hombro, porque digo y hago cosas que están más allá de mi inteligencia razonable.

He notado, en los últimos años más que nunca, que las cosas que hago que pudieran llamarse brillantes o notables siempre las lleva a cabo esa persona que está mirando sobre mi hombro. Siempre que hay una emergencia, o cuando debo tomar decisiones importantes, casi puedo sentir a esta persona diciéndome qué decisión tomar. Casi puedo voltear e imaginar que está ahí en persona, influyéndome.

Es buen momento para decirte esto: jamás habría podido hacer todo lo relacionado con esta filosofía si sólo hubiera tenido la colaboración de los 500 o 600 hombres que me ayudaron; no habría bastado. Pero tuve más ayuda. No lo había mencionado antes porque no quiero que la gente sienta que yo recibí un don especial o que tengo algo que no todo mundo puede tener. Honestamente opino que no tengo nada que tú no puedas tener. Creo que puedes tener las mismas fuentes de inspiración. Están disponibles para ti igual que lo están para mí; lo creo de todo corazón.

GUÍAS DE LA ESPERANZA Y LA FE

Los siguientes guías son gemelos: *esperanza* y *fe*. ¿Qué tan lejos llegarías en la vida si no estuviera encendida en tu alma la flama eterna de la esperanza y la fe? No habría nada por lo que valiera la pena trabajar ni vivir. Necesitas un sistema para mantener tu mente positiva, porque existen cosas que pueden destruir la esperanza y la fe. A tu vida llegan personas, circunstancias y cosas que no puedes controlar. Necesitas tener un antídoto para esas cosas, algo a lo que puedas recurrir para contrarrestarlas. No conozco ningún sistema mejor que estas guías que he adoptado, porque a mí me funciona. Se lo he enseñado a muchísima gente, y le ha funcionado igual de bien.

GUÍAS DEL AMOR Y EL ROMANCE

Los siguientes guías también son gemelos: los *guías del amor y el romance*. No creo que pueda lograrse nada que valga la pena a menos que idealices lo que estás haciendo. En otras palabras, si no le pones algo de romance a lo que estás haciendo, no te vas a divertir.

Desde luego, si no hay amor en tu corazón, no eres propiamente un ser humano. La principal diferencia entre los animales comunes y el ser humano es que el ser humano es capaz de expresar amor. Es una cosa maravillosa. Es grandioso. Es un gran constructor de genios y líderes, y es un gran constructor y mantenedor de la buena salud. Tener una gran capacidad de amar es haber tenido el privilegio de codearse con la genialidad. Sin excepción. Es absolutamente cierto.

El trabajo de estos dos guías, amor y romance, en mi vida es mantenerme amistoso en lo que esté haciendo, y mantenerme joven en cuerpo y alma. Además me mantienen entusiasta, convencido de lo que estoy haciendo, y le quitan la monotonía.

En otras palabras, nunca tengo que hacer trabajo pesado porque yo nunca trabajo en nada: todo lo que hago es un juego. Todo lo que hago es por amor.

Reconozco, desde luego, que antes de llegar a una posición económica en la que puedas olvidarte de ganar el sustento, tienes que pensar en algo que puede quitarle un poco de placer al trabajo, pero si pones atención, puedes desarrollar un sistema para convertir todo lo que hagas, incluso lavar platos o cavar zanjas, en una obra de amor en ese momento. Cuando llego a casa, ayudo a Annie Lou a lavar los platos, no porque ella no pueda, sino porque quiero sentir que no soy demasiado importante como para ponerme a lavar platos, y hacerlo me da una gran alegría.

También salgo y me pongo a trabajar en el jardín, porque si no lo hago, Annie Lou lo hará cuando yo no esté y me privará del placer de hacerlo. Es una gran cosa aprender a vivir una vida sencilla, a ser una persona y no un estirado.

Aprende a adquirir el hábito de tener amor y romance en tu vida, y aprende a tener un sistema mediante el cual se expresen en todo lo que hagas.

GUÍA DE LA SABIDURÍA

El último es el *guía de la sabiduría total*. Él controla a los otros siete. Su trabajo es mantenerlos siempre activos y a tu servicio, y también ajustarte a cada circunstancia de la vida, agradable o desagradable, para que puedas beneficiarte de esa circunstancia. Puedo decirte honestamente que al molino de mi vida no llega nada que no sea molienda. Entre más desagradables sean las cosas que llegan, más molienda saco, porque las muelo dos veces para asegurarme de que no quede nada más que molienda. Ninguna experiencia de la vida es en vano, sea buena o sea mala, si sabes adaptarte a ella. Puedes sacarle provecho a cada experiencia de la vida si tienes un sistema para hacerlo. Desde luego, si dejas que tus emociones se descontrolen y zozobras en estas experiencias desagradables, vas a atraer más experiencias desagradables que placenteras.

Las experiencias desagradables tienen una peculiaridad: son cobardes. Cuando les dices: "Ven acá, pequeña, aquí tengo varios arneses y te voy a poner a trabajar", siempre se las ingenian para irse a atender otros asuntos. No te visitan tan a menudo cuando saben que las vas a poner a trabajar.

Si te dan miedo las circunstancias desagradables, se te echarán encima en bandadas. Entrarán por la puerta principal y la trasera. Vendrán cuando menos las esperas, cuando no estás preparado para lidiar con ellas. A mí para nada me gusta invitarlas, pero si las experiencias desagradables cometen la tontería de cruzarse en mi camino, acabarán trituradas en el molino de mi vida. Las convertiré en molienda sin duda alguna, pero no me harán zozobrar. ¿Por qué? Porque tengo un sistema para lidiar con ellas. Quiero que tú tengas un sistema. Quiero que le enseñes a más gente a tener un sistema.

LIDIAR CON LAS INFLUENCIAS NEGATIVAS

Un estado de alerta permanente es el precio que uno debe pagar por mantener una actitud mental positiva, por la existencia de ciertos opuestos al pensamiento positivo. En primer lugar, tu propio ser negativo siempre está maniobrando para ganar poder sobre ti. ¿Sabías que hay entidades tratando de apoderarse de ti por el lado negativo? Tienes que estar en alerta permanente para cuidar que esas entidades no tengan éxito. Constantemente tienes que lidiar con tus temores acumulados, tus dudas, tus limitaciones autoimpuestas para evitar que te saquen ventaja y se vuelvan la influencia dominante en tu mente.

En segundo lugar están las influencias negativas a tu alrededor. La gente negativa puede incluir la gente con la que trabajas, la gente con la que vives, quizá algunos de tus familiares. Si no lo observas, te volverás igual que ellos, porque responderás del mismo modo. Quizá sea necesario que vivas en la misma casa que alguien negativo, pero no es necesario que tú te vuelvas negativo sólo por estar con esa persona. Reconozco que será un poco difícil volverte inmune a esa negatividad, pero puedes hacerlo. Yo lo he hecho. Mahatma Gandhi lo hizo. Mira lo que hizo en el proceso de inmunizarse contra las cosas que no quería.

En tercer lugar puede haber algunos rasgos negativos innatos que vengas cargando desde antes de nacer. Éstos pueden transmutarse en rasgos positivos en cuanto logres desentrañarlos y averiguar cuáles son. Mucha gente nace con rasgos naturales de carácter negativo, por ejemplo, una persona que nace en un entorno de pobreza, donde todos sus familiares son pobres, todos sus vecinos son pobres, donde no vio más que pobreza, no sintió más que pobreza y no oyó más que pobreza. Ésa es la condición en la que yo nací. Fue una de las cosas que más trabajo me costó vencer: ese miedo innato a la pobreza.

Luego están las preocupaciones por la falta de dinero y falta de progreso en tu vida profesional y comercial. Puedes pasarte la mayor parte del tiempo preocupado por estas cosas o puedes transmutar ese estado mental en otro donde encuentres los medios y formas para superarlas. Piensa en el lado positivo en vez del negativo. Preocuparte por el lado negativo no va a lograr nada excepto hundirte más y más. Eso es lo único que va a pasar.

Después está el amor no correspondido y las frustraciones emocionales desequilibradas en tus relaciones con el sexo opuesto. Puedes desperdiciar tu tiempo y energía y hasta acabar en el manicomio por eso, como le pasa a mucha gente, pero no vale la pena. Nunca he visto una mujer en la tierra por la que valiera la pena volverse loco. Tengo una esposa maravillosa de la que estoy muy enamorado y que me hace mucho bien, pero no me volvería loco por ella. Si fuera necesario desequilibrarme para estar con ella, no lo haría.

No debes dejar que el amor no correspondido destruya tu equilibrio mental, como le pasa a mucha gente. De ti depende hacer algo al respecto, mantener una actitud mental positiva, y reconocer que tu primer deber es hacia ti mismo. Contrólate y no permitas que nadie altere tu equilibrio, emocional o de cualquier tipo. No es lo que quería el Creador, y no debes permitir que suceda.

Después viene la mala salud, sea real o imaginaria. Puedes preocuparte mucho de las cosas que crees que pueden pasarte físicamente, y nunca pasan. En medicina, llamamos a eso *hipocondría*: ése es el término elegante. Puedes pasar muchísimo tiempo siendo negativo si no tienes una actitud mental positiva hacia tu salud, si no desarrollas y fortaleces una conciencia de tu salud. Piensa en términos de la salud.

A menudo he dicho que si cualquier cosa de naturaleza maligna le pasara a mi cuerpo físico, me iría al desierto, me quitaría la ropa y trabajaría desnudo al rayo del sol, y podría superar lo que fuera. Me iría corriendo para allá y me pondría en los brazos de la naturaleza, y podría superarlo. Podría superarlo con mi mente y con el sol que me alumbra. Sé que podría hacerlo; simplemente lo sé.

Tu actitud mental tiene mucho que ver con lo que le ocurre a tu cuerpo físico; no cabe la menor duda. Puedes ponerlo a prueba cuando gustes. Cuando creas que no te sientes muy bien, observa cómo al recibir una buena noticia rápidamente te sacudes ese estado. ¿Has tenido esa experiencia? Te sentías muy mal, pero la buena noticia eliminó ese sentimiento.

Luego está la intolerancia: no tener una mente abierta en todos los temas. Cuántos problemas les acarrea esto a algunas personas y las hace mantener una actitud mental negativa.

También está la avaricia de tener más posesiones materiales de las que necesitas. Ya comenté el tema ampliamente.

Luego viene la falta de un gran propósito determinado y la falta de una filosofía definitiva según la cual vivir y orientar tu vida. La gran mayoría de las personas no tiene una filosofía de vida. Vive como sea, de pura casualidad, según la circunstancia. Son como una hoja seca que lleva el viento. Van adonde el viento sople, y no pueden hacer nada al respecto, porque no tienen ninguna filosofía de vida, no tienen un juego de reglas que puedan seguir. Tienen que fiarse de la suerte y la fortuna, pero por lo general las rige el infortunio.

Debes tener una filosofía de cómo vivir. Hay muchas buenas filosofías por las que uno podría morir, pero me interesa mucho más una filosofía para vivir, y eso es lo que estamos estudiando aquí. Ésta es una filosofía de vida que puedes seguir y que hará que tus vecinos te miren como algo deseable. Que estén felices de tenerte ahí, y que tú estés feliz de estar ahí con ellos. Que no sólo goces de prosperidad, satisfacción y tranquilidad mental, sino que además lo reflejes en todas las personas que entren en contacto contigo. Así es como debería vivir la gente. Ésa es la clase de actitud mental que debería regir la vida de la gente.

Por último, pero no en importancia, está el hábito de permitir que los demás piensen por ti. Si lo haces, jamás tendrás una actitud mental positiva, pues no serás dueño de tu propia mente.

Todo mundo desea ser rico, pero no todo mundo sabe lo que constituye la riqueza duradera. A continuación están las 12 grandes riquezas: quiero que te familiarices con ellas. Antes de que cualquiera pueda volverse rico, debe tener una proporción bastante bien equilibrada de estas 12 grandes riquezas.

Quiero que observes dónde coloqué el dinero en relación con las demás, en orden de importancia. Es el número 12. Hay otras 11 cosas que son aún más importantes que el dinero para tener una vida plena y equilibrada:

1)   Una actitud mental positiva
2)   Buena salud física
3)   Armonía en las relaciones humanas
4)   Estar libre de temor

5) Esperanza en los logros futuros
6) La capacidad de tener fe aplicada
7) La disposición a compartir tus bendiciones
8) Participar en una obra de amor
9) Una mente abierta en todos los temas y con toda la gente
10) Total disciplina personal
11) La sabiduría para entender a la gente
12) Dinero

DISCIPLINA PERSONAL

Quiero llamar tu atención a mi ensayo "Un desafío a la vida", porque fue mi reacción a una de las peores derrotas que he tenido en toda mi carrera. Te dará una idea de cómo le hago para transmutar una circunstancia desagradable en algo útil. Cuando ocurrió esta circunstancia, yo tenía una verdadera razón para salir a pelear —y no digo mentalmente: digo pelear físicamente—. Si hubiera decidido resolver este asunto desde atrás de los árboles con un par de revólveres, habría estado justificado bajo las circunstancias, pero en vez de eso decidí hacer algo que no dañara a nadie y que me beneficiara a mí. Elegí expresarme a través de este ensayo:

Vida, no puedes subyugarme por rehusarme a tomar tu disciplina muy en serio. Cuando tratas de lastimarme, me río —y la risa no conoce el dolor—. Valoro tus alegrías donde las encuentre; tus penas no me asustan ni me desaniman, pues hay risa en mi alma.

La derrota temporal no me entristece. Simplemente les pongo música a las palabras de derrota y las convierto en una canción. Tus lágrimas no son para mí pues la risa me gusta mucho más y, como me gusta, la uso como sustituto para la pena y la tristeza y el dolor y la desilusión.

Vida, eres veleidosa embustera —no lo niegues—. Metiste la emoción del amor en mi corazón para poder usarla como espina y pinchar mi alma —pero aprendí a sortear tu trampa con la risa—. Trataste de seducirme con el deseo de riquezas, pero te engañé al seguir el camino que lleva al conocimiento. Me indujiste a formar bellas amistades, y luego convertiste a mis amigos en enemigos para endurecer mi corazón —pero burlé tus intenciones al reírme de tus intentos y elegir nuevos amigos a mi manera—.

Hiciste que hombres me timaran en el comercio para que me volviera desconfiado, pero volví a ganar porque poseo un bien preciado que nadie me puede robar: el poder de pensar mis propios pensamientos y de ser yo mismo. Me amenazas con la muerte, pero para mí la muerte no es peor que un largo y placentero sueño, y el sueño es la más dulce de las experiencias humanas —excepto la risa—. Enciendes el fuego de la esperanza en mi corazón y luego rocías agua en las flamas, pero voy más allá y vuelvo a encender el fuego, y otra vez me río de ti.

No puedes tentarme con nada para apartarme de la risa, ni tienes el poder de asustarme y someterme. ¡Brindo entonces por una vida de risas, levantando mi copa de alegría!

Quizá pienses que es fácil tener esa clase de reacción emocional ante una experiencia desagradable, cuando has sido herido y dañado por aquellos que debían haberte sido leales, pero he tenido esa experiencia tantas veces en la vida que me he hecho al hábito de siempre reaccionar con un espíritu de bondad.

Quiero darte otro ejemplo, que creo que será de utilidad para todos los que estén estudiando las sutilezas de esta filosofía.

Cuando terminé *Piense y hágase rico*, llevé el manuscrito a una editorial muy conocida en Nueva York y lo presenté. El editor me dijo que le gustaba el título y que probablemente le interesaría publicarlo. Pasaron las semanas; les estuve llamando por teléfono y escribiendo, y cada vez que lo hacía, me daban largas y pretextos para no darme una respuesta en uno u otro sentido.

Pasaron seis meses. Fui a la oficina de la editorial en Madison Avenue, y le dije a uno de los ejecutivos: "Vine por mi manuscrito o por un contrato, y no me importa mucho cuál de los dos sea, pero es un hecho que voy a tener uno de ellos antes de salir de aquí, y más vale que lo sepa. Estoy harto de que me hagan perder el tiempo. No sé en qué chanchullos anden metidos, pero lo voy a averiguar".

El editor abrió el cajón de hasta abajo de su escritorio y sacó mi manuscrito. Con una sonrisita de culpa y de vergüenza me dijo:

—Señor Hill, le debemos una disculpa. Cuando llegó su manuscrito, todos nuestros lectores lo leyeron y todos opinaron que era el mejor manuscrito que jamás había pasado por esta editorial. Eso nos dio la idea de escribir nuestro propio libro, y eso hicimos. Estamos usando el nombre de otro caballero en su campo. Le pagamos 1 000 dólares por el privilegio de usar su nombre, pero no tendremos que pagarle regalías. El manuscrito que escribimos no es tan bueno como el de usted, pero igual lo vamos a vender porque irá respaldado por 100 000 dólares en publicidad. Retuvimos su manuscrito en lo que escribíamos el nuestro y probablemente salgamos al mercado antes que usted.

—Pero qué maravilla —le dije—. ¿La ética del negocio editorial no significa nada para ustedes?

Tomé mi manuscrito y me fui.

Cuando llegué con mi abogado y le conté lo que había pasado, se puso feliz.

—Es lo mejor que te ha pasado en mucho tiempo. Voy a hacer que cobres regalías por cada ejemplar de ese libro que vendan: por cada uno.

—Espera un momento, amigo mío —dije—. No voy a cobrar ninguna regalía por eso ni voy a demandar a nadie.

—Claro que sí —aseguró—, puedo ganar. Te lo garantizo: no me pagues nada, me quedo con un porcentaje de lo que saque.

—Sé que eso quisieras —dije—. Pero voy a juzgarlos en una corte que el editor no conoce, donde no podrán defender su caso. Voy a juzgarlos en esa corte, y mucho después de que este otro libro se haya olvidado, *Piense y hágase rico* seguirá adelante.

Y eso está pasando hasta el día de hoy, en todo el mundo.

Tengo una manera de desquitarme de la gente que me lastima. Definitivamente no me quedo de brazos cruzados, no soy esa clase de hombre. Nadie puede maltratarme sin que yo se la devuelva. Devuelvo el golpe vigorosa y eficazmente haciéndole un favor al tipo que trató de dañarme en vez de tratar de devolverle el daño. Créeme lo que te digo, eso te dará una estatura ante tus propios ojos, ante los ojos del mundo y quizá ante los ojos del Creador, que no puede obtenerse de ninguna otra manera.

Devolverle el daño a quien te ha lastimado o ha tratado de lastimarte no es más que una falta de disciplina personal. En realidad aún no conoces tus propios poderes, ni tus propios medios y formas de beneficiarte de esos poderes, si te rebajas al nivel de tratar de devolverle el golpe a una persona que te haya calumniado, vilipendiado, engañado o incluso que sólo haya tratado de hacerte alguna de estas cosas. Nunca jamás lo hagas, porque sólo te rebajarás en tu propia estima y en la de tu Creador.

Hay una mejor manera, una mejor arma que estoy tratando de poner en tus manos con la que puedes defenderte de todos los que quieran lastimarte. Usa la disciplina personal basada en esta lección y nunca permitas que nadie te arrastre y te rebaje a su nivel. Tú fijas el nivel en el que quieres relacionarte con la gente. Si la gente quiere subir a tu nivel, está perfecto. Si no, deja que se quede abajo en el suyo. No tiene nada de malo. Fija tu propio nivel alto y mantente firme, pase lo que pase. Espero que esta actitud esté en tu corazón, y espero que llegue a ser la misma actitud que tengo yo.

Yo antes siempre devolvía los golpes. Andaba con un revólver. De hecho, tenía un par, y sabía usarlos. No los traía de adorno. Estaba dispuesto a dispararle a cualquiera que se interpusiera en mi camino. Desde hace mucho he llegado al punto en que una pistola o cualquier arma de fuego no me serviría más que cualquier otra cosa en el mundo. Tengo una mejor manera de defenderme. Tengo la mente. Sé qué hacer con esa mente y nunca estoy indefenso.

Permíteme volver a mi ensayo "Un desafío a la vida". Tal vez te interese saber que ese ensayo fue responsable en gran medida de que el finado Mahatma Gandhi se interesara en mi filosofía y mandara publicarla por toda la India. Ese ensayo ya ha influenciado a millones de personas y con el tiempo beneficiará, directa o indirectamente, a millones de personas que aún no han nacido.

No es por lo brillante del ensayo; es por la idea de fondo. Puedes reaccionar a estas cosas desagradables de la vida de tal manera que ella te domine, o de tal manera que nadie pueda dominarte. Cuando tienes la risa en el alma, estás sentado muy cerca del plano en el que actúa el propio Creador.

Yo me levanto todas las mañanas. Veo mi foto favorita de mi esposa. Tomé más de 100 fotos antes de capturar exactamente la expresión que yo quería, que es la expresión que vi en su rostro el día que le pedí que se casara conmigo. Nunca había visto nada tan celestial. Era la expresión más maravillosa que jamás hubiera visto. Traté una y otra vez de captarla, hasta que por fin lo logré. Ahora la tengo en una foto. Ella tiene una sonrisa indescriptible. En el instante en que entras al cuarto y la ves, sabes que en la mente de esa mujer hay algo que es muy espiritual.

Cuando la familia del señor Billingsley vino de visita, sus dos hijos pequeños se quedaron a dormir en mi departamento. Uno de ellos dijo:

—Por cierto, qué mujer más hermosa… ¿quién es?

Le dije:

—Mi esposa.

—Qué hermosa es, ¿verdad? —dijo—. ¿Sabe? Es tan hermosa que podría ser estrella de cine, ¿no cree?

—Sí, yo pienso que sí —concordé.

Risa: si tienes la risa en el alma, la risa en el rostro, déjame decirte algo: nunca te van a faltar amigos. Nunca te van a faltar oportunidades y nunca te van a faltar los medios para defenderte de la gente que no sabe nada de la risa.

AUTOSUGESTIÓN

La autosugestión es la sugestión de uno mismo mediante la cual los pensamientos y acciones dominantes son transmitidos a la mente subconsciente. Es el medio a través del cual la disciplina personal se convierte en hábito.

El punto de partida para el desarrollo de la disciplina personal es la determinación de propósito. Notarás que en cada una de estas lecciones, pase lo que pase, vistas desde cualquier ángulo que elijas, no podrás escaparte de ese término, *determinación de propósito*. Salta a la vista, porque es el punto de partida de cualquier logro. Sea bueno o malo, puedes estar seguro de que todo lo que haces empieza con la determinación de propósito.

¿Por qué habrías de poner por escrito tu gran propósito determinado, memorizarlo y repasarlo como un ritual todo el santo día? Para meterlo en tu mente subconsciente. La mente subconsciente tiene el hábito de creer lo que escucha a menudo. Puedes decirle una mentira una y otra vez, y al final llegar al punto en que no sabes si es mentira o no. El subconsciente tampoco lo sabe. He sabido de gente que ha hecho exactamente eso.

El deseo obsesivo es un dínamo que le da vida y acción a la determinación de propósito. Ya hemos hablado bastante a fondo sobre deseo, esperanza, deseo ferviente y fe.

¿Cómo conviertes un deseo en una obsesión? Viviéndolo en tu mente, llamándolo a tu mente y viendo su manifestación física ahí en las circunstancias de tu vida.

Digamos que tienes un deseo obsesivo de tener suficiente dinero para comprarte un Cadillac nuevo, pero ahora andas en un Ford. Quieres comprarte ese lindo Cadillac nuevo, pero tus ingresos no te alcanzan para comprarlo. ¿Qué haces?

Lo primero que tienes que hacer es ir a la agencia Cadillac y conseguir uno de sus lindos catálogos nuevos con todos los modelos. Luego lo hojeas y eliges el modelo que quieres. Cada vez que te subas a tu Ford, antes de salir, enciende el motor y luego cierra los ojos unos momentos y visualízate sentado en tu lindo Cadillac nuevo. Cuando avances suavemente por la calle, imagina que ya tienes el Cadillac. En ese momento, estás al volante de tu Cadillac.

Puede sonar bobo, pero no lo es; te aseguro que no. Mi primer Rolls-Royce lo gané con pura labia, una noche en que decidí lanzarme al vacío en el hotel Waldorf Astoria. Dije que iba a tenerlo antes de que terminara la semana, aunque no tenía suficiente dinero en el banco para comprarlo.

Uno de mis alumnos que estaba sentado en el público, y tenía exactamente el modelo de auto que yo había descrito, hasta en el detalle de los rines de radios anaranjados, me llamó al hotel a la mañana siguiente. Dijo:

—Baje, aquí tengo su coche, señor Hill.

Bajé, y lo tenía. Lo puso a mi nombre legalmente y me entregó las llaves. Quería enseñarme un par de trucos que había que saber del Rolls-Royce para aprovecharlo al máximo. Me llevó al paseo Riverside, manejamos un poco, luego se bajó y me dio la mano. Dijo:

—Señor Hill, estoy muy contento de haber tenido el privilegio de obsequiarle este bello automóvil —qué gesto tan maravilloso de este señor, ¿no crees? No dijo nada del precio. Agregó—: Usted lo necesita más que yo. Yo en realidad no lo necesito para nada, pero usted sí, y se lo quiero regalar.

¿Te imaginas a una persona tratando a otra de esa manera? Claro que sí. Son mis estudiantes y saben cómo es su relación conmigo. No tienes que usar mucha imaginación para saber que uno de mis alumnos podría hacer una cosa así, de la misma manera en que no tienes que usar mucha imaginación para saber que si necesitaras pedirme un favor, yo lo haría por ti con la misma amabilidad con que me regalaron ese coche.

TEN CUIDADO CON LO QUE PIDES

Ten cuidado con lo que te decidas a conseguir a través del deseo obsesivo, pues la mente subconsciente se pone a trabajar traduciendo ese deseo en su equivalencia material.

Te quiero advertir que tengas cuidado con lo que desees de corazón, porque si sigues las instrucciones de esta lección, si deseas algo de corazón y te mantienes firme en esa decisión, lo vas a obtener. Antes de empezar a desear cualquier cosa obsesivamente, asegúrate de que lo que estás deseando sea algo con lo que estés dispuesto a vivir después de obtenerlo, algo o alguien.

Qué cosa tan maravillosa es poder manifestar en tu propia mente algo que deseas por encima de todo lo demás, algo que quizá sea difícil de conseguir, y luego poder saber que es algo con lo que quieres vivir el resto de tu vida. Ten cuidado con lo que manifiestes antes de empezar a manifestarlo.

De las 500 personas o más que colaboraron conmigo para construir esta filosofía, todas eran inmensamente ricas. No le presté atención a nadie más; sólo me interesaban las que habían hecho una gran manifestación en lo económico. No podía perder el tiempo con los muchachitos. Eso no aplicaría hoy, pero aplicaba en ese momento. Todas y cada una de ellas tenían riqueza en abundancia, pero no tenían tranquilidad mental. Al manifestar su riqueza olvidaron manifestar también las circunstancias en su vida mediante las cuales no acabaran adorando esa riqueza; mediante las cuales pudieran tener tranquilidad mental en sus relaciones con sus semejantes. Esa lección no la aprendieron. Si todas ellas hubieran podido aprender esa lección en sus inicios, antes de volverse inmensamente ricas, habrían aprendido a equilibrarse con esa riqueza para que no las afectara de manera adversa.

Para mí, lo más lamentable del mundo es ver a una persona inmensamente acaudalada que no tiene nada más que esa riqueza monetaria, y hay mucha gente así en el mundo.

Lo siguiente más lamentable es ver a un muchacho o muchacha que entra en posesión de grandes riquezas sin habérselas ganado, porque sé que esa persona está condenada a una vida de disgustos e infelicidad.

Sólo he sabido que este principio falló en una ocasión. John D. Rockefeller Jr. heredó una fortuna enorme y ha actuado de manera magnífica con ella, pero es el único que conozco.

Conozco a otra persona que se acerca mucho. Se trata de mi hijo mayor. Ahora es director de una compañía que yo organicé antes de cumplir 21 años. Es multimillonario por derecho propio. La manera en que está criando a mis nietas me mata de risa. Si quieren un collar de diamantes, van a comprarlo a Woolworth, no a Tiffany. A ellas les gusta; él les ha enseñado a que les guste. Un día, una de las chicas quería algo un poco más caro de lo que sus papás consideraban adecuado para su edad. Su mamá le dijo: "Ve a tal lugar y cómprate uno igual, y cuando lo traigas puesto, con tu personalidad nadie va a notar la diferencia".

En otras palabras, mi hijo está criando a esas niñas como si no tuviera todo su dinero. De hecho, sí, lo heredó, pero es una excepción a la regla porque no ha permitido que lo malcríe. Estoy muy orgulloso de él, porque creo que quizá un poco de esta filosofía que traté de transmitirle cuando era pequeño se le quedó grabada y siempre estará con él.

PENSAMIENTO Y VOLUNTAD

El poder de tu pensamiento es la única cosa sobre la que tienes control absoluto e indiscutido: el control de tu fuerza de voluntad. Al darle al ser humano el control de esta sola cosa, el Creador debe haber elegido la más importante de todas. Éste es un hecho estupendo que amerita tu más profunda consideración. Si le das esta consideración, descubrirás que se abren para ti las valiosas posibilidades disponibles a aquellos que se convierten en maestros de su poder mental a través de la disciplina personal.

La disciplina personal conduce a una buena salud física y también a la tranquilidad mental mediante el desarrollo de la armonía dentro de la propia mente. Yo tengo todo lo que necesito, quiero o pudiera llegar a desear en este mundo. No lo tendría en abundancia si no hubiera aprendido disciplina personal, pues así es como lo obtuve.

Hubo una época en que tenía mucho más dinero en el banco del que tengo ahora, pero no era tan rico como ahora. Hoy en día soy muy rico porque poseo una mente equilibrada. No guardo rencores. No tengo preocupaciones. No tengo temores. He aprendido mediante la disciplina personal a nivelar mi propia vida. Quizá no esté totalmente en paz con los señores del fisco, pero en alguna parte hay un gran individuo que está mirando sobre mi hombro, y con él siempre estoy en paz. No estaría en paz con él si no hubiera aprendido el arte de la disciplina personal, de reaccionar a lo desagradable de la vida de una manera positiva en vez de negativa.

No sé lo que haría si alguien llegara y me diera una fuerte bofetada sin provocación. Sigo siendo bastante humano, creo; cerraría el puño, y si lo tuviera cerca, probablemente le pegaría justo en el plexo solar y caería. Pero si tuviera unos segundos para pensarlo, en vez de hacer eso, le tendría lástima en vez de odio, lástima por ser tan tonto.

Muchas cosas que antes hacía mal, ahora las hago bien. Porque he aprendido a hacerlas bien mediante la disciplina personal; me encuentro en una posición en la que estoy en paz con los demás, con el mundo y en especial conmigo mismo y con mi Creador. Tener esto es algo maravilloso, independientemente de qué otras riquezas poseas. Si no estás en paz contigo mismo, con tus semejantes y con toda la gente con la que trabajas, entonces no eres rico.

Nunca serás rico hasta que aprendas mediante la disciplina a estar en paz con toda la gente, todas las razas, todos los credos. En el público tengo a católicos y protestantes, judíos y gentiles; gente de diferentes razas, de diferentes colores. Para mí, todos son del mismo color, de la misma religión. No entiendo la diferencia. No quiero entender la diferencia, porque en mi mente no existe ninguna diferencia. Había una época en que algo tan insignificante como las diferencias raciales me enfurecía o me hacía sentir, por lo menos, fuera de sintonía con mi prójimo. Ahora sencillamente no permito que sucedan esas cosas.

Una de las maldiciones de este mundo en que vivimos, en especial en este crisol que es Estados Unidos, es que no hemos aprendido a vivir unos con otros. Los judíos y los gentiles, los católicos y los protestantes, y la gente de color y los blancos, sencillamente no han aprendido a convivir. No hemos aprendido. Estamos en el proceso de aprender. Cuando todos estemos adoctrinados con esta filosofía, tendremos un mundo mejor aquí en Estados Unidos y espero que también se extienda a otros países.

La disciplina personal le permite a uno mantener la mente fija en lo que desea y apartada de lo que no desea. Si esta lección no lograra más que hacerte iniciar un hábito o plan mediante el cual ocuparas tu mente de aquí en adelante con las cosas que deseas y la mantuvieras apartada de las cosas que no deseas, todo el tiempo y dinero que gastaste en este curso te redituaría por 1 000. Experimentarías un renacimiento, una nueva oportunidad, una nueva vida, si tan sólo aprendieras a través de la disciplina personal a no dejar que tu mente se alimente de cosas que no quieres: de las miserias, las decepciones, la gente que te lastima.

Ahora bien, es mucho más fácil que yo te lo diga a que tú lo hagas. Sé lo difícil que es empezar a mantener tu mente ocupada con el dinero que vas a tener cuando aún no tienes nada. Lo entiendo perfectamente, porque yo lo he intentado. Sé lo que es pasar hambre. Sé lo que es no tener casa. Sé lo que es no tener amigos. Sé lo que es ser ignorante e iletrado. Sé lo difícil que es cuando eres iletrado e ignorante y estás sumido en la pobreza pensar en términos de convertirte en un destacado filósofo y difundir esta influencia por todo el mundo.

Lo sé perfectamente, porque yo lo hice. Si yo he podido conquistar todo lo que he conquistado, sé que tú también harás un gran trabajo, pero tienes que ser la persona que está a cargo. Toma posesión de tu propia mente y mantenla tan ocupada con las cosas que quieres, las cosas que quieres hacer, la gente que te agrada, que no te quede tiempo de pensar en las cosas ni en la gente que te desagrada.

Esta filosofía es potente porque se ocupa de la mente, el cerebro y el corazón de hombres y mujeres de todos los estratos, y a algunos los ayuda a tener un mejor entendimiento de sí mismos y de los demás. Ayuda a la gente a apreciar por qué debe tener disciplina personal, por qué no debe devolverle el golpe a la gente que se rebaja a insultarlos, calumniarlos o difamarlos.

No podría ni empezar a contarte todas las veces que me difamaron en los periódicos en mis primeros años. En muchas ocasiones mis abogados querían contraatacar. Yo les decía: "Estoy contraatacando. Voy a contraatacar volviéndome tan notable, sembrando mi nombre en tantos corazones por todo el mundo, que si los dueños de los periódicos ya se murieron, se van a revolcar en sus tumbas".

Había un anciano llamado Bob Hicks que era un vendedor especializado, y yo le desagradaba porque publicaba la revista *The Golden Rule* (La regla de oro). Él quería usar ese nombre, pero se lo gané. Rara vez dejaba pasar un número sin calumniarme, y algunas eran calumnias muy peligrosas. El señor Harry S. F. Williams, que era mi abogado en Chicago, me recomendó una y otra vez que lo demandara. Me decía:

—Cuando acabe con él, le voy a haber quitado sus rotativas, su casa y todas sus riquezas.

—No lo harás —le decía yo.

—¿Por qué?

—No quiero que el editor deje de publicar porque me ha dado a conocer entre mucha gente que jamás había oído hablar de mí, y cuando averiguan mi historia y me comparan con él, siempre salgo ganando. ¿Por qué habría de preocuparme por detenerlo?

No hablo de estas cosas para demostrar lo brillante o exitoso que soy. Creo que nunca vas a oír a nadie hablar tanto de mis fracasos como yo. He tenido muchos. Estoy llamando su atención a algunas cosas muy personales que he experimentado. Yo estaba allí; fui parte de la transacción. Sé qué se hizo y sé cuál fue la reacción, y eso es mucho mejor que si les contara algo que sólo supiera de oídas.

Por eso hablo de mí mismo tan a menudo: porque tengo una experiencia, un bagaje dramático, que no han sido igualados en la vida de ningún otro autor, hasta donde he podido determinar. Ningún otro autor jamás ha tenido la inmensa variedad de experiencias que he tenido yo, y por lo menos 50% fueron fracasos. ¿No es maravilloso saber que puedes pasar por 20 o 25 años de derrotas y fracasos y oposición, y aun así salir victorioso y hacer que te aprecien? ¿No te parece todo un logro? Cualquier cosa que haya dicho o que vaya a decir usando el primer pronombre personal está justificada, porque he salido airoso de cosas que en condiciones normales me hubieran destruido, y te estoy enseñando a hacer lo mismo.

LOS TRES MUROS MENTALES

Quiero hacer énfasis en los tres muros mentales de protección contra las fuerzas externas. Quisiera dejar en ti una urgencia definitiva y duradera en cuanto a la necesidad de construir una manera de inmunizarte contra las influencias externas que pudieran alterar tu capacidad mental, hacerte sentir enojado, infeliz o asustado, o aprovecharse de ti de cualquier manera.

Yo tengo este sistema y funciona de maravilla.

Cuando tanta gente de todo el mundo te conoce, como a mí, y tienes tantos queridos amigos clamando por citas y demás, necesitas un sistema para elegir a cuántos vas a ver y a cuántos no. Es muy necesario. Quizá no en un principio; yo antes no lo necesitaba, pero ahora sí. Mis amigos, mis queridos amigos de todo el mundo a quienes tanto aprecio les tengo, ocuparían todo mi tiempo si yo no contara con un sistema para prevenirlo. Intento lidiar con la mayoría de ellos sólo a través de mis libros —así puedo llegar a millones de amigos—, pero cuando quieren tratar conmigo en persona, necesito un sistema para saber a cuántos puedo ver en determinado tiempo.

Este sistema es una serie de tres muros imaginarios —y tampoco tan imaginarios: son muy reales—. La primera es una pared bastante ancha. Abarca desde un extremo hasta el otro. No es demasiado alta, pero lo suficiente para que no pase nadie que quiera entrar a verme por cualquier cosa, a menos que me dé una muy buena razón. Mis alumnos, todos tienen una escalera de mano. Pueden saltar este muro cuando quieran, ni siquiera tienen que preguntarme.

La gente de fuera, que no es tan privilegiada como mis alumnos, tendría que ver cómo sortear el muro y tendría que hacer contacto de alguna manera formal. No podría llegar así nada más y tocarme el timbre o llamar por teléfono, porque mi número no está en el directorio. Tendría que pasar por alguna formalidad.

¿Por qué tengo ese muro? ¿Por qué mejor no lo bajo y dejo que todo mundo venga a verme y me escriba, y me pongo a responder todas las cartas que he recibido de todo el mundo?

Quizá te interese saber que en una ocasión recibí cinco costales de correo llenos de cartas. No pude ni mirar todas las cartas por fuera, mucho menos abrirlas. No contaba con secretarias que se encargaran de la correspondencia y miles de esas cartas ni siquiera se abrieron. Hoy en día no está tan mal la cosa, pero en cuanto recibo un poco de publicidad me empiezan a llegar cartas de todo el país.

Ahora bien, cuando la gente pasa ese primer muro, de inmediato se topa con otro. Es mucho más alto, muchas veces más alto, y no lo puede pasar ni con una escalera.

Para ti hay una manera de pasarlo, y te voy a dar una pista de cuál es: si tienes algo que yo quiera. Puedes pasar ese segundo muro muy fácilmente si estoy convencido de que el tiempo que voy a dedicar va a ser en beneficio mutuo, pero si es algo que sólo te va a beneficiar a ti y no a mí, lo más probable es que no pases.

Hay excepciones, pero muy, muy pocas. Uso mi discernimiento para determinar estas excepciones, y no es por ningún motivo egoísta. Es por necesidad.

Cuando pasas el segundo muro, entras en contacto con otro que es mucho más estrecho y alto como la eternidad. Ningún ser vivo traspasa ese muro, ni siquiera mi esposa. Por mucho que la ame y por muy cercanos que seamos, ella ni siquiera trata de traspasarlo, porque sabe que tengo un santuario en mi alma donde sólo comulgamos mi Creador y yo. Ahí es donde realizo mi mejor trabajo. Cuando voy a escribir un libro me retiro a mi santuario, empiezo a trazar el libro, comulgo con mi Creador y recibo instrucciones. Cuando llego a una intersección de la vida donde no sé para dónde ir, entro a mi santuario, pido orientación y siempre la recibo. Siempre.

¿No ves qué cosa tan maravillosa es tener este sistema de inmunidad? ¿No ves lo desinteresada que es esta acción? Tu primer deber es hacia ti mismo; los maravillosos versos de Shakespeare: "Sé sincero contigo mismo, y de ello ha de seguirse / como la noche sigue al día, que no podrás entonces / ser falso con ninguno".

La primera vez que leí esto me emocioné hasta la médula. Lo he leído cientos de veces. Lo he repetido cientos de veces, ¡porque cuán cierto es que tu primer deber es hacia ti mismo! Sé sincero contigo mismo, protege tu mente, protege tu conciencia interior, tu disciplina personal para poder tomar posesión de tu propia mente y dirigirla hacia las cosas que quieres y apartarla de las que no quieres. Ésa es tu prerrogativa. El Creador te la dio como el don más preciado para toda la humanidad. Lo menos que puedes hacer es mostrar tu agradecimiento respetando ese don y utilizándolo.

CINCO RASGOS PARA MEJORAR

Después, haz una lista de cinco rasgos de personalidad en torno a los cuales necesites disciplina personal o mejoría. No me importa lo perfecto que seas; no hay una sola persona que no pudiera sentarse y encontrar rasgos que necesite mejorar, si de veras eres honesto contigo mismo. Si no sabes las respuestas, pídele a tu esposa o esposo que te las diga. A veces ni siquiera tendrás que preguntárselo a tu cónyuge: ella o él te lo dirá por cuenta propia. Pero encuentra cinco cosas de tu personalidad que necesites cambiar y escríbelas.

No vas a hacer nada con tus defectos hasta que no hagas un inventario de ellos, descubras cuáles son, los pongas en papel donde puedas verlos, y luego empieces a hacer algo para solucionarlos.

Después de que hayas descubierto estos cinco rasgos en torno a los cuales necesitas usar la disciplina personal para mejorarlos, pon manos a la obra de inmediato para desarrollar lo opuesto a esos rasgos. Si tienes el hábito de no compartir tus oportunidades o tus bendiciones con los demás, empieza a compartirlas, por mucho que duela. Empieza en donde estés. Si eres codicioso, empieza a ser caritativo. Si has tenido el hábito de hacer circular un poco de chisme con alguien, ponle fin para siempre y mejor circula cumplidos.

El gobierno de Estados Unidos quería obtener cierta información de Al Capone después de que fue enviado a prisión en Atlanta, Georgia. No tenían esta información y me eligieron como el único hombre capaz de obtenerla. El procurador general de Estados Unidos fue el responsable de que yo fuera para allá y obtuviera esa información. Sabía, por su experiencia con esta filosofía, y conmigo, que yo podría obtenerla.

Fui para allá y di una serie de tres charlas, a las que estaban invitados todos los presos, incluido Al. En esas charlas, senté las bases de lo que quería averiguar de él, condenando a la gente que sólo busca lo malo en los demás y nunca lo bueno. Luego elogié a los hombres que estaban ahí en prisión diciendo que no importaba lo que los demás pensaran de ellos, aún tenían algunas cualidades positivas, y que yo prefería concentrarme en éstas, más que en las negativas. Les conté que estaba en el negocio de publicar y escribir, y que iba a pasar un tiempo ahí con ellos para averiguar lo más posible sobre las cualidades buenas de los hombres que estaban ahí, y pedí voluntarios. Si alguien quería contarme algo bueno sobre sí mismo, yo me encargaría de que el público lo supiera.

Al Capone fue el primero que pidió un permiso para venir a la biblioteca a entrevistarse conmigo. Yo tenía preparado todo un plan para hacerlo venir, pero no tuve que usarlo. Él vino solo.

¿Sabías que sigo cumpliendo mi promesa a Al Capone, aunque ya murió? Lo he estado haciendo desde entonces. He estado contando las cosas buenas que averigüé sobre él, aunque no son demasiadas. Averigüé que le estaba pagando la carrera en Northwestern University a unos siete u ocho chicos y chicas, que jamás hubieran podido asistir de no ser por su generosidad, sin que supieran que era él. Sé que me dijo la verdad, porque lo corroboré con el hombre que manejaba los fondos.

En el proceso de escuchar su historia, le hice un par de preguntas indirectas que me permitieron obtener la información que quería para el gobierno. Tenían que ver con su situación fiscal y con otros casos que no involucraban a Al personalmente, sino a algunos de sus colegas. Lo elogié y dije algo bueno sobre él. Verás cómo florece una persona: se volverá otra si empiezas a decirle algunas de las cosas que sabes que son buenas de ella.

A mí no me gusta exagerar. Si lo haces, se preguntará qué estás buscando. Que sea algo razonable. Siempre que alguien se me acerca, me da la mano y me dice: "Napoleon, siempre había querido conocerlo. Aprecio mucho los libros que ha escrito, y sólo quería decirle que me he encontrado a mí mismo. Ahora soy exitoso en mi negocio o profesión y todo se lo debo a *Piense y hágase rico* o *La ley del éxito*", sé que ese hombre está diciendo la verdad por su tono de voz, su mirada, su manera de estrechar mi mano, y lo agradezco.

Si se pusiera a exagerar más allá de la proporción que merezco, yo sabría de inmediato que se está preparando para darme alguna clase de sablazo.

Después, haz una lista de todos los rasgos de personalidad de la gente más cercana a ti que consideres que necesitan mejorarse por medio de la disciplina personal. No te va a costar ningún trabajo hacer esa lista. Observa la diferencia entre la facilidad con la que puedes llevar a cabo esta transacción comparada con cuando se trataba de observar tus propios rasgos de carácter.

La introspección es una cosa muy difícil. ¿Por qué? Porque tenemos un sesgo a nuestro favor. Creemos que hagamos lo que hagamos, sin importar cómo haya resultado, debe estar bien. Si no salió, siempre es culpa del otro tipo, no nuestra.

Uno de estos días me va a pasar que llegue alguien y me diga que llevaba mucho tiempo en desacuerdo con otro, sólo para descubrir al entrar a esta filosofía que el problema no era con la otra persona, sino consigo mismo.

Empezaron a tener disciplina personal para superarse, y hete aquí que cuando su propia casa estaba limpia, la casa del otro también. Es asombroso cuántas pajas puedes ver en el ojo ajeno cuando no las buscas en el tuyo. Pienso que cualquier persona, antes de condenar a quien sea, debería pararse frente a un espejo y decir: "Vamos a ver, amigo. Antes de que te pongas a condenar a nadie, antes de que empieces a hacer circular chismes de nadie, mírate a los ojos y averigua si tienes las manos limpias".

¿Recuerdas ese pasaje de la Biblia? "Aquel de ustedes que esté libre de pecado, que tire la primera piedra." Cuando conviertas esto en una práctica, llegarás al punto en que podrás perdonarle a la gente casi lo que sea. En vez de odiarla por algunas de las cosas que te desagradan, empiezas a compadecerla. En cualquier momento que transmutes el odio en compasión, harás un importante avance hacia convertirte en una gran persona, pues eso es lo que hacen todos los grandes seres. Aprenden a traducir el odio de esta vida en compasión por los que cometen esos errores.

El señor Stone ha hecho muchas cosas de las que yo me he sentido orgulloso. Hace algún tiempo estábamos en una reunión con dos caballeros que habían traído un fármaco de Suecia a Estados Unidos. Era una cura para la artritis. Tenía un desempeño estupendo en el viejo continente y querían introducirlo al país. Con unas cuantas preguntas, el señor Stone averiguó que el hombre que lo traía lo había obtenido del químico que lo había creado, pero lo había creado bajo el patrocinio de una compañía que había invertido miles de dólares en ello. Le habían pagado un salario enorme durante mínimo 20 años.

Ahora él se lo había robado y lo traía para acá, con la intención de venderlo. El señor Stone dijo: "Basta. Jamás me acercaría a algo así, porque según mis reglas no es más que un robo, simple y llanamente, y no hago negocios con ladrones".

Vaya, qué orgulloso me sentí de él en ese momento, porque yo estaba pensando lo mismo. Sólo estaba esperando el momento en que él mostrara su reacción. Ésa es la clase de reacción que uno obtiene de una persona cuya mente opera como la del señor Stone.

CONTROL DE LOS PENSAMIENTOS

La forma más importante de disciplina personal que debe practicar todo aquel que aspire a tener un éxito sobresaliente es, desde luego, el control de sus pensamientos, el control de su mente. De hecho, no hay nada en el mundo que tenga la misma importancia que el control de tu mente. Si controlas tu propia mente, controlarás todo aquello con lo que entres en contacto. Realmente lo harás. Jamás serás el amo de las circunstancias, jamás serás el amo del espacio que ocupes en el mundo hasta que primero aprendas a ser el amo de tu propia mente.

El señor Gandhi, mientras esperaba el momento para ganar la independencia de la India, usó estos cinco principios.

1) Determinación de propósito. Sabía lo que quería.
2) Fe aplicada. Empezó a hacer algo al respecto, hablando con sus semejantes, adoctrinándolos con el mismo deseo. No hizo nada violento. No cometió actos vandálicos ni asesinatos.
3) Recorrer la milla extra.
4) Formar una Mente Maestra como el mundo probablemente nunca haya visto. Por lo menos 200 millones de sus semejantes, todos contribuyendo a esa alianza de la Mente Maestra,

con el objetivo principal de liberarse del dominio británico sin violencia.

5) Disciplina personal a una escala sin precedentes en los tiempos modernos.

Éstos son los elementos que convirtieron a Mahatma Gandhi en amo y señor del gran Imperio británico. No cabe duda.

Disciplina personal. En este mundo, ¿dónde podría uno encontrar a una persona capaz de soportar todo lo que soportó Gandhi: todos los insultos, los encarcelamientos de los que fue objeto por defender su postura, y que nunca quisiera pagarles con la misma moneda? Les devolvió los golpes como yo al editor que quería robarse mi libro. Contraatacó en su propio terreno y con sus propias armas.

Es la manera más segura de hacerlo. Si tienes que librar una batalla con alguien, elige tu campo de batalla, elige tus armas; si así no ganas, ya es culpa tuya.

En 1942, R. G. LeTourneau me mandó llamar. Estaba teniendo problemas con una pandilla de comunistas feroces que operaban a nombre de un sindicato, lo cual desde luego no representaba los estándares más altos del sindicalismo.

Me llevaban tres meses de ventaja y tenían un fondo de 100 000 dólares para corruptelas, con el que estaban trabajando. Llegaban, elegían a un hombre clave de cada departamento y le pagaban cuatro o cinco veces su salario por instigar quejas y protestas. Cuando llegué, había de 35 a 50 quejas, y ni una sola que fuera legítima.

Esto es lo que hice para combatirlo. No me puse a pelear con el sindicato. En primer lugar, creo en el sindicalismo, si es un sindicato honesto. No creo en él cuando las mafias y los matones y los expresidiarios se apoderan de los agremiados y los llevan a votar como borregos, pero creo en un sindicalismo limpio. Empecé a darles entrenamiento de maestros a los superintendentes y capataces. A través de estos maestros le llevé la filosofía a toda la tropa. Los adoctriné con ella. Hice que los maestros tradujeran la filosofía a la jerga de cada puesto para que el obrero pudiera entenderla.

Los mafiosos se gastaron sus 100 000 dólares, y finalmente se dieron por vencidos y se regresaron al norte. Dijeron que en el sur todos eran muy brutos para unirse a un sindicato. Nunca se enteraron, y supongo que hasta la fecha no saben, que yo les gané. Nunca se enteraron de que yo estaba en la planta, y si lo supieron no les dijo nada. No tenían la menor idea, porque yo elegí mis propias armas, mi propio terreno y mis propios medios para pelear. No tenían ni cómo defenderse porque no entendían mi lenguaje.

Quiero que recuerdes esto, porque de uno u otro modo vas a tener que librar batallas toda tu vida. Vas a tener que planear campañas, encontrar la manera de expresarte, eliminar a la oposición de tu camino. Tienes que ser más listo que tus enemigos. La manera de hacerlo no es contraatacar en el campo de batalla que ellos eligieron, con las armas que ellos eligieron, sino elegir tu propio campo y tus propias armas.

¿Esto que estoy diciendo significa algo para ti? Llegará el momento en que signifique algo para ti, cuando tengas problemas que resolver. Cuando alguien se oponga a ti y tengas que sortearlo: ahí te acordarás de esta lección en la que dije que eligieras tu campo de batalla y tus propias armas.

Primero condiciónate para la batalla tomando la decisión de que bajo ninguna circunstancia vas a tratar de destruir ni lastimar a nadie; sólo defender tus derechos.

Cuando adoptas esta actitud, quiero decirte que es casi como si ya hubieras ganado desde antes de empezar. No me interesa quién sea tu adversario, ni qué tan fuerte sea, ni qué tan listo. Si empleas estas tácticas, seguro vas a ganar.

¿Cómo sabes que estoy diciendo la verdad? He tenido casi cualquier tipo de experiencia concebible de haber sido insultado, defraudado, embaucado, engañado, tergiversado, calumniado, difamado... y cada día me va mejor. En otras palabras, todo eso sólo contribuyó a volverme popular en todo el mundo. Ahora bien, ¿por qué habría de apartarme de la filosofía que sé que funciona mejor que la filosofía promedio según la cual hay que pagar con la misma moneda?

Crea un sistema en el que tomes plena posesión de tu propia mente y la mantengas ocupada con todas las cosas, circunstancias y deseos que tú elijas, y rigurosamente apartada de las cosas que no quieres.

En ocasiones quizá te resulte un poco difícil mantener la mente enfocada en todo el dinero que vas a tener por enseñar esta filosofía cuando ahora no tienes suficiente.

Sé que te hallarás en esa posición, pero si te esfuerzas lo suficiente, mirarás hacia el futuro y podrás ver el día en que ocuparás un espacio en el corazón de miles de personas. Verás el día en que ganes tanto dinero como lo más que yo haya ganado dando clases.

Si el dinero no está entrando tan rápido como debería, olvídalo por el momento. Si empiezan a llegar cuentas y no las puedes pagar, siempre hay una manera de liquidarlas temporalmente: métalas debajo del tapete. No las mires, no dejes que te molesten. ¿Qué caso tiene dejarlas por ahí para que siempre acaben sobre tu escritorio? Escóndelas, guárdalas. Claro que te las recordarán tarde o temprano, pero no te preocupes por eso. Ya cruzarás ese puente cuando llegues a él.

Comienza a pensar en la época en que tendrás mucho dinero. Sé que se puede hacer, porque yo he llegado a ese grado. No fui bendecido con nada que tú no tengas, y quizá ni siquiera con la mitad. Mis primeros años desde luego fueron mucho más complicados que para la mayoría de la gente. Si yo pude dar la talla, sé que tú también, pero tendrás que tomar posesión. Tú eres una institución y una empresa, y tienes que hacerte cargo de tu institución y tu empresa. Tienes que tomar las decisiones y asegurarte de que se cumplan, y debes tener la disciplina personal para hacerlo.

La manera de mantener la mente alejada de las cosas que no quieres es ocupando tu mente, visualizando con tu imaginación las cosas que sí quieres. Aunque no tengas la posesión física, siempre puedes tener la posesión mental. Nunca tomarás posesión física de una cosa a menos que primero hayas tomado posesión mentalmente de ella, a menos que alguien te lo desee o te caiga encima por accidente cuando vas pasando. Cualquier cosa que obtengas o adquieras mediante el deseo, primero debe crearse y obtenerse en tu actitud mental, y ahí debes tenerla muy segura. Debes verte en posesión de ella, y eso requiere disciplina.

Tu recompensa por hacerlo será el dominio de tu propio destino mediante la guía de la inteligencia infinita. ¿No te parece una recompensa maravillosa por tomar posesión de tu propia mente? Te pone en contacto directo con la inteligencia infinita.

Hay una persona que mira sobre mi hombro y me guía. Cuando me topo con obstáculos, todo lo que tengo que hacer es recordar que está ahí. Si llego a una intersección y no sé para dónde dar vuelta, todo lo que tengo que hacer es recordar que esa fuerza invisible está mirando sobre mi hombro y siempre me indicará el camino correcto si le pongo atención y le tengo fe. De nuevo, sólo puedo hacer una declaración así y saber que es verdad porque lo he practicado.

Ahora bien, la penalización por no tomar posesión de tu mente, que la mayoría de la gente tiene que pagar toda su vida, es ésta: serás víctima de los vientos erráticos de la circunstancia, que siempre estarán fuera de tu control.

¿Qué son los vientos erráticos de la circunstancia? Serás víctima de cualquier influencia que cruce tu camino —enemigos y demás—. Todas estas cosas que no quieres te arrastrarán como una hoja llevada por el viento. A menos que tomes posesión de tu propia mente, ésa es la penalización que deberás pagar. ¿No te parece algo extraño que considerar?

¿No te parece que es algo muy profundo reconocer que te han dado los medios para declarar y determinar tu propio destino en la tierra? Esto conlleva una tremenda penalización que deberás pagar si no aceptas este recurso y lo usas. Pero hay una recompensa tremenda que recibes automáticamente si aceptas este recurso y lo usas. Si no tuviera ninguna otra evidencia de una primera causa o un Creador, sabría que tiene que existir porque esto es demasiado profundo para que lo pensara cualquier ser humano.

Darte un gran recurso y luego penalizarte por no aceptarlo, y recompensarte si sí lo aceptas: esto es la suma y sustancia de lo que ocurre cuando usas la disciplina personal para tomar posesión de tu propia mente y dirigirla hacia las cosas que quieres.

Ni hablemos de lo que quieres; eso no es asunto de nadie más que tuyo. No quiero que lo olvides. Que no venga nadie y te convenza de una idea de qué es lo que debes querer. ¿Quién me va a decir a mí qué es lo que quiero o lo que debo querer? Yo. No siempre ha sido el caso, pero es así hoy. Nadie me va a decir a mí lo que quiero; lo haré yo. Si permitiera que alguien más me lo dijera, me parecería un insulto a mi Creador, porque su intención era que yo tuviera la última palabra sobre lo que pasa con este tipo de aquí.

EVITA HACER DAÑO

Yo no le hago daño a nadie. No haría nada en este mundo, bajo ninguna circunstancia, para lastimar a nadie, ni siquiera a un insecto. Cuando voy manejando en la carretera, si veo una serpiente en el camino la rodeo cuidadosamente. No quiero lastimar a nadie que no me esté haciendo nada.

Mi señora y yo andábamos en las montañas de California, terreno muy escabroso, en una carretera muy empinada y sinuosa, y vimos una serpiente de cascabel. Estaba grande, enroscada a un lado del camino. Estaba ahí esperando a que saliera un ratón o un pájaro o alguna otra cosa incauta para poder almorzar. Yo así he estado muchas veces, esperando mi almuerzo, que nunca llegó. Sé lo fastidioso que es que te molesten cuando estás trabajando para ganarte el almuerzo. En vez de atropellarla, la rodeé con cuidado, dándole por lo menos un metro de margen al pasar.

Mi esposa dijo:

—¿Por qué no mataste a esa serpiente?

—¿Por qué matarla? —pregunté—. Ella está en sus dominios. Nosotros somos los intrusos. Estamos en su territorio. No nos estaba haciendo nada. No tenía ninguna posibilidad de hacernos daño.

—Pero podrían pasar unos niños.

—Mira —dije—, cualquiera que deje que sus hijos anden en este lugar tan agreste sin protegerlos… Después de todo, las serpientes de cascabel también tienen derechos, igual que los humanos. Está en su territorio, sin molestar a nadie.

Luego los dos nos reímos. Annie Lou apoyó la cabeza en mi hombro, luego me acercó a ella y me dio un beso, diciendo:

—Ésa es una de las razones por las que te amo, que no le quieres hacer daño a nada ni a nadie.

Cuando trabajaba para el señor LeTourneau una vez entré a una tienda en Toccoa, Georgia, y vi un hermoso rifle de repetición —calibre .22 con acción de bombeo—, como el que tenía cuando era un muchacho y solía matar conejos y ardillas y cualquier otra cosa que se cruzara en mi camino.

Me hizo recordar los días de mi juventud, y entré a la tienda y pedí ver el arma. Costaba lo triple del que había comprado hacía mucho. Estaba a punto de pagar y llevarme el rifle cuando me dije: "¿Qué voy a hacer con este rifle después de comprarlo?"

Me sentí avergonzado —de veras me dio vergüenza hasta haber entrado a la tienda a verlo—. Hoy no mataría a un conejo; los conejos vienen a mi casa y comen en mi jardín trasero. En mi casa de Florida venían perdices. Llegaban a comer todos los días y, si el alimento no estaba a esa hora, se ponían a graznar para que saliera a darles. ¿Hubiera salido con una escopeta, traicionándolas, para matar a un par? Por supuesto que no. No le dispararía a nada; no mataría a nada. ¿De qué me serviría tener un arma? Sólo para tirar al blanco con latas, y tengo cosas más importantes que hacer que tirarles a unas latas, así que no compré el rifle.

Cuando iba saliendo oí un comentario que le hizo el dependiente al dueño de la tienda. Me sacó una buena risa. El comentario era comprensible y se hizo a todo volumen.

En cuanto salí por la puerta, el jefe dijo:

—Supongo que le preguntaste por qué no compró el rifle.

El joven dijo:

—No. Está chiflado.

Ésa fue una ocasión en la que me sentí orgulloso de estar chiflado. No compraría un arma para matar a nadie. No creo en matar; no creo en lastimar; creo en cultivar. Me divierte muchísimo cultivar la fauna salvaje. Puedo salir al campo y llamarla a mi lado cuando yo quiera. Lo he hecho una y otra vez. Les hablo en su propio idioma. En Florida hasta les enseñé a algunas perdices su canto. Si aquí hay gente de campo, saben que cuando asustas a una parvada de perdices se dispersan y cuando quieren reagruparse se tienen que llamar. Les enseñé ese llamado.

Uno de mis vecinos, que estaba ahí un día que les di de comer a las perdices, dijo:

—Nunca había visto cosa igual. Parecen gallinas. No te tienen miedo.

—Y no sólo eso, yo les enseñé a cantar.

—Bueno, tampoco exagere. Veo que están ahí comiendo el maíz que usted les dejó, pero no trate de forzar mi credibilidad, amigo, porque acabaré dudando hasta de haberlas visto.

—Para que no se quede con la idea de que yo soy de esa gente que, digamos, exagera las cosas, cuando acaben de comer verá que se regresan a aquel campo de allá, pero no irán todas juntas. Estarán separadas, y cuando yo les dé el llamado para reagruparse, verá cómo me responden.

Solté un chiflido y las perdices lo respondieron enseguida. Lo hice una docena de veces más que nunca antes, sólo para mostrarle a este amigo que él podría ser un incrédulo, pero yo no le estaba mintiendo.

Puedes cultivar a los seres que ni siquiera saben hablar. Hay una manera de hacerlo en la que te aman. No te temen. Son parte de ti.

Te sorprenderías de las conversaciones que tengo con mis perros cuando llego a casa. Les pongo palabras en la boca que no saben, que no entienden, pero responden. Es una cosa maravillosa. Todos los que vienen a mi casa se maravillan de la relación que tengo con mis perros, y de cuánto me entienden.

Cuando alguien llama a la puerta, los perros tienen que ir a presentarse; no aceptan un "no" por respuesta. Llegan y primero huelen los tobillos de la persona, ven a qué huele, y luego le huelen las manos. Si huele bien, la tratan cordialmente, y si no, ladran para ponernos sobre aviso. No tenemos nada que ver en ello y nunca se equivocan. Siempre distinguen a la gente buena de la mala.

A lo que voy es que debes tener la clase correcta de disciplina sobre ti mismo. Entiende que todo fue puesto en este mundo por un propósito y que no te corresponde a ti salir a aniquilar nada que no te esté molestando, sobre todo a tus vecinos y a la gente con la que trabajas, e incluso a la gente que está en desacuerdo contigo y te hace la vida difícil. Aniquilarla no es asunto tuyo. ¿No se están haciendo lo suficiente a sí mismos sin que tú los ayudes con más?

Cuando alguien me calumniaba, uno de mis socios siempre me decía:

—¿No crees que se está haciendo suficiente daño él solo sin que le devolvamos el golpe?

Siempre que alguien perjudica a otra persona se hace algo a sí misma que yo nunca quisiera hacerme.

Estaba hablando con un fiscal, un hombre que iba conmigo en la escuela en preparatoria. Me estaba contando de todos sus éxitos maravillosos —toda la gente que había condenado— y parecía estar presumiendo de ello. Quizá algunos merecían estar en la cárcel, pero cuando acabó le dije:

—Albert, no quisiera estar en tus zapatos ni por todo el té de China.

—¿Por qué? —preguntó.

—Mira lo que le haces a la gente: la metes a la cárcel, le quitas su libertad.

—Había que encerrarla.

—Eso te lo concedo, muchacho estúpido. Pero mantengo lo dicho. Prefiero que lo hagas tú y no yo.

Le conté sobre el viejo Judas del rastro de aquí. Tenían un cabestro entrenado para ir con el ganado recién llegado. El ganado sabía instintivamente que iba a ser asesinado y no quería subir por la rampa que llevaba al lugar donde un hombre los iba a matar de un martillazo en la cabeza. Pero el viejo Judas estaba entrenado para ir y mezclarse con ellos, decirles un par de mentiras y luego subir por la rampa, y todos lo seguían.

Cuando llegaba arriba de la rampa había una puerta abatible. Él se metía por ahí y los demás se seguían de frente. No veían la puerta abatible. Llegaban a donde el hombre los mataba de un martillazo.

Esto siguió varios años, ¿y qué crees que le pasó al viejo Judas? Se volvió loco, y tuvieron que llevarlo a él también a matarlo de un martillazo. Eso fue lo que le pasó.

Cualquier cosa que hagas por la otra persona, la haces por ti o contra ti mismo: es una ley eterna. Nadie puede evitar ni evadir esa ley.

Por eso no quisiera ser fiscal. Por eso me sentí orgulloso de no seguir mi inclinación de estudiar derecho. Tuve una visita larga con mi hermano, Vivian. Él es abogado. Se especializa en divorcios, sobre todo de gente muy adinerada. Quiero contarte la penalización que él ha pagado por saber demasiado del lado malo de las relaciones domésticas. Ha visto tanto de eso que llegó a la conclusión de que todas las mujeres son malas, y nunca se casó. Nunca ha tenido el placer de tener una esposa, como yo. Cree que todas las mujeres son malas porque las juzga con base en las que mejor conoce, que es un rasgo común de todos. Juzgamos a la gente basándonos en aquellos que mejor conocemos, ¿no es cierto? No siempre es justo hacerlo, desde luego no en este caso.

Estoy revelando muchas de mis experiencias personales. Al hacerlo, estoy llamando tu atención a algunas de las cosas vitales de la vida de las que tendrás que ocuparte. Necesitas entenderte a ti mismo, entender a la gente y entender cómo ajustarte a las personas con las que es difícil llevarse bien. Necesitas saber esto porque hay mucha gente en este mundo con la que es difícil llevarse bien, y va a existir mientras tú y yo vivamos y mucho después. No podemos eliminar a la gente con la que es difícil llevarnos bien, pero podemos hacer algo al respecto si hacemos algo con nosotros mismos.

Disciplina personal significa control total del cuerpo y la mente. Eso no significa cambiar tu mente ni tu cuerpo. Significa controlarlos. La gran emoción del sexo mete a más gente en problemas que todas las demás emociones juntas, sin embargo es la emoción más creativa, más profunda y más divina de todas. Lo que mete a la gente en problemas no es la emoción: es no poder controlarla, dirigir, transmutar, lo cual podrías hacer fácilmente si tuvieras disciplina personal. Sucede lo mismo con otras facultades del cuerpo y la mente.

No es que tengas que cambiar por completo. Sólo tienes que volverte el amo. Tienes que estar en control. Tienes que reconocer las cosas que debes hacer para poder tener buena salud y tranquilidad mental.

DALE MANTENIMIENTO AL SISTEMA DE AGUAS NEGRAS

Yo tengo un sistema de aguas negras; todos lo tenemos. No te gusta pensar en esas cosas, pero no está de más, porque sabes que lo tienes. Si no le das un poco de atención y lo ajustas bien, te puede dar un envenenamiento tóxico y, si tienes eso, vas a estar de mal humor al levantarte en la mañana y serás irascible en tu trato con los demás.

Cuando fui a trabajar a LeTourneau encontré a más gente malhumorada que nunca en la vida. Descubrí que el personal no se estaba alimentando bien. Fui a Atlanta y conseguí a un experto en alimentación para que les pusiera una cafetería maravillosa y les diera las combinaciones adecuadas de comida. Instalé una batería de máquinas desintoxicantes bajo la dirección de un médico con el que hice arreglos para que colaborara conmigo. Nuestra máquina desintoxicante hace circular un galón de agua por tu tracto gastrointestinal cada minuto —227 litros en una hora—, mezclada con oxígeno y otras cosas para limpiarte de adentro hacia afuera. Me tocaron trabajadores que eran malhumorados y tenían dolores de cabeza; los mandaba a desintoxicarse. En una hora regresaban al trabajo llenos de vitalidad y entusiasmo.

Estas cosas no son algo de lo que uno quiera platicar socialmente en una reunión, pero estamos aquí por una cuestión profesional. Más vale que sepas que si quieres tener un cuerpo en buen estado y controlarlo, tienes que aprender a mantener ese tracto gastrointestinal en buenas condiciones.

AUTOCONTROL EN EL HABLA Y EN EL PENSAMIENTO

La disciplina personal también significa desarrollar los hábitos cotidianos mediante los cuales la mente se mantiene ocupada en relación con las cosas y circunstancias que uno desea y alejada de las circunstancias que uno no desea. Significa que no aceptarás ni te someterás a la influencia de ninguna circunstancia o cosa que no desees: ninguna en lo absoluto. No te sometas. Quizá tengas que tolerarla, quizá tengas que reconocerla, pero no tienes que someterte. No tienes que reconocer que es más fuerte que tú. En vez de eso, afirmas que tú eres más fuerte que ella. Puedes darle a tu imaginación una amplia gama de operaciones en cuanto a estas cosas con las que tendrá que lidiar, pero no vas a someterte a ellas.

La disciplina personal también significa que construyes tres muros de protección a tu alrededor para que nunca nadie sepa todo sobre ti ni lo que estás pensando.

¿Quisieras que alguien en el mundo supiera todo sobre ti? Si estás en tu sano juicio, desde luego que no. ¿Quisieras que alguien supiera todo lo que piensas de él o ella? Estoy seguro de que no.

La persona promedio habla más de lo que le conviene. Mucha gente comete el error de decirle a cualquiera todo lo que está pensando. Sólo hay que echarlos a andar. Ya sabes, esa gente que enciende la boca y luego se va y la deja prendida. En cuanto empieza, descubres todo sobre ella: lo bueno y lo malo.

J. Edgar Hoover, con quien trabajé profesionalmente en muchas ocasiones y de vez en cuando aún trabajo, me dijo una vez que el sujeto al que se está investigando es el que más le sirve, porque obtiene más información de él que de todas las otras fuentes juntas.

—¿Por qué? —dije.

—Porque no cierra la maldita boca —fue exactamente lo que me respondió.

Dime los temores de una persona y te diré cómo dominarla. En el instante en que descubras lo que una persona teme, sabrás exactamente cómo controlarla —si quisieras cometer la tontería de controlar a alguien sobre esa base—. Yo no quiero controlar a nadie a través del temor. Si acaso controlara a alguien, quisiera que fuera por amor.

Había una adivina en Georgia. No cabe la menor duda de que era una mujer con grandes facultades psíquicas, pero también era una observadora inteligente, y cualquier palabra que dijeras, el tono de tu voz, le daba pistas de cuáles eran tus problemas. Era buenísima. La gente se formaba en sus limusinas Packard y Cadillac para verla, a cinco dólares por entrevista, y tenía gente todo el día.

Era un buen chanchullo. Y tampoco era tan chanchullo, porque a mucha de esa gente le estaba haciendo mucho bien. No se guardaba nada. Si veía algo que estaba mal con una persona, se lo decía de frente.

A mí me llevaron a verla porque era todo un escéptico. Decía que no había una persona viva en el mundo que pudiera penetrar mi mente si yo no quería. Un señor me dijo: "Bueno, pues ven para acá".

Fui para allá. Entramos. La adivina me empezó a hacer preguntas y traté de responderlas todas con un simple sí o no. A veces decía: "Sin comentario". No quería darle la satisfacción. Había preguntas que podía responder con un sí o un no sin darle ninguna pista.

Me estuvo trabajando, y empezó a sudar de la cara. Gotas de sudor del tamaño de la punta de mi meñique; nunca he visto cosa igual. Estaba sudando, tratando de encontrar una pista para entrar a mi mente, y al llegar hubiera tenido mucho que decirme, sin duda.

Finalmente se volvió con el hombre que me había llevado a verla y dijo: "Lee, llévate a este joven de aquí. No sé nada de él, ni lo voy a saber".

Nos fuimos. No sé qué habrá pensado ella, pero sí sé por qué no me pudo decir nada sobre mí: porque no se lo permití. Puedes tener esa clase de disciplina. Sé que se puede, porque yo lo he hecho.

Una vez el señor Ford mandó llamar a uno de sus empleados de mayor confianza. Llevaba con él 35 años, desde el inicio de la Ford Motor Company. El señor Ford le pagó, me parece, dos años de sueldo por anticipado y lo despidió.

El señor quería saber por qué lo estaba despidiendo. El señor Ford dijo: "Para ser franco, no quiero que haya nadie por aquí que sepa todo sobre mí, y usted es el único de mis empleados que lo sabe todo".

Podría parecer un poco cruel si no entendiéramos cuál era su intención. No quería que hubiera nadie en su compañía que lo hubiera conocido en una época en que tenía debilidades que quizá ya no tenía.

Yo soy un poco diferente del señor Ford. Mucha gente que me conoció cuando tenía mis debilidades y pasaba por mis fracasos entra en contacto conmigo. Lejos de no querer que sepa nada sobre mí, me alegro de volver a verla, porque se entera de cuánto me he superado.

10

DESARROLLAR ENTUSIASMO

Vamos a estudiar cómo se le hace para desarrollar entusiasmo. El primer paso para crear entusiasmo se basa en un deseo ferviente. De hecho, cuando aprendes a provocar en ti mismo un estado de deseo ferviente, no necesitas el resto de las instrucciones sobre el entusiasmo, porque en ese tema ya tienes la última palabra.

Cuando tienes muchas ganas de obtener algo, te decides a obtenerlo. Tienes ese deseo ferviente. Acelera tus procesos mentales. Pone a trabajar a tu imaginación para encontrar los medios y las formas.

Ese entusiasmo te da una mente más brillante. Te hace estar más alerta a las oportunidades. Verás oportunidades que nunca antes has visto cuando tu mente esté acelerada en ese estado de entusiasmo, en el deseo ferviente de algo determinado.

ENTUSIASMO PASIVO Y ACTIVO

Luego hay que hablar del entusiasmo activo y el entusiasmo pasivo. ¿A qué me refiero con *activo* y *pasivo*? Te daré un ejemplo de entusiasmo pasivo. Henry Ford era el hombre con menos entusiasmo activo que yo he conocido. Nunca lo oí reír más que una vez en la vida. Cuando le dabas la mano era como agarrar una rebanada de jamón fría. No te estrechaba la mano, sólo la tendía y la retiraba cuando se la soltabas. En conversación, su voz no tenía absolutamente ningún magnetismo. No había la menor evidencia de ningún tipo, clase ni forma de entusiasmo activo.

¿Qué clase de entusiasmo tenía? Alguno debe haber tenido, para tener un gran propósito determinado tan sobresaliente y haberlo cumplido con tanto éxito. Era interior. Su entusiasmo se transmutaba a su imaginación, al poder de su fe y a su iniciativa personal. Él se abrió camino por iniciativa propia. Creía que podía lograr lo que quisiera. Se mantenía alerta y agudo, con fe aplicada a través de su entusiasmo —su entusiasmo pasivo—, pensando en su propia mente lo que iba a hacer y toda la alegría que le iba a dar hacerlo.

Una vez le pregunté:

—Cuando quiere hacer algo, ¿cómo le hace para estar seguro de que lo logrará aun desde antes de haber empezado?

—Desde hace mucho tiempo —dijo— me he hecho al hábito de concentrar mi mente en la parte posible de cada problema. Si tengo un problema, siempre hay algo que es posible hacer. Hay muchas partes imposibles, pero hay algo que sí puedo hacer, y por ahí empiezo. Cuando voy terminando con la parte posible, la parte imposible simplemente desaparece. Cuando llego al río, donde pensé que iba a necesitar un puente, resulta que no me hace falta porque el río está seco.

¿No te parece una declaración maravillosa de una persona? Ponía manos a la obra donde era posible hacer algo. Decía que cuando quería sacar un modelo nuevo o incrementar su producción, de inmediato ponía su mente a trabajar en los planes para lograrlo. Nunca les prestaba atención a los obstáculos, porque sabía que su plan era lo suficientemente fuerte, determinado y respaldado por la clase correcta de fe, de tal modo que la oposición se esfumaría en cuanto llegara a ella. Dijo:

"Si adoptas esta actitud de poner a tu mente tras la parte posible de cada problema, la parte imposible se da la media vuelta y echa a correr", estoy citando sus palabras.

Puedo dar fe de lo que dice porque ésa ha sido mi experiencia: si quieres hacer algo, llegarás a un estado de entusiasmo candente. Ponte a trabajar donde te encuentres. Si no es más que crear una imagen en tu mente de la cosa que quieres hacer, sigue creando esa imagen, haciéndola cada vez más vívida. A medida que aproveches las herramientas que tienes disponibles en este momento, más y mejores herramientas serán puestas en tus manos. Ésa es una de las cosas extrañas de la vida, pero así funciona.

CONTROL DE LA VOZ

Los oradores y los maestros pueden expresar entusiasmo mediante el control de la voz. Hace rato que bajaba a la clase, una de mis alumnas venía en el elevador y me hizo un gran cumplido. Me preguntó si había recibido cualquier clase de entrenamiento de la voz o alguna cosa por el estilo.

—No, nada —le dije—. Hace mucho tomé un curso para hablar en público, pero rompo todas las reglas que me enseñó el maestro. En otras palabras, tengo mi propio sistema.

—Bueno —dijo ella—, pues tiene una voz maravillosa, y a menudo me he preguntado si no la habría entrenado cuidadosamente para impartir entusiasmo.

—No, para responder lo que me pregunta de mi voz, le puedo decir lo siguiente. Sin importar quién la oiga, por muy inexperta o muy cínica que sea esa persona, sabe una cosa: que cuando digo algo, creo en lo que estoy diciendo. Que soy sincero.

Ése es el mejor control de la voz que yo conozco: expresar entusiasmo a través de la creencia de que la cosa que estás diciendo es lo que debes decir y que le hará algo de bien a la otra persona y quizá a ti también.

He visto a oradores que se pasean por todo el escenario, se pasan los dedos por el pelo, meten las manos a los bolsillos y hacen toda clase de gestos personales. Lo único que logran es distraer mi atención.

Me he entrenado a quedarme parado en una posición. Nunca camino por todo el escenario. A veces extiendo las manos, pero no muy seguido. El efecto que quiero lograr es, en primer lugar, de sinceridad y, en segundo, canalizar mi entusiasmo hacia el tono de mi voz. Si aprendes a hacer esto, tendrás un recurso maravilloso.

Uno debe sentir entusiasmo antes de poder expresarlo. Por todos los cielos, no veo cómo alguien pueda expresar entusiasmo cuando está desconsolado o alterado o en problemas.

LA DISCIPLINA DEL ACTOR

Una vez me tocó una función de teatro en Nueva York en que la estrella salió y dio una actuación maravillosa. Como tres minutos antes de salir a escena, se enteró de que su padre acababa de morir repentinamente. Jamás lo habrías adivinado. Dio una función tan perfecta como me imagino que pueda llegar a darse, sin la menor indicación de que hubiera pasado nada. Se había entrenado para ser actriz en todo momento, bajo cualquier circunstancia. Si no se hubiera entrenado así, no habría sido actriz.

Un actor que no pueda acoplarse al contorno de su personaje y sentirse como el personaje se debe sentir, nunca será un actor. Podrá expresar las palabras y los diálogos del personaje, pero jamás causará la impresión correcta en el público a menos que viva eso que está intentando transmitir.

Hay actores estupendos en todos los caminos de la vida, y no todos están en el escenario. Hay algunos en la vida privada. Los grandes actores en la vida son las personas que pueden meterse en el papel que están tratando de representar. Lo sienten, lo creen, tienen confianza y no les cuesta ningún trabajo transmitir un espíritu de entusiasmo a la otra persona.

El sentimiento debe ser una parte importante de expresar el entusiasmo. Genera en ti mismo un estado de fogosidad, de deseo ferviente. Eso se logra con autosugestión o autohipnosis.

¿Le tienes miedo al hipnotismo? Más vale que no, porque lo usas todos los días, ya sea que lo sepas o no. Usas el hipnotismo todo el tiempo. A veces lo usas de una manera negativa. Te hipnotizas y empiezas a creer que estás en una mala racha, que tus amigos te están volteando la espalda, que tu trabajo no va como debería. O que sin duda algo te aflige, quizá un padecimiento físico... te hipnotizas para creer cosas que no te hacen nada de bien.

Yo creo en la autohipnosis de todo corazón, pero creo en usarla para conseguir las cosas que quiero y no las que no quiero.

Nunca he encontrado a una persona exitosa en ninguna de las vocaciones de la vida que no haya aprendido el arte de la autohipnosis, el arte de sumergirse en el papel deseado a través del hipnotismo. En otras palabras, creer en las cosas tan decididamente que no puedan ser de ninguna otra manera.

Esto es muy diferente a la forma en que la persona promedio usa la hipnosis, o deja que el hipnotismo la use a ella. La persona promedio permite que las circunstancias de la vida se presenten y, mediante la autosugestión, la hipnoticen para creer en cosas nocivas.

El entusiasmo es un potente tónico contra todas las influencias negativas que entran en tu mente. Si quieres quemar una influencia negativa, sólo enciende el entusiasmo. Ésos dos no pueden estar en la misma habitación al mismo tiempo. Si empiezas a sentirte entusiasmado por lo que sea, te reto a que dejes entrar en tu mente toda esta cultura de la duda, estos pensamientos de temor.

INYECTA ENTUSIASMO A TUS CONVERSACIONES

Una vez que hayas practicado desarrollar entusiasmo en conversaciones cotidianas y hayas aprendido a encenderlo y apagarlo a voluntad, no hay nada que te impida volver un conejillo de Indias a cada persona con la que converses. No es necesario decirles que son conejillos de Indias, pues eso no les gustará, pero puedes empezar de inmediato a modular el tono de tu voz cuando conversas con gente. Puedes poner una sonrisa en tus palabras e inyectarles un tono agradable, un sentimiento agradable. A veces puedes hacerlo cuando hables a volumen bajo, no muy fuerte. Otras veces puedes hacerlo más alto, para que sea imposible que no oigan y reconozcan lo que estás haciendo.

En otras palabras, aprende a inyectar entusiasmo a tus conversaciones normales de todos los días. Puedes practicar con cada persona con la que entres en contacto. Si no hay nadie a la mano, busca a alguien en la calle y ponte a platicar con él. ¿Por qué no? Ten cuidado con lo que digas, y ya. Yo puedo acercarme a quien quiera en la calle e iniciar una plática y salirme con la mía, pero elijo bien mi tema, mi forma de acercarme y mi tono de voz, para no crear la sospecha de que estoy tratando de hacer algo deshonesto.

Esta tarea de practicar con la gente con la que entras en contacto a diario es una cosa maravillosa. Observa lo que ocurre cuando empiezas a hacerlo. Naturalmente, empiezas cambiando tu tono de voz. Te propones hacer que la otra persona sonría mientras le estás hablando, y agradarle.

No es bueno ser entusiasta cuando le dices a otra persona lo que piensas de ella si lo que piensas no es algo agradable, porque entre más entusiasta seas menos le vas a agradar. Cuando empieces a decirle a otra persona lo que piensas de ella por su propio bien, más vale que estés sonriendo. Nadie quiere que lo repriman, lo reformen ni que le digan nada por su propio bien, porque sabe muy bien que en el fondo hay un motivo egoísta, o al menos es probable que lo piense.

El habla monótona es aburrida. Si no logras infundir variedad, color y ascensos y descensos a la inflexión de tu voz, vas a ser monótono sin importar qué estés diciendo ni a quién. Yo puedo salir aquí e impedir que te quedes dormido despertándote con una pregunta para la que no estabas preparado y dejando que la respondas, pero sobre todo infundiendo entusiasmo a mi tono de voz: alzando la voz, volviendo a bajarla, para tenerte a la expectativa de lo que diré después. Ésa es una buena manera de mantener a tu público atento: que estén a la expectativa de lo siguiente que vas a decir. Si hablas de manera monótona y sin entusiasmo por lo que estás diciendo, el oyente ya te sacó ventaja. Sabe lo que vas a decir desde mucho antes que lo digas. Y sea lo que sea, no lo querrá ni oír.

USA EXPRESIONES FACIALES

La expresión facial también debe expresar entusiasmo con una sonrisa bien dirigida. Detesto ver a una persona que me hable de cerca con una expresión seria en el rostro que nunca cambia. Aunque el tema de conversación sea serio, me gusta ver que una persona suaviza su expresión con una sonrisa.

Si observan al señor Stone, muy a menudo hace una pausa en sus discursos y sonríe. Tiene una sonrisa encantadora. Desarma a cualquiera con quien esté hablando, aunque esté diciendo algo que la otra persona no quiera oír. Puede desarmar a la otra persona con este cambio de expresión en su rostro. Es experto en eso. Yo no soy experto, pero puedo hacerlo cuando quiera.

Eso también es parte de la disciplina personal: poder ver a la otra persona y hacer que sepa, por la manera en que le hablas y la miras, que estás hablando en serio y en beneficio de ella.

Empieza desde ahora a observar a la gente que expresa entusiasmo en sus conversaciones, y también a la gente que no. Aprenderás una gran lección sobre lo que es atractivo de la personalidad. Si ves a una persona que te agrada especialmente, obsérvala. Averigua qué es lo que tiene que hace que te agrade. Lo más probable es que cualquier cosa que esa persona diga, cualquier conversación en la que participe, sea sobre una base de entusiasmo. Nunca te va a aburrir, por mucho que hable y sin importar lo que diga, porque lo vuelve tan atractivo que nunca te hartas.

PRACTICA FRENTE A UN ESPEJO

Forma hábitos definitivos mediante los cuales aprendas a expresar entusiasmo en tus conversaciones cotidianas. Practica frente a un espejo; habla solo si no encuentras a nadie que esté dispuesto a escuchar. Te sorprenderá lo interesante que es cuando empiezas a hablar solo y a decir las cosas que quieres oír. No digas cosas que no quieres oír cuando te estés mirando al espejo.

Yo me paré frente a un espejo por años y años, y me dije: "Vamos a ver, Napoleon Hill, tú admiras el estilo de escribir de Arthur Brisbane:

la claridad, la simplicidad del lenguaje. Pero, Napoleon, tú no sólo vas a alcanzar a Arthur, le vas a dar 100 vueltas".

Eso fue exactamente lo que hice, hablando con este hombre y convenciéndolo de que era posible.

No es ninguna tontería hablarse uno mismo al espejo, pero asegúrate de cerrar la puerta del baño. No dejes la puerta abierta y no hables muy fuerte si hay gente por ahí, porque probablemente llamen al hospital psiquiátrico.

Usa el discernimiento en todas estas cosas, pero tienes que hacer un trabajo de renovación de ti mismo. Todos tenemos que hacerlo en algún momento. Tienes que hacer un trabajo de renovación y tienes que hacerlo más o menos en privado, bajo tus propios términos y a tu manera, para no generar demasiada oposición de familiares y gente a quienes les parezca que estás actuando un poco raro.

Si alguien quiere pensar que soy raro porque he empezado a reconstruir mi personalidad y mi carácter, entonces soy raro, porque es algo que he hecho mucho y sigo en ello. Aún no me doy por vencido; nunca lo haré. Todo el tiempo estoy trabajando en mí mismo. En todo lo que hago, en mi pensamiento y mis charlas, mi enseñanza y mi escritura, quiero alcanzar un mayor nivel de competencia. Mi educación nunca termina. Siempre está totalmente abierta.

Mientras estés verde, siempre seguirás creciendo, pero cuando llegas al punto de madurez, lo que sigue es pudrirse. Nunca llegaré al punto de madurez en mis conocimientos, nunca aprenderé la última palabra sobre un tema. Siempre estoy aprendiendo de la gente. Yo obtengo mucho más de ustedes que ustedes de mí, porque yo puedo aprender de varios cientos, y ustedes sólo de uno. Pero no aprendería nada de ustedes si no tuviera una mente abierta, si no estuviera tratando de aprender todo el tiempo.

ESCRIBE UNA CONFERENCIA

Para enseñar la ciencia del éxito, escribe una conferencia completa sobre cada uno de los 17 principios del éxito, y luego practica leerla con entusiasmo. Escríbela exactamente como se la vas a decir a la otra persona. No te tomará mucho tiempo. Aunque te tome una hora, varias horas al día o incluso dos o tres días, llegará el día en que esas conferencias valgan un dineral. Reconoce que llegará el día en que puedas reunir esas conferencias en un libro que puede convertirse en un *best seller*.

Escribe buenas conferencias sobre los 17 principios y encuentra tus propias ideas y ejemplos. Te sorprenderás de lo que esas conferencias llegarán a significar para ti en términos de ingresos más adelante. Te serán de utilidad no sólo cuando estés dando clases, sino de muchas otras maneras.

Cuando empieces a escribir tus propias conferencias, realmente te vas a adoctrinar con esta filosofía. Jamás tendrás los beneficios plenos de esta filosofía hasta que la enseñes, la escribas y des conferencias sobre ella.

Cuando empezaba, hubo un buen tiempo en que mis conferencias consistían en decirle al otro sujeto qué hacer, aunque yo mismo no lo hacía, pero llegó el día en que la autohipnosis se apoderó de mí y me empecé a creer lo que le estaba diciendo al otro sujeto. ¿Por qué? Porque vi que funcionaba. Descubrí que mi filosofía era buena: muy buena —y a mí también me hacía falta—. Cuando empecé a usarla, hizo que la vida me redituara en mis propios términos.

Cuando expresas entusiasmo en tus conversaciones diarias, observa cómo los demás toman tu entusiasmo y te lo reflejan de vuelta como si fuera suyo. Puedes cambiar la actitud de quien tú quieras, cualquiera con quien estés teniendo cualquier tipo de intercambio mental, simplemente al ponerte en un estado de entusiasmo. Es contagioso: lo toman enseguida y te lo reflejan de vuelta como si fuera suyo. Todos los vendedores expertos lo entienden. Si no, no son vendedores expertos. Ni siquiera son vendedores normales si no saben cómo contagiarle su entusiasmo al comprador, vendan lo que vendan. Funciona exactamente igual cuando quieres que te compren a ti que cuando quieres que compren un servicio, bien o mercancía.

Ve a cualquier tienda y fíjate en cualquier vendedor que sepa su negocio. Reconocerás que el vendedor no sólo te está mostrando la mercancía, sino que además te está dando cierta información en un tono de voz que te causa una impresión.

La mayoría de los vendedores en las tiendas no son vendedores para nada. Sólo toman pedidos. A menudo los oigo decir: "Hoy vendí tanto".

Una vez oí a un periodiquero decir cuántos periódicos había vendido ese día. Pero él no vendió ninguno. Los tenía en su puesto, la gente llegaba, dejaba el dinero y se llevaba uno. Él no les vendía nada; sólo tenía la mercancía en un lugar donde la gente podía tomarla y comprar. Pero el tipo se creía vendedor, y de los buenos.

Bueno, ése es un caso extremo, pero uno ve a mucha gente que sólo empaca la mercancía y te cobra y cree que hizo una venta. Pero no hicieron nada, porque la compra la hiciste tú. No puedes decir lo mismo de un buen vendedor. Vas a comprar una camisa y en lo que sales ya te vendió ropa interior, calcetines, una corbata y un lindo cinturón. Eso me pasó hace un par de días. Yo no necesitaba un cinturón, pero me mostraron uno muy lindo. Lo compré sobre todo por la personalidad del hombre que me habló de él. Yo tampoco soy inmune.

TRANSMUTA LAS CIRCUNSTANCIAS DESAGRADABLES

Cuando te topes con cualquier circunstancia desagradable, aprende a transmutarla a un sentimiento placentero repitiendo tu gran propósito con mucho entusiasmo. En otras palabras, cuando cualquier clase de circunstancia desagradable se cruce en tu camino, en vez de quedarte dándole vueltas o permitir que te quite el tiempo con arrepentimiento, frustración o temor, cambia de canal a pensar en lo que vas a lograr. Empieza a pensar en la cosa a la que puedes ponerle entusiasmo. Usa tu entusiasmo para las cosas que quieres y no para las que acabas de perder en la derrota.

Mucha gente permite que una muerte en la familia o de un ser amado la distraiga. He conocido a gente que ha perdido la razón por eso. Cuando mi padre falleció en 1939, yo ya sabía que se iba a morir. Sabíamos cuál era su condición y que era sólo cuestión de tiempo.

Condicioné mi mente de tal modo que no pudiera afligirme en lo absoluto ni causarme la más mínima impresión emocionalmente.

Una noche recibí una llamada de mi hermano a mi finca en Florida. Tenía algunos invitados distinguidos, para hablar sobre el negocio editorial. La sirvienta entró y dijo que mi hermano me buscaba al teléfono. Salí de la habitación y hablé con él unos tres o cuatro minutos.

Me dijo que nuestro padre había fallecido y que el funeral sería el próximo viernes. Charlamos un poco de otras cosas. Le agradecí la llamada y volví con mis invitados. Nadie, ni siquiera mi familia, se enteró de lo que había pasado hasta el día siguiente. No hubo ninguna expresión de tristeza ni nada por el estilo. ¿Qué caso tenía? No podía salvarlo. Estaba muerto. ¿Por qué morirme de pena por algo ante lo cual no podía hacer nada?

Dirás que es muy insensible. No, no es insensible en absoluto. Yo sabía que iba a ocurrir. Me ajusté a esa realidad de modo que no pudiera destruir mi confianza en mí mismo ni asustarme. En cuestiones tan serias como ésa, tienes que aprender a inmunizarte para que no te alteren emocionalmente.

Cuando estás alterado emocionalmente, no eres del todo cuerdo. No digieres la comida, no eres feliz, no eres exitoso. Las cosas se ponen en tu contra cuando tienes esa mentalidad, y yo no quiero que las cosas se pongan en mi contra. No quiero que me falte salud. Quiero tener éxito. Quiero estar sano. Quiero que las cosas me funcionen, y la única manera en que puedo asegurarme de eso es no permitir que nada altere mis emociones.

No creo que nadie pueda amar más profundo ni más a menudo de lo que he amado yo, pero cuando fue un amor no correspondido (y esa circunstancia me ocurrió una vez en la vida), hubiera podido dejar que eso me alterara seriamente, pero no lo hice. ¿Por qué? Porque tengo autocontrol, porque no permito que nada destruya mi equilibrio.

Yo no quería que muriera mi padre, pero ya que había muerto, no había nada que yo pudiera hacer al respecto. No tenía caso que yo también me muriera sólo porque había muerto él. He visto a gente hacer eso: dejarse morir sólo porque murió alguien más.

Te estoy dando un ejemplo extremo, pero todos necesitamos oírlo. Tenemos que aprender a ajustarnos a las cosas desagradables de la vida sin naufragar en ellas. La manera de hacerlo es apartar tu atención de lo desagradable y pasarla a algo agradable y respaldarlo con todo el entusiasmo que tengas.

Cuando la gente diga que eres raro, deja que diga lo que quiera, porque después de todo, tu vida no debería estar en manos de los demás. Quizá lo esté en parte, pero no debería. Tienes derecho a tener el control total de tu vida.

Recuerda de hoy en adelante que tu deber hacia ti mismo requiere que hagas algo cada día para mejorar tu técnica para expresar entusiasmo, sea la que sea. He mencionado algunas cosas que puedes hacer, pero no todas. Quizá desde tus propias circunstancias y relaciones con los demás, tú sabrás qué más puedes hacer para incrementar tu entusiasmo a fin de volverte una influencia más benéfica para otras personas.

11

PENSAR CON PRECISIÓN

Esta lección trata sobre pensar con precisión. Es maravilloso poder analizar los hechos, pensar claramente y tomar decisiones basadas en el pensamiento preciso más que en sentimientos o emociones. La mayoría de las decisiones que tomas —igual que yo y que todos— se basan en cosas que deseas o cosas que sientes, no necesariamente en los hechos. Cuando hay un duelo entre tus sentimientos y emociones —las cosas que quieres hacer— y las cosas que tu cabeza te dice que tienes que hacer, ¿cuál crees que suele ganar?

El sentimiento. ¿Qué crees que le pase a la cabeza, para que siempre le vaya tan mal? ¿Por qué no la consultamos más? La mayoría de la gente no piensa. Sólo piensa que piensa.

Existen ciertas reglas y lineamientos básicos que puedes aplicar. Esta lección aborda cada uno de ellos, y te ayudarán a evitar errores comunes como pensar de manera imprecisa, tomar decisiones precipitadas y dejar que tus emociones te mangoneen.

La verdad de las cosas es que tus emociones no son confiables en lo absoluto. Tomemos la emoción del amor, por ejemplo: es la más espléndida de todas las emociones y, por lo mismo, es la más peligrosa. El mal entendimiento de la emoción del amor quizá cause más problemas en las relaciones humanas que todas las otras fuentes juntas.

RAZONAMIENTO Y LÓGICA

Veamos qué es pensar con precisión. En primer lugar, hay tres grandes fundamentos: el *razonamiento inductivo*, basado en la suposición de datos desconocidos o hipótesis. Luego viene el *razonamiento deductivo*, basado en datos conocidos o lo que se cree que son los datos conocidos. También está la *lógica*, es decir, guiarse por experiencias pasadas similares a la que se está considerando.

El razonamiento inductivo se basa en la suposición de datos desconocidos o hipótesis. No tienes los datos, pero asumes que existen, y basas tu juicio en eso. Al hacerlo, debes mantener los dedos cruzados y estar preparado para cambiar tu decisión rápidamente: tu razonamiento puede resultar incorrecto, porque lo estás basando en suposiciones.

El razonamiento deductivo se basa en datos conocidos o lo que se cree que son los datos conocidos. Tienes todos los datos frente a ti, y de esos datos puedes deducir ciertas cosas que deberías hacer en beneficio propio o para cumplir tus deseos. Supuestamente ésta es la clase de pensamiento que la mayoría de la gente practica, sólo que no lo hace muy bien.

REALIDAD Y FICCIÓN

Hay dos grandes pasos para pensar con precisión. Primero, hay que separar la realidad de la ficción o los rumores. Antes de que empieces a pensar en nada, debes averiguar si estás lidiando con realidad o ficción, con evidencia real o evidencia de oídas. Si estás lidiando con rumores, te corresponde ser excepcionalmente cuidadoso y mantener una mente abierta, y no tomar una decisión final hasta haber analizado esos datos muy minuciosamente.

Segundo, separa los datos reales en dos clases: relevantes e irrelevantes. Te sorprendería saber que la gran mayoría de los datos con los que lidiamos todo el día —y estoy hablando de los datos, no de los rumores ni las hipótesis— son relativamente irrelevantes.

Veamos qué es un dato relevante. Un dato relevante puede considerarse todo aquel que pueda ser usado ventajosamente para alcanzar nuestro gran propósito o cualquier deseo subordinado que conduzca al logro de nuestro gran propósito. Eso es un dato relevante.

Sospecho que no estaría muy equivocado si dijera que la gran mayoría de la gente pasa más tiempo con los datos irrelevantes, que no tienen absolutamente nada que ver con su superación, que con los datos que podrían beneficiarla. La gente curiosa, la gente entrometida y la gente chismosa pasa mucho tiempo pensando y hablando de los asuntos de los demás, lidiando con el comadreo y los datos mezquinos. Si los ves a la luz correcta, no te aportan ningún beneficio, sin importar cómo los uses.

Si dudas de lo que acabo de decir, haz un inventario de los datos que manejas a lo largo de un día entero. Al final del día, saca la suma y ve cuántos datos realmente relevantes tuviste que manejar. Lo mejor es hacerlo un domingo o un día libre, cuando no estés en tu ocupación o negocio, porque ahí es cuando una mente ociosa por lo general se pone a trabajar con los datos irrelevantes.

OPINIONES QUE NO VALEN NADA

Las opiniones por lo general no valen nada, porque se basan en sesgos, prejuicios, intolerancia, suposiciones o evidencia de oídas. Prácticamente todo el mundo tiene una bandada de opiniones sobre casi todo en el mundo. Tienen una opinión sobre la bomba atómica, su futuro y demás. La mayoría de la gente no sabe prácticamente nada de la bomba atómica ni de lo que pueda pasar en el futuro; desde luego yo no lo sé. Tú y yo tenemos una opinión al respecto. Yo opino que nunca debió haberse inventado. Según mis reglas no es más que un mal. Más allá de esto, no tengo ninguna opinión porque no tengo nada en qué basarla.

Es sorprendente descubrir cuánta gente tiene opiniones sin el más mínimo fundamento, excepto lo que siente, lo que alguien le dijo, lo que leyó en el periódico o cualquier otra cosa que la haya influenciado. La mayoría de nuestras opiniones son resultado de influencias sobre las que no tenemos ningún control.

El consejo que nos dan gratis nuestros amigos y conocidos por lo general no amerita demasiada consideración, porque no se basa en hechos o hay demasiada charla trivial entremezclada. La clase de consejos más deseables son los que vienen de un especialista en el tema a quien se le paga por sus servicios.

No busques a nadie para obtener consejos gratuitos. Hablando de consejos gratuitos, quiero contarte lo que le pasó a uno de mis alumnos —a un amigo mío que después fue mi alumno— allá en California. Durante tres años iba a mi casa todos los fines de semana y se pasaba tres o cuatro horas, por las que yo normalmente cobraría 50 dólares la hora, pero no le cobraba nada porque era un amigo y un conocido. Venía y me sacaba tres o cuatro horas de asesoría gratuita, y yo se la daba. Yo le daba esa asesoría cada vez que iba a la casa, pero él jamás escuchó una sola palabra de lo que yo le decía.

Esto continuó durante tres años. Finalmente él fue una tarde y le dije: "Vamos a ver, Elmer. Llevo tres años dándote asesoría gratuita y no has escuchado una maldita cosa de lo que te he dicho. Nunca vas a sacar ningún provecho de esta asesoría hasta que empieces a pagarla. Mira, estamos a punto de empezar un Curso Magistral. ¿Por qué no te inscribes en el curso como todo mundo? Y así estarás comprometido a obtener algo de valor".

Él sacó su chequera y me pagó su inscripción al Curso Magistral. Entró al curso y lo completó. Quiero contarte que sus negocios empezaron a prosperar de ese momento en adelante. Yo nunca había visto a un hombre crecer y desarrollarse tan rápido. Después de pagar una suma considerable por la asesoría, empezó a escucharla y a ponerla en acción.

Así es la naturaleza humana. Los consejos gratuitos valen más o menos lo que cuestan; todo en este mundo vale más o menos lo que cuesta. El amor y la amistad, ¿tienen precio? Trata de obtener amor y amistad sin pagar el precio, a ver hasta dónde llegas. Ésas son dos cosas que sólo puedes obtener si tú das. Sólo puedes obtenerlas de verdad si tú las das de verdad. Si tratas de sacarlas de gorra y obtener amistad y amor sin corresponderlos, verás que tu fuente se agota muy pronto.

NUESTRO RECURSO MÁS VALIOSO

La gente que piensa con precisión no permite que nadie más piense por ella. ¿Cuánta gente permite que las circunstancias, las influencias, el radio, la televisión, los periódicos, la familia y otras personas piensen por ella? Un porcentaje muy elevado.

Si tengo un bien del que estoy realmente orgulloso, y lo tengo, no tiene nada que ver con dinero, cuentas bancarias, bonos, acciones ni nada por el estilo. Es algo más valioso que eso: he aprendido a escuchar toda la evidencia, obtener todos los datos que puedo de todas las fuentes y luego agruparlos a mi manera y tener la última palabra al decidir lo que pienso.

Eso no significa que sea un sabelotodo, que sea un escéptico ni que no pida consejo. Desde luego que pido consejo, pero cuando lo recibo, determino qué tanto voy a aceptar y qué tanto voy a rechazar. Cuando tomo una decisión nadie podría decir jamás que no fue una decisión de Napoleon Hill. Así sea una decisión basada en un error, sigue siendo mía. Yo la tomé y no me influenció nada.

Esto no significa que yo sea insensible ni que mis amigos no me influencien. Claro que me influencian. Pero yo determino qué tanta influencia van a tener sobre mí y qué reacción tendré yo ante su influencia. Desde luego que nunca permitiría que un amigo tuviera tal influencia sobre mí que me llevara a dañar a otra persona sólo porque ese amigo así lo quiere. Lo han intentado muchas veces. Jamás lo permitiría.

Vaya, quiero decirte que pienso que los ángeles del cielo se ponen a dar gritos de alegría cuando descubren a un hombre o una mujer que piensa por sí mismo y no permite que sus familiares ni sus amigos ni sus enemigos ni nadie más lo aparte de pensar con precisión.

Estoy haciendo énfasis en esto porque la mayoría de la gente nunca toma posesión de su propia mente. Es el recurso más valioso que cualquiera posee, la única cosa que te ha dado el Creador sobre la que tienes un control total, pero suele ser la única cosa que nunca descubres o usas. En cambio permites que la demás gente te patee de un lado a otro como un balón.

No sé por qué nuestro sistema educativo no le ha informado a la gente que posee el recurso más grande del mundo, un recurso que basta para cubrir todas sus necesidades, y que ese recurso consiste en el privilegio que tiene de poder usar su propia mente y pensar sus propios pensamientos y dirigir esos pensamientos propios hacia cualquier objetivo que elija.

La gente no sabe que lo tiene. No ha habido un sistema educativo adecuado. Quiero contarte que dondequiera que esta filosofía llega, uno ve florecer a las personas como nunca antes. Hace la diferencia, porque empiezan a asomarse hacia dentro y descubren que tienen una mente, que pueden usar esa mente, y pueden hacer que haga lo que ellas quieran. No digo que todos entren corriendo de inmediato y tomen posesión de su propia mente; más bien van entrando poco a poco. Pero tarde o temprano todos sus asuntos empiezan a cambiar, porque la gente descubre este gran poder mental y empieza a usarlo.

"VI EN LOS PERIÓDICOS"

No es seguro formarse opiniones con base en lo que reportan los periódicos. "Vi en los periódicos" es un preámbulo que normalmente marca a una persona como alguien que toma juicios precipitados. "Vi en los periódicos" o "Me enteré" o "Andan diciendo": ¿qué tan a menudo hemos oído estas expresiones? "Dicen que esto y aquello": cuando oigo que alguien empieza así, de inmediato me pongo las orejeras y no oigo nada de lo que dice, porque sé que no vale la pena. Si alguien empieza a darme información identificando su fuente como "Vi en los periódicos", "Andan diciendo" o "Me enteré", no presto la menor atención a lo que me dice. No es que lo que digan necesariamente sea inexacto, pero sé que viene de una fuente defectuosa y por lo tanto lo más probable es que la declaración también lo sea. Los vendedores de escándalos y chismes no son fuentes fidedignas para obtener ningún tipo de información sobre ningún tema. No son confiables y son tendenciosos. Cuando oigas que alguien habla en forma despectiva de alguien más —ya sea que los conozcas o no—, el hecho mismo de que alguien se exprese en forma despectiva de otra persona ya te pone en guardia. Te da la responsabilidad de estudiar y analizar muy cuidadosamente todo lo que se dice, porque sabes que estás hablando con una persona tendenciosa.

El cerebro humano es una cosa maravillosa. Me maravilla la inteligencia del Creador al darle al ser humano todo el equipo y la maquinaria para distinguir las mentiras y falsedades de la verdad.

Hay algo que siempre está presente en la falsedad, que alerta al escucha. Está ahí. Puedes reconocerlo, puedes sentirlo. Lo mismo pasa cuando alguien está diciendo la verdad. El mejor actor del mundo no podría engañarte si usaras tu inteligencia innata en relación con sus declaraciones.

Por lo mismo, debes analizar los comentarios elogiosos con igual cuidado que todos los demás. Por ejemplo, si te recomiendo a alguien para un empleo y te mando una carta muy elogiosa, o te hablo por teléfono y trato de convencerte de todas las maravillas de esa persona, si piensas con precisión, vas a saber que estoy exagerando y que más te vale tener cuidado de cuánto vas a aceptar. Y más te vale investigar un poco por fuera.

No estoy tratando de convertirte en escéptico ni cínico, pero sí de llamar tu atención a la necesidad de usar el cerebro que Dios te dio para pensar con precisión y buscar los hechos, aunque no sea lo que estés buscando.

TIMADORES

Mucha gente se engaña a sí misma, y no hay peor engaño en el mundo que el que uno se hace a sí mismo. Como dice el proverbio chino: "Si me engaña una vez, debería darle vergüenza al hombre; si me engaña dos veces, debería darme vergüenza a mí".

Conozco gente a la que han engañado una y otra vez —con el mismo truco, tan viejo que hasta tiene canas—. Los timos de siempre, por ejemplo: alguien llega corriendo con una mujer en una tienda departamental y le dice: "Mira, me acabo de encontrar 500. Si tú tienes otros 500, te doy la mitad. Enséñamelos", y como por arte de magia, la mujer recibe sus 500 y los guarda en el sobre, y cree que trae las dos cantidades de dinero. Cuando llega a casa descubre que trae dos paquetes llenos de papel. La otra persona, el artista de la estafa, se esfumó con el dinero. Esto sucede desde hace años.

Uno pensaría que los banqueros, por ejemplo, son tan astutos que un timador no podría engañarlos. Conocí a uno de los timadores más notables del mundo, Barney Birch —no sé qué habrá sido de él, pero solía operar en Chicago—. Lo entrevisté en varias ocasiones y le pregunté qué clase de persona era más fácil embaucar. Dijo: "Pues los banqueros, porque todos se creen muy listos".

A menudo los deseos están muy lejos de los hechos, y la mayoría de la gente tiene la mala costumbre de asumir que los hechos armonizan con sus deseos. Por lo tanto, tienes que mirar en el espejo cuando estés buscando a la persona capaz de pensar con precisión. Tienes que ponerte a ti mismo bajo sospecha, ¿verdad? Porque si deseas que algo sea cierto, a menudo asumirás que es cierto y actuarás como si lo fuera.

A todos nos gusta conocer y relacionarnos con gente que está de acuerdo con nosotros. Es la naturaleza humana. A menudo la gente con la que te relacionas, que está de acuerdo contigo y es muy linda y encantadora, llega al punto en que se aprovecha de ti; es algo que sucede.

Si amas a una persona, pasas por alto sus fallas. Hay que tener cuidado con quienes más admiramos hasta que hayan demostrado ser lo que parecen, porque yo he admirado a mucha gente que resultó ser sumamente peligrosa.

De hecho, creo que la mayoría de mis problemas en los primeros años se debieron a confiar demasiado en la gente y dejarla usar mi nombre, que a veces no usó con prudencia. Eso me ha sucedido unas cinco o seis veces en la vida. Confié en estas personas porque las conocía, eran muy agradables, y decían y hacían las cosas que me gustaban. Ten cuidado con la persona que dice y hace las cosas que te gustan, porque no vas a ver sus fallas.

No seas demasiado severo con la persona que te pisa los juanetes y te obliga a reexaminarte. Puede ser el mejor amigo que hayas tenido:

la persona que quizá te irrite pero que te lleva a autoexaminarte cuidadosamente.

La información abunda. La mayoría es gratuita, pero los hechos tienen el hábito de ser escurridizos, y por lo general tienen precio: el precio de una labor concienzuda de examinarlos para determinar si son precisos. Ése es el menor de los precios que tendrás que pagar por los hechos.

"¿CÓMO SABES?"

Esta pregunta, "¿cómo sabes?", es la favorita del pensador. Cuando un pensador escucha una declaración que no puede aceptar, de inmediato le dice al orador: "¿Cómo sabes? ¿Cuál es tu fuente de información?"

Si tienes la menor duda y le pides a alguien que identifique la fuente de su conocimiento, pondrás a la persona en aprietos; no podrá decírtela. Si le preguntas cómo lo sabe, te dirá: "Bueno, eso creo".

¿Qué derecho tiene de creer en nada a menos que esté basado en algo, a menos que pueda dar algún contexto?

Yo creo que existe Dios. Mucha gente cree, pero hay mucha gente que dice creer en Dios que no podría darte la menor evidencia de que existe ni aunque la arrinconaras. Yo puedo dar evidencia. Cuando digo que creo en Dios, si tú me dices: "¿Pero cómo lo sabes?", puedo darte toda la evidencia. No tengo tanta evidencia de nada en el mundo como de la existencia de un Creador, porque el orden de este universo no podría seguir y seguir hasta el fin de los tiempos sin una causa primera, sin un plan que lo respalde. Sabes que esto es absolutamente cierto. Pero mucha gente se da a la tarea de probar la existencia de Dios de formas retorcidas que según mis reglas no son evidencia de nada. Cualquier cosa que exista, incluido Dios, puede demostrarse, y donde no existen esas pruebas, podemos suponer sin temor a equivocarnos que no existe nada.

La lógica es una cosa maravillosa. Cuando no haya datos disponibles para basar una opinión o un juicio o un plan, puedes recurrir a la lógica. Nadie ha visto a Dios, pero la lógica nos dice que existe: tiene que existir, si no, no estaríamos aquí. No podríamos estar aquí sin una causa primera, una inteligencia superior a nosotros.

Hay veces en que tienes un presentimiento; una intuición de que ciertas cosas son verdad o no. Más vale que aprendas a tenerle respeto a esos presentimientos, porque probablemente sea la inteligencia infinita tratando de traspasar la capa exterior.

Si te pusieras de pie y dijeras: "Mi gran meta determinada es ganar un millón de dólares el año que entra", ¿qué te diría yo? ¿Cuál crees que sería mi primera pregunta?

¿Cómo le vas a hacer? Quiero oír tu plan y luego lo que vas a hacer al respecto. En primer lugar, voy a sopesar tu habilidad para conseguir un millón de dólares y a descubrir qué piensas dar a cambio. Luego mi lógica me dirá si tu plan para lograrlo es demostrable, factible y práctico. No hace falta ser demasiado brillante, pero es muy importante hacerlo.

Creo en mis estudiantes, los amo, les tengo un gran respeto. Pero si uno de ellos se pusiera de pie y me dijera que el año que entra va a ganar un millón de dólares, ¿le diría: "Muy bien, muchacho. Así se habla. Estás listo para hacerlo"? Sabría de inmediato que estoy mintiendo. Si le dijera eso, tú sabrías que no sé de qué estoy hablando o no estoy diciendo la verdad.

Supongamos que le dijera: "Bueno, sí, está bien. Ojalá tengas razón. Vamos a ver cómo piensas hacerlo, siéntate y cuéntame tu plan".

Me pondría a repasar su plan, lo analizaría, lo analizaría a él, analizaría sus capacidades, analizaría su experiencia previa, sus logros en el pasado. Analizaría a la gente que va a poner a ayudarle a conseguir ese millón de dólares. Al terminar mi análisis podría decirle: "Bueno, probablemente puedas hacerlo", o podría señalar que quizá le tomaría más tiempo, quizá dos años o tres.

Por otro lado, también podría decirle que simplemente no es posible. Si mi razonamiento me indicara que ésa es la respuesta, se la daría sin chistar. He tenido alumnos que se me han acercado con propuestas que he tenido que rechazar; he tenido que decirles que mejor lo olviden porque están perdiendo el tiempo. También han venido otros con ideas maravillosas; uno de ellos está sentado aquí en el público. Pude referirlo a uno de los consultores de ingeniería más importantes del país, y ese ingeniero le dio las respuestas. No le di una opinión precipitada de sus ideas, y ya. Lo mandé con un experto que pudiera hablar del tema a fondo y posiblemente ayudarlo a llevar a cabo sus ideas.

Ésta es la percepción de una persona que piensa con precisión. No permite que sus emociones manden. Si yo permitiera que mis emociones pensaran por mí, cualquier cosa que mis estudiantes quisieran hacer, les diría que la hicieran.

Ahora saltemos al famoso lema o epigrama que has visto citado muchas veces. Lo has escuchado en mis clases: "Cualquier cosa que tu mente pueda concebir y creer, tu mente la puede alcanzar".

No quiero que nadie lea mal esta afirmación como si dijera que cualquier cosa que tu mente pueda concebir y creer, tu mente la *va* a alcanzar. Yo dije: "la *puede* alcanzar". ¿Entiendes la diferencia? *Puede*, pero no sé si *va* a alcanzarla. Eso depende de ti. Sólo tú lo sabes. Hasta dónde seas dueño de tu propia mente, hasta dónde intensifiques tu fe, lo acertado de tus juicios y planes: todos estos factores, todo se traduce a qué tan bien cumplas este epigrama: "Cualquier cosa que tu mente pueda concebir y creer, tu mente la puede alcanzar".

SEPARAR LA REALIDAD DE LA FICCIÓN

Ahora mi prueba de fuego para separar los hechos de la información. Veamos cómo se hace. Antes que nada, escudriña con especial cuidado todo lo que leas en el periódico o escuches en el radio y hazte al hábito de nunca aceptar una declaración como hecho sólo porque la leíste en algún lado o la oíste expresada por alguien. Las declaraciones que contienen una parte de verdad suelen ser, por descuido o intencionalmente, enfocadas de manera errónea. Una verdad a medias es más peligrosa que una mentira total, porque esa parte de verdad hará pensar a muchos que todo es verdad.

Escudriña cuidadosamente todo lo que leas en libros, sin importar quién los haya escrito, y nunca aceptes la obra de ningún escritor sin hacer las siguientes preguntas y quedar satisfecho de las respuestas.

Estas reglas también aplican a conferencias, declaraciones, discursos, conversaciones o cualquier cosa por el estilo.

En primer lugar, ¿es el escritor, orador, maestro o persona que hace la declaración una autoridad reconocida en el tema del que habla o escribe?

Ésa es la primera pregunta que hay que hacer. Supongamos que lo aplicas a mí. Estás tomando el curso, pagando una cantidad considerable de dinero y dedicándole una cantidad considerable de tiempo, que vale dinero. Sería una lástima que después de tomar el curso descubrieras que no soy una autoridad en mi campo, ¿verdad? Sería una lástima descubrir que esta filosofía no es sólida y que no va a funcionar. Sería una gran desilusión para ti, ¿verdad? También sería una gran desilusión para mí que descubrieras eso.

Vamos a ponerme bajo el microscopio a mí, para ver cómo podrías probar si mi ciencia del éxito es sólida y confiable. ¿Qué pruebas existen de que funciona?

En primer lugar, es muy fácil determinar si esta filosofía se ha extendido por todo el mundo. Se ha publicado y distribuido ampliamente en casi todos los países civilizados de la tierra, y ha sido aceptada y transmitida como algo sólido por los cerebros más astutos que este mundo haya creado jamás: no sólo unos cuantos cientos, sino miles de ellos. Nadie, en ningún momento, en ningún lugar ha descubierto ninguna debilidad en ella.

Sabes muy bien que, siendo la gente como es, si hubiera habido cualquier debilidad en esta filosofía, ya la habrían descubierto. Encontraron muchas debilidades en Napoleon Hill, y no titubearon en señalarlas, pero no encontraron ninguna en la filosofía. Por lo tanto, Napoleon Hill es una autoridad, porque desde hace casi 40 años ha dedicado su tiempo a presentar los conocimientos, el *know-how* adquirido por las 500 personas más destacadas del mundo, o más. De ahí salió la información. De personas que la obtuvieron por experiencia, con el método de prueba y error.

El hecho mismo de que haya sido aceptada y el hecho de que ha llevado a miles y miles de personas en todo el mundo a ser exitosas —tanto en lo económico como en lo demás— es evidencia de que Napoleon Hill, como autor de *La ciencia del éxito*, es una autoridad.

Así lo determinarían. No lo determinarían por lo que piensen de mí, si les caigo bien o no, porque eso no tiene nada que ver. Lo determinan examinando las obras mismas y el efecto que han tenido sobre la gente.

MOTIVOS OCULTOS

Después, ¿el escritor u orador tiene algún motivo oculto o interés personal más allá de impartir información precisa? El motivo que impulsa a una persona a escribir un libro, dar un discurso o hacer una declaración, en público o en privado, es muy importante. Si puedes descubrir el motivo de una persona cuando está hablando, puedes darte cuenta bastante bien de qué tan veraz es en lo que está diciendo.

Por ejemplo, la semana pasada permití que un hombre me hablara durante dos horas, sobre todo de sí mismo. Se estaba dando una muy buena recomendación. Creo que no se dio cuenta de que yo sospechaba que estaba tratando de promoverse para entrar a nuestra organización, pero eso era exactamente lo que estaba tratando de hacer. Le puse una buena carnada al anzuelo. Empezó diciéndome que tenía todos mis libros, que se sabía algunos de memoria y que era uno de mis grandes admiradores. Hasta ahí, todo bien. Pero a medida que siguió, empezó a exagerar más y más, y luego pasó a lo que yo sospeché desde un principio que era a lo que iba, pues me empezó a decir lo listo que era para aplicar esta filosofía y lo listo que sería para enseñarla.

Ahí metí el freno. Le hice algunas preguntas. Le pregunté si alguna vez había enseñado la filosofía. No, nunca la había enseñado, pero sabía muy bien que podría hacerlo, porque la conocía a fondo. Tenía un motivo oculto, y por lo tanto desconté muchas de las cosas que dijo de sí mismo. Por lo menos las puse en veremos. No las acepté ciegamente porque su testimonio estaba sesgado: se estaba autopromoviendo.

PROPAGANDA

Luego, ¿el escritor es un propagandista pagado cuya profesión es organizar a la opinión pública? En estos días nos corresponde estar siempre vigilantes ante la propaganda. Con estas organizaciones, sobre todo las que tienen nombres muy rimbombantes, como "la organización nacional para tal y cual", nos corresponde investigarlas, porque muchas han resultado ser propagandistas, que no apoyan nuestro modo de vida sino lo menoscaban. Los rusos han soltado en el mundo un grupo de ingeniosos propagandistas y quintacolumnistas; el mundo nunca ha visto cosa igual. Por eso han sometido a un país tras otro hasta controlar probablemente dos terceras partes del mundo y sin haber disparado un arma, y el resto del mundo parece paralizado e incapaz de hacer nada al respecto.

Puedes ver el efecto de permitir que la propaganda circule sin control. ¿El escritor tiene un interés económico, o una ganancia de otro tipo, en el tema del que escribe o habla? Cuando averigües el motivo de una persona, haga lo que haga, será imposible que te engañe en lo más mínimo, porque te las vas a oler. ¿El escritor es una persona en su sano juicio y no un fanático del tema sobre el que escribe? He visto a mucha gente que es fervorosa hasta llegar al punto de fanatismo, como Karl Marx o Lenin o Trotsky o cualquiera de ese grupo que respaldó el comunismo. Son demasiado fervorosos. No dudo que piensen que nosotros estamos mal y ellos están bien; no dudo que tengan una convicción suprema en lo que hacen. De otra manera no podrían hacer todo lo que han hecho. Antes de creer en sus doctrinas, me voy a reservar mi juicio y los voy a examinar, no por lo que digan, sino por lo que le hacen a la gente que cae bajo su yugo.

Tú no me juzgarías por mi corbata, ni por mi traje, ni por mi corte de pelo, ni por lo bien o mal que hablo. Me juzgarías por cuánta influencia para bien o para mal tengo sobre la gente. Así es como me juzgarías. Así es como juzgarías a cualquiera.

Quizá no te guste la filiación religiosa o política de alguien, pero si está haciendo un buen trabajo en su campo y ayudando a mucha gente y no le hace daño a nadie, qué más da esa filiación. No lo condenes si está haciendo preponderantemente más bien que mal.

Antes de aceptar las declaraciones de los demás como hechos, determina el motivo que llevó a las declaraciones. Determina también la reputación del escritor en cuanto a su veracidad, y escudriña con particular cuidado todas las declaraciones hechas por personas que tienen fuertes motivos u objetivos que deseen alcanzar a través de sus declaraciones. Ten igual cuidado de no aceptar como hechos las declaraciones de la gente demasiado fervorosa que tiene el hábito de dejar que su imaginación se desboque. Aprende a ser cauto y a usar tu propio criterio, sin importar quién esté tratando de influenciarte. Usa tu propio criterio en el análisis final.

CONSEJO EXPERTO

¿Qué haces si no puedes confiar en tu propio criterio? ¿Hay una respuesta para eso en esta filosofía?

Desde luego que sí. Muchas veces, un individuo no puede confiar en su propio criterio, porque no sabe lo suficiente sobre las circunstancias que enfrenta. Tiene que recurrir a alguien con más experiencia o con otra formación o con una mente más aguda para el análisis.

Por ejemplo, ¿te imaginas que pudiera triunfar un negocio conformado por puros vendedores expertos? ¿Te imaginas? ¿Alguna vez oíste de un negocio así? En todas las organizaciones hace falta un aguafiestas: alguien que controle los recursos de la compañía y evite que se pierdan de mala manera y en mal momento. También hace falta un verdugo: una persona que rompa a hachazos la burocracia y todo lo que se interponga en su camino, caiga quien caiga. Yo no querría ser el verdugo. Tampoco querría ser el aguafiestas, pero desde luego querría tenerlos a ambos en mi organización si fuera muy grande.

Al buscar datos de los demás, no reveles los datos que esperas encontrar. Si yo te digo: "Por cierto, tú eras jefe de John Brown, y pidió trabajo en mi empresa. Me parece un hombre maravilloso. ¿Tú qué opinas?"

Si John Brown tuviera algún defecto, desde luego no me iba a enterar haciendo esa clase de pregunta, ¿verdad? Si realmente quisiera averiguar sobre alguien que solía trabajar para ti, en primer lugar ni siquiera te lo preguntaría directamente. Haría que una compañía comercial de crédito se acercara a ti para obtener un reporte objetivo. Quizá le darías datos a la compañía crediticia que no me darías a mí ni a nadie más. Es sorprendente cuánta información puedes obtener si conoces las agencias comerciales indicadas para obtenerla. Muchas veces cuando buscas la información de una persona directamente, lo más probable es que no obtengas los datos reales, sino una versión retocada o diluida de los datos.

La mayoría de la gente es perezosa: no quiere tomarse muchas molestias en explicar. Si le haces una pregunta a alguien y le das la más mínima idea de la respuesta que esperas, simplemente te dará la respuesta que quieres. Te parecerá estupendo, la darás por buena, y más adelante será un tropiezo.

La gente lista tiene medios y formas de sacarles la información a los demás con mucha astucia sin revelar exactamente cómo la obtienen.

La ciencia es el arte de organizar y clasificar los hechos. Eso significa ciencia. Cuando quieras estar seguro de que estás lidiando con los hechos, ve si existen recursos científicos para hacer pruebas, cuando sea posible. Un científico no tiene razón ni disposición para modificar ni cambiar los datos con el fin de tergiversar nada. Si tuviera esas tendencias, no sería científico, ¿verdad? Sería un seudocientífico o un farsante, y existen muchos seudocientíficos y farsantes en este mundo que creen saber de cosas que no saben.

EQUILIBRA CABEZA Y CORAZÓN

Tus emociones no siempre son de fiar; de hecho, la mayoría de las veces no son de fiar. Antes de dejarte influenciar demasiado por tus sentimientos, dale la oportunidad a tu cabeza de emitir un juicio sobre el tema en cuestión. La cabeza es más confiable que el corazón, pero equilibrarlos de manera que ambos tengan igual peso es la mejor combinación. Si lo haces, hallarás la respuesta correcta. La persona que lo olvida por lo general lamenta su descuido.

De los principales enemigos del pensamiento claro, el amor está en primer lugar de la lista. Pero ¿cómo va a interferir el amor con el pensamiento? Si me dijeras eso, sabría de inmediato que no has tenido demasiadas experiencias amorosas. Si tienes cualquier experiencia del amor, sabes muy bien lo peligroso que es, como andar jugando con cerillos junto a la dinamita. No avisa cuando empieza a explotar.

Odio, ira, celos, miedo, venganza, avaricia, vanidad, egoísmo, querer algo por nada y postergar: todos éstos son enemigos del pensamiento. Tienes que estar siempre alerta para librarte de ellos, si lo que tienes que pensar te importa. Quizá tu destino y futuro dependan de que pienses con precisión, y de hecho así es. Si no fuera así, ¿qué caso tendría haberte dado el control total de tu mente?

La respuesta es que la mente es absolutamente suficiente para satisfacer todas tus necesidades, por lo menos en esta vida. No sé nada del plano anterior, de dónde venimos, ni sobre el siguiente, a dónde vamos. No sé nada de esos planos porque no recuerdo de dónde vine y aún no sé a dónde voy —ojalá lo supiera—, pero sé bastante sobre dónde estoy ahora. He descubierto bastante sobre cómo influenciar mi destino aquí. Además me da mucho placer hacerlo, así que puedo dar alegría, ser de utilidad y justificar mi paso por aquí.

He descubierto cómo manipular mi propia mente y tenerla bajo control, cómo hacer que haga las cosas que quiero, que deseche las circunstancias que no quiero y acepte las que sí. Si no encuentro las circunstancias que quiero, ¿qué hago? Crearlas, por supuesto. Para eso son la determinación de propósito y la imaginación.

LOS PELIGROS DEL FANATISMO

También existe el fanatismo religioso y político. Santo cielo, qué cantidad de tiempo y energía desperdiciada inútilmente en estas dos formas de fanatismo: pelearse por lo que va a pasar en el más allá, cuando de hecho nadie sabe lo que va a pasar en el más allá. Quizá creamos saberlo, pero la verdad es que no lo sabemos (y quizá sea mejor que algunos no sepamos a dónde vamos a ir después; quizá sea muy triste).

Pelearse por política... ¿sabes cuál es la diferencia entre un republicano y un demócrata? La única diferencia es si están o no en el poder. Eso es todo. Lo digo en serio, no es una ocurrencia. Si les pidiera que describieran la diferencia entre un demócrata y un republicano, les costaría trabajo darme un sentido real, práctico e inteligente de esa diferencia. En toda mi vida la única diferencia que yo he encontrado es que a veces los demócratas están en el poder, y abusan de él, y a veces los republicanos están en el poder, y abusan de él. Pero miren el furor y el odio que desatan.

No se puede creer nada que salga de Washington, porque no sabes si se trata de un ardid político para destruir a alguien o construir la carrera política de alguien más. Es complicado llegar a la verdad, porque ya sabes lo peligrosos, mañosos y deshonestos que son los políticos. Antes era un honor decirle a un hombre congresista o senador. Hoy en día lo más probable es que si lo haces te demanden por daños y perjuicios. Llamar a alguien un político... más te vale estar listo para pelear si haces eso. Hoy en día, en ciertos círculos, nadie quiere que lo llamen político, porque los políticos se han hundido a un nivel de infamia y deshonestidad sin precedentes.

No estoy hablando de política, ¿me entiendes? Sólo te estoy dando un poco de información sobre pensar con precisión, pero sabemos que es verdad. Ésa es una de las razones por las que estamos tan mal en Estados Unidos: no tenemos honestidad en la fuente de nuestro gobierno. No digo que no tengamos algunos individuos honestos, pero la preponderancia del poder en la fuente es deshonesta y lo ha sido desde... bueno, no te diré desde cuándo.

LA ETERNA INTERROGANTE

Ahora bien, tu mente debe ser una eterna interrogante. Cuestiona todo y a todos hasta que estés convencido de contar con los hechos. Hazlo en silencio, en la quietud de tu propia mente, para no hacerte fama de escéptico. No te pongas a cuestionar a la gente verbalmente —así no lograrás nada—; cuestiónala en silencio.

Si eres muy franco en tus cuestionamientos, pondrás a la gente sobre aviso, se van a cubrir las espaldas y no obtendrás la información que querías. Discretamente, busca la información y ponte a pensar con precisión, y es probable que lo resuelvas.

Hay que saber escuchar, pero también pensar con precisión mientras escuchas. ¿Qué es más redituable, saber hablar o saber escuchar? No conozco ninguna cualidad que pudiera resultarle más útil a un individuo para salir adelante en el mundo que ser un orador eficaz y entusiasta. Pero de inmediato tendría que decir que es mucho más redituable saber escuchar clara y analíticamente, porque cuando escuchas estás obteniendo información, pero cuando hablas sólo expresas lo que tienes en la mente. No estás obteniendo absolutamente nada, a menos que sea confianza en ti mismo o algo por el estilo.

Deja que tu mente sea una eterna interrogante. No digo que te conviertas en un cínico ni un escéptico, sino más bien que sin importar con quién estés tratando, en todas tus relaciones, trates a la gente desde la base de pensar con precisión. Eso te dará mucha satisfacción. Y además tendrás más éxito.

Si te manejas siempre con tacto y diplomacia, tendrás muchos más amigos sustanciales que con el viejo método de hacer juicios prematuros. Si piensas con precisión, la mayoría de tus amigos serán amistades que valen la pena.

Tus hábitos de pensamiento son resultado de una herencia social y una herencia física. Observa estas dos fuentes, sobre todo la herencia social. La herencia física es de donde tienes todo lo que eres físicamente: la estatura de tu cuerpo, la textura de tu piel, el color de tus ojos y de tu pelo. Eres la suma de todos tus ancestros, remontándose más allá de la memoria, y has heredado algunas de sus cualidades buenas y algunas de las malas. No se puede hacer nada al respecto. Es algo estático: fijo de nacimiento.

Por mucho, la parte más importante de lo que eres es resultado de tu herencia social: las influencias de tu entorno, las cosas que has permitido entrar a tu mente y que has aceptado como parte de tu carácter.

Una vez tuve una experiencia que me hizo enojar mucho, pero aprendí una gran lección. El señor que me contrató para escribir artículos sobre personas de éxito, lo cual me llevó a conocer al señor Carnegie, fue Robert Love Taylor, que fue gobernador y senador de Tennessee.

Una vez estaba cenando con él, cuando era senador en Washington, en el comedor del Senado. Estábamos hablando de política. Él era de Tennessee y yo del vecino estado de Virginia, los dos demócratas. Ambos nos estábamos dando cuerda. Yo le hablaba de las maravillas de la democracia y él me hablaba de lo mismo. Finalmente dijo:

—Por cierto, Hill, ¿y usted por qué es demócrata?

—Porque mi abuelo era demócrata, mi padre es demócrata, todos mis tíos son demócratas y mi bisabuelo fue demócrata.

Me dijo:

—Pues qué bien. Menos mal que sus ancestros no eran cuatreros, ¿no cree?

Me enojé. No entendí lo que quería decir. En ese momento no tenía la edad, ni la experiencia, pero me puso a pensar. Con ese comentario, me dijo que no tienes derecho a ser nada sólo porque tu papá o tu tío o cualquier otra persona lo sea.

De ahí aprendí una gran lección. Más adelante dejé de ser demócrata. Tampoco soy republicano. Soy alguien que piensa con precisión. Tomo un poco de lo bueno de las ideas del republicano y del demócrata. Cuando voto, nunca en mi vida he votado ciegamente por un solo partido. Creo que eso sería un insulto a mi propia inteligencia. Analizo a las personas que están en la boleta y trato de elegir a la que creo que hará el mejor trabajo, y me tiene perfectamente sin cuidado si es republicano o demócrata. Siempre he votado por la persona que creo que hará un buen trabajo para la gente, y creo que cualquiera que piense con precisión haría lo mismo.

LA CONCIENCIA COMO GUÍA

Tu conciencia te fue dada como una guía cuando todas las demás fuentes de conocimiento y los hechos se han agotado. Cuida que siem pre sea una guía en vez de hacerla cómplice. Mucha gente usa su conciencia de cómplice, y no de guía. En otras palabras, convencen a su conciencia de que lo que están haciendo está bien. Tarde o temprano la conciencia se alinea y se vuelve cómplice.

La primera vez que entrevisté a Al Capone, me asombró enterarme de lo injusto que había sido con él el pueblo estadounidense por medio de su gobierno, de la saña y la maldad con que lo habían acosado —no procesado, sino acosado— por llevar a cabo un negocio perfectamente legítimo. Él les estaba proporcionando a las personas un servicio que querían y pagaban. ¿Por qué metía el Tío Sam sus narizotas en un negocio legítimo como el suyo?

Bueno, ésa es la versión de Al. Así me lo contó, y él lo creía, porque hacía mucho tiempo que había ahogado su conciencia o bien la había convertido en su secuaz. Eso puede pasar si no escuchas a tu conciencia en un inicio. Se convertirá en cómplice, y te respaldará en todo lo que hagas.

EL PRECIO QUE DEBES PAGAR

Si quieres sinceramente pensar con precisión, hay un precio que debes pagar, un precio que no puede medirse en dinero. Primero debes aprender a examinar con cuidado todos tus sentimientos y emociones sometiéndolos a tu sentido de la razón. Éste es el primer paso para pensar con precisión. En otras palabras, las cosas que más te guste hacer son las que debes examinar primero y más a fondo para asegurarte de que te lleven a alcanzar el objetivo que quieres.

Una vez conocí a un hombre que quería casarse con cierta chica más que nada en el mundo. Se volvió su obsesión, su gran propósito determinado. Ella lo rechazó una y otra vez. Finalmente, le insistió tanto que se casó con él, sólo para que la dejara en paz. Los dos vivieron para lamentar esta decisión, sobre todo él, porque ella nunca dejó de echárselo en cara. No te imagines lo que no es: el hombre no era yo, sólo me tocó observarlos.

Ten cuidado con lo que desees de corazón, porque al obtenerlo a veces descubres que para nada es lo que querías. Ya te conté de Bing Crosby, que estaba decidido a ganar sus primeros 50 000 dólares. Cuando él y su hermano, que era su mánager, los ganaron, descubrieron que querían otros 50 000. Cuando llegaron a 100 000 dijeron: "Bueno, llegó muy fácil. Ganemos un millón y paramos".

Llegó a su primer millón y luego el millón le llegó a él. Un tipo encantador, pero quedó atrapado por sus propios deseos, y ahora no sabe cuándo parar.

Podría multiplicar ese ejemplo por 1 000: de gente que pagó demasiado por lo que tiene, que quería algo con demasiadas ganas, que trató de sacar demasiado y lo sacó, pero no obtuvo tranquilidad mental ni equilibrio en su vida.

Creo que lo más triste que me encontré en mi investigación para hacer esta filosofía fue lo que descubrí de todos los hombres acaudalados que contribuyeron. No obtuvieron el éxito a la par del dinero, porque se obsesionaron demasiado con la importancia del dinero y el poder que éste les daría. No sé por qué alguien querría tener un millón de dólares —palabra que no lo entiendo—, a menos que sea un caso como el mío, que los quiero para difundir esta filosofía por todo el mundo para que le pueda llegar a mucha gente. Quiero muchos millones de dólares, y los voy a obtener rápidamente. No para mí; yo no necesito esas cantidades. Todo se va a invertir en este negocio de ayudar a la gente de todo el mundo. No creo que eso vaya a dañarme a mí ni a nadie más; no veo cómo pudiera dañar a nadie.

EVITA EXPRESAR TUS OPINIONES

Debes controlar el hábito de expresar opiniones que no estén basadas en hechos o en lo que crees que son los hechos. ¿Sabías que no tienes derecho a tener ninguna opinión de nada, de absolutamente nada, a menos que esté basada en hechos o en lo que crees que son los hechos? Apuesto a que no reconocerías que esto es verdad. Apuesto a que no aceptarías que no tienes absolutamente ningún derecho a tener una opinión de nada en ningún momento a menos que esté basada en lo que crees que son los hechos o en los hechos reales y demostrables.

¿Por qué digo que no tienes derecho? Tienes derecho, por supuesto, pero tienes que asumir la responsabilidad de lo que te pase por expresar una opinión que no esté basada en hechos o en lo que crees que son los hechos. Te puedes engañar a ti mismo si lo haces.

Mucha gente se pasa toda la vida engañándose a sí misma con opiniones que no tienen ningún sustento para existir. Debes dominar el hábito de dejarte influenciar por otros, de la manera que sea, sólo porque te agradan o tienen alguna relación contigo o te hicieron un favor.

Cuando has recorrido la milla extra, vas a tener a mucha gente que siente que tiene una obligación contigo, y quiero que eso hagas. No tiene nada de malo, pero ten cuidado. Ten cuidado de no dejarte influir por la gente sólo porque te hizo un favor. Estoy hablando de la gente por la que has recorrido la milla extra. Y tú también puedes verte en esa posición, donde alguien haga que te sientas obligado hasta un grado que no quieres.

Tengo un amigo, Ed Barnes, que fue el único socio que tuvo Thomas A. Edison en su vida. Ed y yo nos vamos a comer desde hace 40 años, a cualquier lugar, desde el Waldorf Astoria hasta restaurantes donde pedimos un sándwich y un café.

Nunca me dejó pagar la cuenta más que una vez en la vida. La última vez que él andaba por aquí, fuimos al beisbol con Mike Ritt. Yo había mandado a Mike por delante a comprar los boletos, y Ed ya no pudo hacer nada.

Una vez le pregunté:

—¿Por qué nunca me dejas pagar la cuenta?

—Bueno —dijo—, te diré la verdad. Quiero que siempre te sientas obligado conmigo, porque yo me siento obligado contigo de mucho tiempo atrás, y quiero irlo pagando poco a poco, para que luego no me eches en cara que tú me ayudaste a ganar mi primer millón.

Lo que dijo tenía mucha lógica. No quería sentirse demasiado obligado conmigo, así que sólo para mostrarme su independencia, insistía en siempre pagar la cuenta. Claro, yo habría podido ser más veloz para agarrarla, si hubiera querido. Una vez que fuimos a cenar, si le hubiera ganado la cuenta me habría metido en aprietos, porque era más de lo que traía.

Debes hacerte al hábito de examinar los motivos de la gente que busca algún beneficio por medio de tu influencia. Debes controlar tus emociones de amor y de odio al tomar decisiones por cualquier propósito, pues cualquiera de las dos puede desequilibrar tu pensamiento.

NO TOMES DECISIONES CUANDO ESTÉS ENOJADO

Nadie debe tomar decisiones importantes cuando está enojado. Por ejemplo, es una mala decisión disciplinar a los niños cuando estás enojado, porque nueve de cada 10 veces harás o dirás algo equivocado y saldrá peor el remedio que la enfermedad. Lo mismo aplica a muchos adultos. Si estás muy enojado, no tomes decisiones. No le digas nada a nadie cuando estés enojado, porque tus palabras pueden volverse contra ti y hacerte mucho daño.

Entiendes por qué tenemos una lección sobre la disciplina personal. Va de la mano con esta lección. Muchas veces, si quieres pensar con precisión, necesitas tener mucha disciplina personal, y tienes que abstenerte de decir y hacer muchas cosas que quisieras. Aguarda tu momento. Siempre hay un momento para decir y hacer todo como se debe.

Alguien que piensa con precisión no pierde los estribos, no echa a andar la boca y se va, dejándola encendida, a diferencia de otros. Analiza con cuidado el efecto de cada una de sus palabras en su oyente, aun desde antes de pronunciarla.

Hace poco hice una declaración en el Club Éxito Ilimitado. Hablé de un incidente en nuestra organización, donde el señor Stone tuvo que disciplinar a alguien que consideramos desleal. No lo mencioné porque esa tarde anduviera de humor malicioso; estaba poniendo a la gente sobre aviso de que habíamos detectado actividad quintacolumnista, y también quiero ponerte sobre aviso a ti, para que si se presenta sepas defenderte. Por eso lo hice, únicamente. Me complace decir que la situación ya se resolvió por completo, y ya no hay ninguna actividad quintacolumnista.

El asunto se manejó correctamente. No hubo malicia, no se mencionaron nombres, y el único que podía sentirse herido de escucharlo era el propio culpable. Los inocentes, que no sabían nada al respecto, desde luego no podrían salir heridos de ningún modo.

Así fue como manejé una situación que bien podría haber destrozado esta maravillosa organización. Fue una de esas cosas que sencillamente había que resolver, pero lo hice de una manera que produjo los resultados correctos. Todo mundo quedó satisfecho y no hubo más problemas.

Hubiera podido decir nombres. Hubiera podido sacar a relucir personalidades. Hubiera podido hacer lo que haría cualquier persona que no esté pensando con precisión, pero no lo hice.

Cuando entiendas correctamente esta filosofía y la apliques, por muy desagradables que sean las circunstancias que surjan en tu vida, siempre podrás manejarlas bien. Por manejarlas bien me refiero a resolverlas con justicia para ti y para todos los demás que tus decisiones o acciones puedan afectar. Yo no quisiera bajo ninguna circunstancia participar en cualquier transacción que pudiera ofender o lastimar a nadie si puedo evitarlo. Nunca lastimaría a nadie excepto en defensa propia o en defensa de mi profesión, que sé que beneficia a millones de personas.

Si se vieran amenazadas mi organización, esta filosofía o mi capacidad de llevarla a la gente, estaría ahí peleando como demonio de ser necesario. Esta filosofía en la que participamos es algo más grande que yo, más grande que tú, más grande que todos nosotros juntos.

EN SUMA

Al apropiarte de los hábitos y características de otros, debes aprender a adoptar sólo aquellos que se amolden al patrón de tu gran propósito en la vida. No adoptes patrones de otra persona sólo porque la admiras. Toma de los patrones del otro sólo aquello que se ajuste a tu propósito en la vida. Debes aprender a tomar decisiones sin demora, pero no las tomes hasta que hayas sopesado cuidadosamente sus posibles efectos sobre tus planes futuros y sobre los demás.

Puedo pensar en muchas cosas que podría hacer que serían benéficas para mí pero no necesariamente para ti, e incluso podrían lesionarte. Se me ocurren muchas cosas que podría hacerle a alguien, pero jamás me involucraría en ellas, porque tarde o temprano tendría que pagar el precio, porque todo lo que hagas por o contra alguien te lo haces a ti mismo. Se te regresa multiplicado muchas veces.

Eso también cae bajo el rubro de pensar con precisión. Cuando has sido profundamente adoctrinado con esta filosofía, aprendes a no hacer nada que no quieres que se te regrese y te afecte; a no decir nada, a no hacer nada que no quieras que se te regrese más adelante en la vida.

Antes de aceptar como hechos las declaraciones de otras personas, puede ser benéfico preguntarles cómo obtuvieron los supuestos hechos. Cuando expresen opiniones, pregúntales cómo saben que su opinión está bien fundamentada. Que alguien venga y diga "Yo opino que..." no me influye en lo más mínimo, porque no me interesan las opiniones. Yo quiero los hechos; entonces puedo formarme mi propia opinión. "Denme los hechos que yo los interpretaré a mi manera", dice el que piensa con precisión.

Debes aprender a examinar con extraordinario cuidado todos los comentarios de tipo despectivo que una persona haga contra otras, porque la naturaleza misma de esas declaraciones indica que no carecen de prejuicios (por decirlo de la manera más cortés).

Debes superar el hábito de tratar de justificar una decisión que has tomado que resulta no haber sido acertada. La gente que piensa con precisión no hace eso. Si descubre que se ha equivocado, da marcha atrás en sus decisiones con la misma velocidad que las tomó.

Los pretextos y las excusas no se llevan bien con el pensamiento preciso. La mayoría de la gente es muy buena para crear excusas para sus fallas y omisiones, pero no valen nada a menos que estén respaldadas por algo sólido, confiable.

Si piensas con precisión, jamás usarás las expresiones "Dicen que", ni "Me contaron". La gente que piensa con precisión, al repetir las cosas que ha escuchado, identifica la fuente e intenta determinar qué tan confiable es. Si yo te dijera que Dios existe y por qué sé que existe,

después te daría la fuente de mi información y lo explicaría en términos que pudieras entender. Si te dijera que soy demócrata o republicano, y fuera importante que supieras por qué, te daría buenas razones
(no soy ni uno ni lo otro, porque no tengo buenas razones para serlo).

No es tan fácil pensar con precisión. ¿Ya llegaste a esa conclusión?
Hay que pagar bastante para lograrlo, pero vale la pena. Si no piensas
con precisión, la gente se va a aprovechar de ti. No vas a sacarle a la
vida tanto como quisieras. No vas a estar satisfecho. Nunca serás una
persona equilibrada si no piensas con precisión.

Para poder pensar con precisión, necesitas tener una serie de reglas que sigas, y las encontrarás en esta lección. Repasa esta lección y
estúdiala con cuidado, agrega tus propios apuntes, y empieza a pensar
ahora mismo. Empieza a poner en práctica algunos de estos principios
de separar los hechos de la información y separar los hechos mismos
en dos clases, relevantes e irrelevantes.

Esta lección se habrá justificado de sobra, y bien podría valer 1 000
veces lo que invertiste en todo el curso, si te enseña a hacer estas cosas
sencillas. Empieza a separar los hechos de la información. Asegúrate
de tener los hechos. Luego toma los hechos y analízalos. Desecha los
hechos irrelevantes con los que has perdido tanto tiempo.

12

CONCENTRACIÓN

Esta lección está dedicada a la atención controlada o la concentración del esfuerzo. Nunca he sabido de ninguna persona exitosa en ningún campo que no haya adquirido grandes poderes de concentración en una cosa a la vez.

¿Has oído que la gente dice despectivamente que alguien es de ideas fijas?, ¿alguna vez has oído ese término? Cuando alguien me dice que soy de ideas fijas, quiero darle las gracias, porque mucha gente es de ideas variables. Trata de seguirlas todas al mismo tiempo y no hace un buen trabajo con ninguna. He observado que los éxitos notables son de gente que ha desarrollado una gran capacidad de mantener su mente fija en una cosa a la vez.

Quizá te interese saber que yo tengo lo que llamo mi hora de silencio. Una hora de cada 24 me retiro tras ese tercer muro mental altísimo y dedico todo mi tiempo a desarrollar una conciencia que pueda contactar a la inteligencia infinita y comulgar con ella.

También dedico ese tiempo a expresar mi gratitud por el servicio que mis ocho príncipes guías me han brindado durante el día, por el servicio que brindaron el día anterior, el servicio que están brindando ahora y el servicio que brindarán mañana.

Podrás pensar que esa hora silenciosa no es redituable, pero para mí es la más redituable de mis 24 horas, sin importar qué otra cosa haga. Esa hora silenciosa de meditación me permite pensar sobre los logros más elevados de la vida, las cosas que quiero hacer con la superación personal.

Es una cosa maravillosa recogerse en uno mismo. Si vas ahí con la actitud mental correcta, encontrarás una compañía maravillosa —pero debes tener la actitud mental correcta—. Tienes que ir con un propósito y con reflexión.

Déjame repasar los principios de esta filosofía que combinan y se integran a esta lección sobre la concentración del esfuerzo. Así como cada hebra, por fina que sea, conforma nuestra cuerda, así estos principios se combinan y se integran en este principio de la concentración del esfuerzo.

AUTOSUGESTIÓN O AUTOHIPNOSIS

En primer lugar, la autosugestión o autohipnosis es la base de toda la concentración. La autohipnosis es una cosa maravillosa si te hipnotizas a ti mismo en aras del objetivo correcto, pero no es tan maravillosa si permites que las circunstancias de tu vida te hipnoticen en aras de circunstancias y objetivos equivocados. Mucha gente se autohipnotiza en relación con el miedo, sus limitaciones personales, deseos, incredulidad y falta de fe. Cuando has aprendido a concentrarte en una cosa a la vez, has aprendido a verte ya en posesión de eso en lo que te estás concentrando.

No le tengas miedo a la autosugestión o autohipnosis. Ten miedo de no aceptarla intencionalmente y aprovecharla para desarrollar las cosas que quieres que representen tu vida y tu éxito.

Los nueve motivos básicos son el punto de partida de la concentración. En otras palabras, no te concentres a menos que tengas motivo para hacerlo.

Digamos que quieres ganar suficiente dinero para comprar una finca o una granja. Si te concentraras en eso, te sorprenderías de cómo esa concentración cambiaría tus hábitos y atraería a ti oportunidades de ganar dinero que nunca se te habían ocurrido. Sé que así funciona, porque hace unos años yo quería comprar una finca de 400 hectáreas.

En ese momento ni siquiera sabía cuánto eran 400 hectáreas, pero estaba concentrado en esas 400 hectáreas. Comprar la tierra que estaba buscando costaba aproximadamente 250 000 dólares, que era mucho más dinero del que yo tenía en esa época. Pero casi desde el primer día que fijé en mi mente el tamaño de la finca que quería, se empezaron a abrir y desarrollar oportunidades para que yo consiguiera ese dinero en montos más grandes que nunca antes. Las regalías por mis libros empezaron a aumentar, la demanda de mis conferencias empezó a aumentar, la demanda de mis consultorías a negocios empezó a aumentar, todo de acuerdo con el patrón que yo había establecido a través de la autohipnosis. Sólo me convencí a mí mismo de la idea de que necesitaba tener el dinero, que lo iba a conseguir, y que a cambio iba a prestar un servicio.

Cuando compré la finca no fueron 400 hectáreas, fueron 240. Le dije al señor al que se las compré que yo quería 400 hectáreas. Me dijo:

—Tengo 240. ¿Por cierto, usted sabe cuánto son 240 hectáreas?

—Más o menos tengo idea —dije.

—¿Le importaría rodear la finca conmigo?

Salimos una mañana con un par de palos de golf para defendernos de las serpientes de cascabel. Empezamos a rodearla por fuera, y caminamos hasta medio día. Para rodearla habíamos caminado para arriba y para abajo por las montañas Catskill. A mediodía, el señor dijo:

—Vamos como a la mitad.

—Bueno —dije—, en vez de darle toda la vuelta, mejor regresemos. Ya vi suficiente —240 hectáreas es un planeta.

Compré el lugar. Luego vino la Depresión —1929, 30 y 31—. La cosa se puso difícil, pero yo había acumulado suficiente dinero para comprar el lugar. No lo habría tenido si no me hubiera concentrado en esa idea.

LA CONCENTRACIÓN Y EL PROPÓSITO DETERMINADO

La determinación de propósito con un deseo obsesivo es el espíritu motriz que respalda el motivo. No tiene caso tener un motivo a menos que lo respaldes con un deseo o un propósito obsesivo.

¿Cuál es la diferencia entre un propósito o deseo normal y un deseo obsesivo? La intensidad. En otras palabras, desear una cosa o tener la esperanza de obtenerla no causa que pase nada, pero cuando lo respaldas con un deseo ferviente u obsesivo, te mueve a la acción. Atrae a ti a las personas y cosas que necesitas para poder cumplir ese deseo.

¿Cómo se le hace para desarrollar un deseo obsesivo? ¿Pensando en muchas cosas, cambiando de una a otra? No. Eliges una cosa: la comes, la duermes, la bebes, la respiras, hablas de ella con cualquiera que te escuche. Si no encuentras a nadie, hablas solo. Repetición. Síguele diciendo a tu mente subconsciente exactamente qué quieres. Que sea claro, que sea patente, que sea evidente, pero sobre todo, comunícale a tu mente subconsciente que esperas resultados y nada de tonterías.

El esfuerzo organizado de una iniciativa personal echa a andar la acción mediante la concentración, y la fe aplicada es la fuerza de sustento que mantiene la acción en marcha.

En otras palabras, sin fe aplicada, cuando las cosas se pongan difíciles —y se pondrán, sin importar a qué te dediques— podrías aflojar el paso o darte por vencido. Como ves, necesitas la fe aplicada para poder mantener la acción a un alto nivel, incluso cuando la cosa está difícil y los resultados no están llegando como tú quisieras.

Por cierto, ¿alguna vez has oído de alguien que se ponga a hacer algo y alcance un éxito sobresaliente desde el principio sin ninguna oposición?

No. Ni tú ni nadie ha oído de algo así y probablemente nunca lo oigan. La cosa se pone difícil para todos, sin importar a qué se dediquen. Para ti, empezar como maestro de esta filosofía no va a ser tan difícil como lo fue para mí, porque yo primero tuve que crear la filosofía. Luego tuve que aprender a enseñarla. Luego tuve que ponerme a hacerlo como 10 años antes de llegar al punto en que pudiera hacerlo bien.

No vas a tener que trabajar tanto como yo, porque tienes más información a tu alcance. Tienes una tremenda cantidad de información que respalda cada una de estas lecciones, en la que te puedes apoyar. El trabajo ya se hizo; es como si yo te hubiera masticado la comida para que ya no tengas que hacerlo (no sé si sea un buen símil o no, pero en otras palabras: ya está digerido, pongámoslo así).

Esta información ya está ahí; ya está delineado el esqueleto de cada uno de estos principios. Lo único que tienes que hacer es agregar tus propios apuntes a los que yo he propuesto y tendrás una conferencia maravillosa sobre cada uno de estos principios. Tendrás que concentrarte en cada una de estas lecciones cuando llegues a ellas, pero concéntrate en la lección y agrega tus apuntes. Tendrás que regresar a cada lección muchas veces. Tendrás que ponerte a pensar en cada una, pero cuando estés concentrado en determinada lección no dejes que tu mente se distraiga con las otras. Enfócate únicamente en la lección que estés repasando.

LA MENTE MAESTRA Y LA CONCENTRACIÓN

La Mente Maestra es la fuente del poder aliado necesario para asegurar el éxito. ¿Te imaginas a alguien concentrado en el logro de algo de naturaleza sobresaliente sin hacer uso de la Mente Maestra y el cerebro, la influencia y la educación de otras personas? ¿Alguna vez has sabido de alguien que alcance el éxito sin la cooperación de otros?

Yo no, nunca. Llevo bastante tiempo en este campo del éxito —quizá más que la mayoría— y aún no he encontrado a nadie en los estratos superiores del éxito, en ninguna actividad, que no debiera sus logros en gran medida a la colaboración amistosa y armónica de otras personas, a usar los cerebros de otras personas y a veces el dinero de otras personas.

Si lo que quieres emprender es muy grande y no tienes el dinero para llevarlo a cabo, quizá tengas que compartir la oportunidad con alguien más, que a cambio de lo que le compartes ponga parte del dinero necesario para echarlo a andar. Así operan las grandes empresas. No sé de ninguna corporación, excepto quizá la Ford Motor Company, que sea propiedad por entero de un solo grupo de gente. La mayoría de estas grandes corporaciones, como la American Telephone & Telegraph Company y todas las empresas ferroviarias, son propiedad de decenas de miles de individuos, que pusieron el dinero para que pudieran operar. Sin esa clase de cooperación (hacer uso de la Mente Maestra), esas grandes corporaciones no podrían seguir adelante.

Necesitas la alianza de la Mente Maestra como parte de tu concentración si aspiras a cualquier cosa por encima de la mediocridad. Claro, para concentrarte en el fracaso puedes hacerlo solo: para eso no necesitas ayuda, no necesitas ninguna Mente Maestra, y de hecho tendrás muchos voluntarios que te ayuden.

Si quieres tener éxito, tienes que seguir estas reglas como te las estoy dando. No puedes escaparte de ellas. No puedes olvidar ninguna.

La disciplina personal es el vigilante que mantiene la acción avanzando en la dirección correcta, incluso cuando la cosa se pone difícil. Necesitas disciplina personal en lo que toca a los deseos, y cuando te topas con oposición, o cuando tienes que abrirte paso entre condiciones y circunstancias difíciles.

Necesitas disciplina personal para que mantenga viva tu fe, y a ti te mantenga decidido a no darte por vencido sólo porque la cosa se puso difícil. Sería imposible poder llegar a concentrarte sin disciplina personal. Aunque claro, si todo te saliera como quieres y no enfrentaras ninguna circunstancia difícil, no habría problema: podrías concentrarte en lo que fuera.

LA VISIÓN CREATIVA

La visión creativa o imaginación es el arquitecto que traza los planes prácticos de acción que respaldan tu concentración. Para poder concentrarte de manera inteligente debes tener planes, debes tener un arquitecto. El arquitecto es tu imaginación y la imaginación de tus aliados de la Mente Maestra, si la tienes.

¿Alguna vez has sabido de alguien que tuviera un objetivo muy bueno, pero haya fallado porque no tuvo el plan correcto para ponerlo en práctica? Es un patrón bastante común, en realidad. La gente tiene ideas, pero sus planes para llevarlos a cabo no son buenos.

Recorrer la milla extra es el principio que asegura la cooperación armónica de los demás, es algo que vas a necesitar en este asunto de concentrarte. Si quieres que otras personas te ayuden, tienes que hacer algo para que se sientan obligadas, así que tienes que darles un motivo. Ni siquiera tus aliados de la Mente Maestra fungirán como tus aliados sin un motivo.

Desde luego, el motivo más sobresaliente es el deseo de una ganancia económica. En todo emprendimiento comercial o profesional, yo diría que el deseo de una ganancia económica es el motivo más sobresaliente. Si entras a un negocio, donde el objetivo principal es ganar dinero, si no permites que tus aliados o gente clave reciba suficientes ganancias, no vas a tenerlos por mucho tiempo. Pondrán su propio negocio. Se irán con tu competencia o lo que sea.

En una ocasión me impactó escuchar que el señor Andrew Carnegie le pagaba a Charles Schwab un salario de 75 000 dólares al año, y algunos años le daba un bono de un millón. Quise saber por qué un hombre de su enorme inteligencia le pagaría a alguien un bono de más de 10 veces su salario. Le pregunté:

—Señor Carnegie, ¿y tiene que hacer eso?

—Pues no —dijo él—. Desde luego, no tengo que hacerlo. Puedo dejar que se vaya y me haga la competencia.

Esta frase encierra un significado bastante profundo. Había conseguido a un buen elemento que le resultaba muy valioso. Quería conservarlo y sabía que la manera de conservarlo era que él supiera que con el señor Carnegie ganaba más dinero de lo que ganaría por su cuenta.

Éste es el lugar indicado para decirte que llegarás a ser maestro de esta filosofía, que vas a ganar mucho más dinero con nuestra organización que con las demás. Puedes prescindir de nosotros. Después de pasar tus exámenes finales, puedes volverte independiente. Me daría mucho gusto que lo hicieras, si eso quieres, pero no sería una buena decisión de tu parte. Si lo piensas bien, de manera juiciosa y precisa, sabrás que te conviene ponerte bajo las alas de Napoleon Hill y Asociados, porque contamos con el equipo, las instalaciones, el mecanismo, las influencias y la experiencia para evitar que cometas algunos de los errores que de otra manera cometerías inevitablemente. Pondrás a trabajar la Mente Maestra y la concentración si eres tan listo como espero que lo seas al terminar este curso. Luego, aplicar la regla de oro da una directriz moral adicional para efectos de en qué te vas a concentrar.

Pensar con precisión nos salva de fantasear cuando estamos haciendo planes. La mayoría de lo que la gente llama pensar no es más que soñar despierto o desear o tener la esperanza de algo. Mucha gente pasa la gran mayoría de su tiempo soñando despierta, esperando que algo ocurra, deseando, pensando en cosas, pero sin tomar nunca una acción concreta para llevar a cabo sus planes.

Hace mucho tiempo estaba dando una conferencia sobre esta filosofía en Des Moines, Iowa, y cuando terminé, un anciano —decrépito y con poca fuerza— subió al escenario. Se puso a buscar en sus bolsillos y sacó un montón de papeles con las esquinas dobladas. Luego buscó en el montón y sacó una hoja amarilla. Dijo: "No tiene nada de nuevo lo que acaba de decir, señor Hill. Yo tuve esas mismas ideas hace 20 años. Aquí están, por escrito".

Seguramente las tuvo. Él y millones de personas más. ¿Pero hizo algo con ellas?

No hay nada nuevo en esta filosofía, absolutamente nada, excepto la ley cósmica de la fuerza del hábito. Y hasta eso, estrictamente hablando, tampoco es nuevo. Es una interpretación correcta del ensayo de Emerson sobre la compensación, pero expresado en términos que la gente pueda entender la primera vez que lo lea.

Y pues ahí estaba ese anciano. Llevaba esas ideas en el bolsillo y él habría podido ser Napoleon Hill en vez de mí, si tan sólo hubiera puesto manos a la obra antes de que yo empezara.

Uno de estos días va a aparecer algún tipo listo que va a retomar de donde yo me quedé. Va a crear una filosofía basada en lo que he hecho que quizá sea muy superior a ésta. Quizá esa persona esté sentada aquí en esta sala en este momento.

UN BUEN MAESTRO

¿Sabes qué hace a un buen maestro? Es su actitud mental hacia sus alumnos: quiere que cada uno de ellos no sólo lo alcance sino que lo supere. Y yo espero de todo corazón y rezo con toda el alma por que llegues a ver el día en que me superes en todo, en lo relacionado con enseñar esta filosofía. Lo digo de todo corazón. Y puedes hacerlo, si lo decides hoy mismo, porque tienes muchas mejores oportunidades ahora que cuando yo empecé. Tienes todas las respuestas. Están escritas, explicadas, detalladas, vienen los planos. Tienes una estructura que puedes seguir. Sé que puedes hacerlo si quieres.

¿Qué es lo que va a permitirte hacer el trabajo mejor que yo? Un deseo obsesivo de hacerlo. Da igual qué aspecto tengas, tu edad o tu género; no tiene la menor importancia. La actitud mental con que lo emprendas será el factor determinante, porque tienes todo lo demás. Tú puedes superarme, y no te llevará mucho tiempo hacerlo.

EL PODER DE LA ADVERSIDAD

Aprender de la derrota nos protege de darnos por vencidos cuando la cosa se pone difícil. ¿Acaso no es maravilloso saber que en esta filosofía que has aprendido, sin duda alguna, el fracaso, la derrota y la adversidad no tienen por qué detenerte, que hay un beneficio en cada experiencia de ese tipo?

¿Puedes verle algún beneficio a que un hombre pase por la Depresión y pierda todo su dinero, hasta el último centavo, y tenga que volver a empezar?

Si no puedes, fíjate bien, porque estás viendo a un hombre que hizo justo eso. Fue una de las mayores bendiciones en mi vida, porque ya me estaba volviendo un sabelotodo. Estaba ganando demasiado dinero de manera demasiado fácil. Hacía falta bajarme una rayita.

Salí peleando, y desde entonces he hecho un mejor trabajo que nunca antes. Sin esa experiencia, probablemente seguiría en mi finca de las montañas Catskill en vez de estar aquí dando clases.

A veces la adversidad es una bendición disfrazada. A menudo ni siquiera está tan disfrazada si la enfocas con la actitud correcta. No pueden ganarte, no pueden vencerte, hasta que tú aceptes la derrota en tu propia mente. Sólo recuerda eso, y recuerda que sea cual sea la

242   CONCENTRACIÓN

naturaleza de la adversidad que enfrentas, siempre está la semilla de un beneficio equivalente si te concentras en la circunstancia y buscas todo lo bueno que causó en vez de lo malo. No pierdas nada de tiempo dándoles vueltas a las cosas que se han perdido o que ya no existen ni a los errores que has cometido, excepto para analizarlos y aprender de ellos con el fin de no cometer el mismo error dos veces.

La atención controlada requiere la combinación y aplicación de muchos de los otros principios de esta filosofía. Persistencia debe ser la consigna detrás de todos estos principios. La atención controlada es hermana gemela de la determinación de propósito.

Sólo piensa en lo que podrías hacer con esos dos principios: determinación de propósito —saber exactamente lo que quieres— y concentrar todo lo que tienes en llevar a cabo ese propósito. ¿Sabes qué le pasaría a tu mente, a tu cerebro y a toda tu personalidad si te concentraras en una sola cosa determinada?

Cuando digo concentrarse me refiero a poner todo el tiempo que puedas dedicarle a verte a ti mismo en posesión de la cosa que representa tu determinación de propósito. Verte en posesión de ella, verte haciendo planes para alcanzarla, discurrir el primer paso que puedes dar, y luego el segundo y el tercero y demás, concentrándote en eso todo el día. En poco tiempo llegarás al punto en donde verás una oportunidad adondequiera que voltees, que te acercará un poco más a la cosa que representa tu determinación de propósito. Cuando sabes lo que quieres, es asombroso cuántas cosas vas a encontrar que están relacionadas exactamente con lo que quieres.

Hace algunos años estaba viviendo en Florida, y estaba esperando una carta muy importante que me iba a llegar a la oficina de correos de Tampa. Yo sabía que la carta ya había sido enviada porque hablé por teléfono al National City Bank en Nueva York. Sabía que la carta estaba en el correo y que no la habían entregado en la oficina postal. Tenía que recibirla antes de las 12 del día. Yo vivía en el campo, a 16 kilómetros.

Llamé al jefe de la oficina, que era amigo mío, y me dijo que el correo iba por la ruta número uno, y estaba en alguna parte entre Tampa y Temple Terrace.

"No se me ocurre cómo puedas recibir esa carta antes de las 12 a menos que corretees al cartero —me dijo—. Te diré qué estación viene después y dónde empezar, porque ya pasó la estación número nueve. Síguelo desde ahí. Te daré instrucciones de cómo seguir su ruta."

La ruta número uno pasaba por la misma carretera que yo uso para ir de Tampa a mi casa en Temple Terrace. La uso todos los días. No sabía ni que hubiera buzones, pero en cuanto se volvió importante que los buscara, déjame decirte que nunca había visto tantos buzones en mi vida. Parecía que había uno cada 30 metros. Todos estaban numerados y yo iba buscando el número que el jefe de la oficina me había dicho que era donde probablemente andaría el cartero a esa hora.

Finalmente alcancé al cartero, y él la tenía. Era lunes, y tenía una carga enorme de correo.

—Hombre, pues no puedo hacer nada por usted —dijo—. No sé dónde está su carta. No lo sabré hasta que las entregue todas.

Le contesté:

—Escuche, amigo. Necesito esa carta. Está ahí. Yo la necesito. El jefe de la oficina de correos me dijo que lo alcanzara y que no aceptara un no por respuesta, que le dijera que sacara y revisara el correo y que me diera esa carta. Eso fue lo que me dijo, y si cree que no es cierto, vamos a la casa de allá para que lo llame.

—Eso es ilegal. No puedo hacerlo.

—Ilegal o no, yo necesito esa carta —ahora entendía cuál era su postura—. Escuche, amigo. Trate de entenderme. Usted tiene que hacer su trabajo, y yo también tengo que hacer mi trabajo. Su trabajo es importante y también el mío. No le va a pasar nada si busca esa carta. Puede hacerlo en un momento.

—Pues ya qué —dijo—. Está bien.

Así que se puso a trabajar. La tercera carta que sacó era la mía. Es una de esas cosas. Cuando sabes lo que quieres, y estás decidido a obtenerlo de una u otra manera, no es ni remotamente tan difícil como pensaste que iba a ser.

A menudo he pensado lo indicativo que esto resulta, hablando de las experiencias de la gente que sabe lo que quiere y es exitosa para obtenerlo. No deja que nada la detenga. La oposición… bueno, sencillamente no le presta atención a la oposición.

Muchas veces he observado a mi distinguido socio, el señor Stone, hablar con sus vendedores. Me emociona cada que lo oigo hablar porque creo que no conoce el significado de la palabra *no*. Creo que desde hace mucho tiempo cree que significa *sí*, y los resultados que obtiene lo demuestran. Creo que es la persona más decidida que conozco en cuanto a lo que quiere, y la más decidida para negarse a aceptar negativas. En otras palabras, cuando algún objeto se interpone en su camino, le pasa por encima o le da la vuelta o lo saca del camino, pero nunca deja que lo detenga. Eso es concentración. Eso es determinación de propósito en acción.

PERSONAS ILUSTRES

Estudiemos a algunas de las personas que ejemplifican el logro mediante la concentración. Tomemos a Henry Ford, por ejemplo. Todo mundo sabe cuál era su obsesión o propósito determinado. La mayoría de la gente se transporta en una parte de ese gran propósito todos los días de su vida. Se trataba de un automóvil confiable a bajo precio. No permitió que nadie lo convenciera de lo contrario. He oído a promotores que se le acercan al señor Ford con oportunidades que me parecieron deslumbrantes. Su respuesta invariable era que estaba dedicado a algo que consumía todo su tiempo y esfuerzo. No le interesaba nada que no tuviera que ver con su gran propósito determinado, que era fabricar y distribuir automóviles confiables a bajo precio en todo el mundo.

Concentrarse en ese trabajo lo convirtió en un hombre fabulosamente rico. He visto a cientos de personas que llegan al campo y gastan más dinero, infinitamente más, que lo que el señor Ford tuvo para empezar. Acabaron en el cementerio del fracaso, y hoy no podría encontrar una docena de personas en el mundo que recordaran sus nombres.

Todos estos señores contaban con más educación que el señor Ford, tenían mejor personalidad, tenían todo lo que él tenía y mucho más, excepto por una cosa. No siguieron hasta el final. No se mantuvieron firmes en ese propósito determinado, como él, cuando la cosa se puso difícil.

En el terreno de la invención, el señor Edison es un ejemplo maravilloso de lo que puede lograr la concentración. Si el señor Edison fue un genio en cualquier sentido, es que cuando la cosa se ponía difícil él redoblaba esfuerzos en vez de darse por vencido.

Imagínate a una persona que se mantiene firme y sigue adelante a lo largo de 10 000 fracasos distintos, como hizo Edison cuando trabajaba en la lámpara eléctrica incandescente. ¿Te imaginas pasar por 10 000 fracasos en el mismo campo sin preguntarte si no deberías examinarte la cabeza? Me quedé impactado cuando lo escuché. Vi sus bitácoras. Estaban en dos montones. Cada cuaderno tenía como 250 páginas. En cada página había un plan distinto que había probado, y había fallado.

—Señor Edison —dije—, imagine que no hubiera encontrado la respuesta. ¿Ahora qué estaría haciendo?

—Estaría en mi laboratorio trabajando en vez de andar acá perdiendo el tiempo con usted —diré a su favor que lo dijo con una sonrisa, pero créeme lo que te digo, estaba hablando muy en serio.

Otro ejemplo es William Wrigley Jr. Por cierto, el señor Wrigley fue la primera persona que me pagó por enseñar esta filosofía. Los primeros 100 dólares que gané en la vida vinieron del señor Wrigley. Cuando voy por Michigan Boulevard y veo ese edificio blanco junto al río, iluminado de noche, siempre pienso en todo lo que puede lograr la concentración, incluso si hablamos de un paquete de chicles de cinco centavos.

AYUDA DE LA INTELIGENCIA INFINITA

La inteligencia infinita se pondrá de tu lado corriendo cuando descubra que no te darás por vencido hasta que lo haga. Si no apuntas nada más en tu cuaderno, apunta esto. Si no te das por vencido cuando la cosa se pone difícil, la inteligencia infinita se pondrá de tu lado. Recuérdalo cuando la cosa se ponga difícil.

Tu fe se pone a prueba, tu iniciativa se pone a prueba, tu entusiasmo se pone a prueba, tu resistencia se pone a prueba. Cuando la
naturaleza descubre que puedes soportar las pruebas y que no vas a
aceptar un no por respuesta, dice: "Está bien. Aprobaste. Pasa. Estás
adentro".

La inteligencia infinita se pone de tu lado si no te das por vencido
cuando la cosa se pone difícil.

Esto lo sé de la única manera en que puede saberse: porque me
consta, porque a mí me ha pasado. Ha habido ocasiones en las que no
tenía ningún derecho de triunfar excepto que no me di por vencido
sólo porque aún no encontraba la respuesta.

Piensa en dedicarte 20 años a la investigación en este campo sin
recibir ninguna compensación. Todo el dinero que ganaba de otras
fuentes se lo metí a la investigación durante 20 años. Piénsalo. ¿Cuánta gente en el mundo crees que sería tan tonta?

Una. No sé de ninguna otra persona que haya llevado a cabo una
investigación tan extensa en ningún campo sin ninguna compensación monetaria. Pero mira lo que pasó: beneficios que se extienden
a millones de personas que aún no han nacido, y todo el potencial
de esta filosofía. Lo que pueda pasar en este mundo tan conflictuado
en el que vivimos, no hay quien lo sepa. Si fuera a juzgar por lo que
ha pasado hasta ahora con los individuos que han sido adoctrinados
con esta filosofía, podría conjeturar que éste puede ser el antídoto para el comunismo y todos los demás ismos que son adversos a
los intereses de la humanidad. Porque en última instancia, pienso
que a la naturaleza —o inteligencia infinita o Dios o como quieras
llamarle— le gusta transmitirle información a la gente en términos
sencillos y a través de cosas que pueda comprender. Sin duda esta
filosofía entra en esa categoría. No va a mandar a los chicos y chicas
de preparatoria a consultar el diccionario o la enciclopedia. Puedes
leerla o escuchar hablar de ella y la puedes entender; tu propia inteligencia te dice en cuanto te topas con uno de estos principios que
sin duda es acertado. Simplemente lo sabes; no necesitas ninguna
prueba. Hoy no existiría si yo no me hubiera concentrado a lo largo
de 20 años de adversidad y derrota.

Así que, como ves, concentrarse sí paga, y mi propia experiencia corrobora lo que he dicho: si te mantienes firme cuando la cosa se pone difícil y fracasas, la inteligencia infinita se pondrá de tu lado.

No creo que fuera el caso con alguien como Hitler. Sin duda tenía determinación de propósito y un deseo obsesivo, pero eran contrarios a los planes de la inteligencia infinita, a las leyes de la naturaleza, a las leyes del bien y el mal. Si lo que estás haciendo le acarrea dificultades o injusticia a un solo individuo, puedes estar seguro de que no llevará a nada y será un fracaso, y a ti te traerá dolor.

Si esperas que la inteligencia infinita se ponga de tu lado, tienes que estar bien, y sólo puedes estar bien cuando todo lo que haces beneficia a todos los que afecta, incluido tú.

Toda su vida Cristo se concentró en desarrollar un sistema para vivir la hermandad del hombre. No le fue muy bien en vida. Por otro lado, seguro que estaba haciendo lo correcto, porque aún después de fallecer, sólo contaba con 12 personas para iniciar.

Yo ya tengo muchas más, pero también me toca mucha gente que me critica de vez en cuando. Cuando pienso en lo que le pasó a Cristo, lo mal que lo trataron, los pocos seguidores que tenía, veo que he sido bendecido más allá de lo imaginable. Porque hoy en día no existe en el mundo una sola fuerza que sea tan extensa y que llegue tan lejos como la fuerza que Cristo desató cuando estuvo aquí con esos 12 discípulos.

Por eso creo que lo que Cristo estaba haciendo y predicando debe haber sido lo correcto. De lo contrario, habría desaparecido hace mucho tiempo, porque hay algo en la naturaleza, en la inteligencia infinita, que hace que cada mal venga acompañado del virus de su propia destrucción. No hay excepciones. Cualquier mal, cualquier cosa que no esté en sintonía con el plan general de la naturaleza, con las leyes naturales del universo, acarrea el virus de su propia destrucción.

LA LIBERTAD COMO OBJETIVO

El objeto de la concentración de George Washington, Thomas Jefferson, Abraham Lincoln y los firmantes de la Declaración de Independencia era darle libertades personales a toda la gente de este país, y en última instancia del mundo. Bien puede ser que ésta sea la cuna de la libertad de la humanidad, porque no sé de ninguna otra nación de la tierra donde se estén concentrando tanto en la libertad del individuo como aquí en Estados Unidos. Y no sé de ningún otro grupo cuyo objetivo sea liberar a tantos como quienes estudian esta filosofía.

Tu objetivo, en primer lugar, es darte libertad a ti mismo, y después, darle libertad a la gente que puedan influenciar, adoctrinándola con esta filosofía.

13

APRENDER DE LA ADVERSIDAD

Si en el mundo hay algo que a nadie le gusta es la adversidad, las circunstancias desagradables y la derrota. Sin embargo, si he analizado correctamente las leyes de la naturaleza, la intención es que todos pasemos por adversidades, derrota, fracaso, oposición, y por una razón muy clara.

De no haber sido por las adversidades que enfrenté en mis primeros años de vida, no estaría aquí parado hablando el día de hoy, no hubiera terminado esta filosofía y no estaría llegando a millones de personas en todo el mundo. Fue gracias a la oposición que enfrenté que pude desarrollar la fuerza, la sabiduría y la habilidad para completar esta filosofía y llevársela a la gente. Pero si pudiera volver a mi pasado y elegir, no me cabe duda de que optaría por hacerme la vida más fácil, y tú harías lo mismo.

Todos tendemos a hacer eso, a buscar la línea de menor resistencia. Tomar la línea de menor resistencia es lo que hace que todos los ríos y algunos hombres sean retorcidos, pero es muy común que lo hagamos. No queremos pagar el precio de un esfuerzo intenso, sin importar qué estemos haciendo. Nos gusta que las cosas nos lleguen fácilmente.

La mente es como cualquier otra parte del cuerpo físico: si no se usa, se debilita y se atrofia. Cuando te topas con problemas e incidentes que te obligan a pensar, probablemente sea lo mejor que te podría pasar, porque si no tienes un motivo de todas formas no vas a pensar mucho.

Existen 17 principios del éxito, pero por lo menos 35 causas principales del fracaso. Ésas no son todas; sólo las principales.

La introspección probablemente sea una de las cosas más redituables a las que puedas dedicar tu tiempo. A veces uno no quiere hacerla, pero es muy necesario que uno se conozca a sí mismo tal cual es, sobre todo sus debilidades.

Al plantear una filosofía del éxito, es necesario decirte las cosas que debes hacer para tener éxito y también las que *no* debes hacer.

En este punto vamos a hablar de las cosas que no debes hacer y las debilidades que tendrás que conquistar si quieres tener éxito. Escribe las 35 causas principales del fracaso que daré a continuación y califícate mientras las voy exponiendo. Califícate del 0 al 100, pensando que si estás 100% libre de alguna de ellas, tu calificación es de 100 por ciento. Si sólo estás 50 por ciento libre de ellas, tu calificación es 50 por ciento Si para nada estás libre, tu calificación es 0.

Cuando termines, suma el total, divídelo entre 35, y obtendrás tu promedio general del control de las cosas que hacen que los hombres y las mujeres fracasen.

1. DEJARSE LLEVAR

En primer lugar está el hábito de *dejarse llevar* por las circunstancias sin tener metas o planes definidos. Si no tienes el hábito de dejarte llevar, si tomas decisiones rápidamente, si haces planes y los sigues, si sabes exactamente adónde vas y vas en camino, puedes ponerte 100 de calificación.

Ten cuidado antes de poner la calificación, porque es raro que alguien saque 100. De veras tienes que estar organizado, de veras tienes que estar preparado para poder hacerlo.

2. HERENCIA FÍSICA DESFAVORABLE

La número dos es una *herencia física desfavorable* como punto de partida al nacer. Aunque puede ser causa de fracaso, también puede ser causa de éxito. Algunas de las personas más exitosas que he conocido nacieron discapacitadas con graves padecimientos. El finado doctor Charles P. Steinmetz padecía de una deformidad. Nació jorobado y con otras malformaciones. Pero fue uno de los hombres más útiles de su época. Tenía un cerebro maravilloso, lo usaba, y no permitió que su padecimiento le causara ningún complejo de inferioridad.

Siempre he estado muy orgulloso del trabajo que hice con mi hijo Blair, que nació sin orejas. En un principio dejamos que fuera a la escuela con el pelo largo. Los niños se empezaron a burlar de él, a decirle mariquita. Un día, él decidió resolver el asunto por su cuenta, estilo Napoleon Hill. Camino a casa pasó por la peluquería y le dijo al peluquero que lo rapara. Cuando llegó a casa, su madre se molestó mucho. Él dijo: "De ahora en adelante no me van a molestar por mi pelo, y ya van a saber por qué lo traía tan largo".

Desde ese día hasta hoy, nunca ha sido cohibido. Camina por la calle. La gente voltea y se le queda viendo con la boca abierta y él ni siquiera se fija, porque yo le enseñé a no fijarse. Le dije que su infortunio era una bendición, y lo ha sido, porque ha hecho que la gente sea más amable con él. Puedes tomar un infortunio como ése y convertirlo en un recurso si lo enfocas con la actitud correcta.

3. CURIOSIDAD ENTROMETIDA

La número tres es la *curiosidad entrometida* en relación con los asuntos y negocios de los demás. Ahora bien, la curiosidad es una cosa maravillosa. Si no fuéramos curiosos, nunca aprenderíamos nada, nunca investigaríamos. Observa la redacción: "curiosidad entrometida en los asuntos de los demás", es decir, en algo que en realidad no te incumbe.

Recuerda, al calificarte ve a tus experiencias pasadas para determinar en qué medida tienes bajo control estas debilidades.

4. FALTA DE UN GRAN PROPÓSITO DETERMINADO

Número cuatro: la *falta de un gran propósito determinado* como una meta de vida. Hemos hablado mucho de esto. Ahora estamos hablando de cuando falta. Si a ti te falta, éste es un gran lugar para ponerte un cero.

5. ESTUDIOS INADECUADOS

Hay muy poca relación entre los *estudios* y el éxito. Algunas de las personas más exitosas que he conocido han sido de las que tienen menos educación formal. Mucha gente va por la vida siendo un fracaso, con una excusa para echar el bulto. Se engaña a sí misma creyendo que es fracasada porque no tuvo una carrera universitaria. En muchos casos, una carrera universitaria pone a un hombre o una mujer en una posición donde después tiene que desaprender muchas cosas y reeducarse.

Si al salir de la universidad sientes que deberían pagarte por lo que sabes y no por lo que haces, entonces esa carrera universitaria no te vino muy bien. Cuando te topes con el amigo destino a la vuelta de la esquina con su cachiporra rellena (y no de algodón) descubrirás que no te van a pagar por lo que sabes. Te van a pagar por lo que haces con lo que sabes, o lo que puedes lograr que hagan otros.

6. FALTA DE DISCIPLINA PERSONAL

La *falta de disciplina personal* por lo general se manifiesta en excesos al comer y al beber, e indiferencia hacia las oportunidades para la superación y el avance personal. Espero que en ésta puedas ponerte una calificación muy alta.

7. FALTA DE AMBICIÓN

La *falta de ambición* para apuntar por encima de la mediocridad —ésta es una preciosura—. ¿Qué tanta ambición tienes en realidad?

¿Adónde vas en la vida? ¿Qué quieres obtener de la vida? ¿Con cuánto te vas a conformar?

Un joven soldado llegó a verme terminando la Primera Guerra Mundial. Estaba dispuesto a conformarse con un sándwich y un lugar para pasar la noche. No se lo permití. Lo convencí de conformarse con una meta más alta, y el resultado es que en los siguientes cuatro años se volvió multimillonario. Espero tener el mismo éxito contigo en acrecentar tus ambiciones hasta el punto en que no estés dispuesto a conformarte con la vida a cambio de centavos.

Apunta alto. No te cuesta nada. Quizá no llegues hasta donde apuntaste, pero ciertamente llegarás más lejos que si no le apuntas a nada. Pon tus miras en lo alto, sé ambicioso, decídete a convertirte en el futuro en todo lo que no pudiste ser en el pasado.

8. MALA SALUD

La número ocho es *mala salud*, a menudo debida a un pensamiento erróneo y una dieta inadecuada. También existen muchas excusas por cuestiones de mala salud, te lo aseguro, y muchos padecimientos imaginarios. Se llama hipocondría. No sé hasta dónde te hayas estado mimando o consintiendo a ti mismo con enfermedades imaginarias, pero si lo has estado haciendo, ponte una calificación baja en ésta.

9. INFLUENCIAS DESFAVORABLES EN LA NIÑEZ

Muy de vez en cuando descubrirás que las influencias sobre una persona durante su niñez fueron de una naturaleza tan negativa que el individuo sigue bajo esas influencias negativas toda su vida.

Estoy bastante seguro de que si en mi niñez se me hubiera permitido seguir por el camino que iba antes de que mi madrastra apareciera en escena, me habría convertido en un segundo Jesse James (pero más rápido para desenfundar y con mejor puntería). Todo en mi entorno me había llevado a transformarme en un héroe que tenía por modelo a Jesse James.

Hasta que esta maravillosa y extraordinaria mamá llegó a mi vida. Ella tomó a ese mismo chico malo, con todas sus maldades, y transmutó esas cualidades negativas en positivas y vivió para ver el día en que ese chico malo tuvo influencia sobre millones de personas. Es una lástima que no haya vivido hasta el presente.

10. FALTA DE PERSISTENCIA

Ésta es un primor: la *falta de persistencia* para cumplir a fondo con el deber de uno. ¿Qué es lo que ocasiona que la gente no llegue hasta el final cuando empieza algo? ¿Cuál es la razón principal por la que la gente no acaba lo que empieza y no hace las cosas bien?

Falta de motivo. No tienen suficientes ganas de hacerlo. Créeme lo que te digo, yo llego hasta el final con las cosas que quiero, pero con las que no quiero, puedo encontrar un montón de excusas para no hacerlas.

¿Es redituable que te hagas al hábito de llegar hasta el final cuando emprendes algo, o es redituable que permitas que cualquier cosa te desvíe? ¿Sueles llegar hasta el final o te desvías fácilmente? ¿Te desanimas rápidamente de hacer algo cuando alguien te critica?

Si yo les hubiera tenido miedo a las críticas, jamás habría llegado a ningún lado en la vida. Finalmente llegué al punto en que agradecía las críticas porque me sacaban lo belicoso. Cuando descubrí que hacía mucho mejor trabajo si me sentía belicoso, empecé a manejarlo mejor.

Mucha gente fracasa porque carece de la fuerza impulsora para llegar hasta el final, sobre todo cuando la cosa se pone difícil. Sin importar qué estés haciendo, vas a toparte con un periodo en que la cosa se ponga difícil. Si es un negocio nuevo, probablemente necesites finanzas de las que no dispones en un principio. Si es una profesión, necesitarás clientes que no tienes en un principio. Si es un nuevo empleo, necesitarás el reconocimiento de tu empleador que aún no tienes. Tienes que ganarte ese reconocimiento. La cosa siempre es difícil al principio, y por eso necesitas llegar hasta el final.

11. UNA ACTITUD MENTAL NEGATIVA

¿Tú cómo eres: preponderantemente negativo la mayor parte del tiempo, o preponderantemente positivo? Cuando ves una dona, ¿qué es lo primero que ves? ¿Primero ves el hoyo o ves la dona? Cuando te comes una dona no te comes el hoyo, ¿verdad? Te comes la dona.

Muchas personas, cuando se topan con un problema, son como el tipo que ve el hoyo en la dona y refunfuña por todo el espacio que le quitó al rico pan, pero no ve la dona en sí.

¿Cuál es el resultado de una persona que tiene el hábito de permitir que su mente se vuelva negativa y permanezca negativa? Una mente negativa repele a la gente. Una mente positiva atrae a la gente que armoniza con tu actitud mental, con tu carácter. ¿Has oído el dicho "Dios los hace y ellos se juntan"? La mente negativa atrae elementos negativos, la mente positiva elementos positivos.

¿Quién controla tu mente? ¿Quién determina si es positiva o negativa? Tú. Califícate con base en lo mucho o poco que hagas uso de este privilegio. Es el bien más preciado que tienes en esta tierra y que tendrás jamás. Es la única cosa sobre la que tienes un control completo, indisputado e indisputable: el derecho de volver tu mente positiva y mantenerla así, o dejar que las circunstancias de la vida la vuelvan negativa.

Si quieres mantener tu mente positiva tienes que trabajar en ello, porque hay muchas influencias negativas a tu alrededor. Tanta gente, tantas circunstancias son negativas que si te vuelves parte de ellas en vez de crear tus propias circunstancias en tu mente, vas a ser negativo la mayor parte del tiempo.

¿Tienes un concepto claro de cuál es la diferencia entre una mente negativa y una mente positiva? ¿Puedes imaginarte lo que le pasa a tu química cerebral cuando tu mente está positiva y cuando está negativa? ¿Alguna vez has demostrado o experimentado en tu propia vida las diferencias entre lo que puedes lograr cuando tienes miedo y lo que puedes lograr cuando no lo tienes?

La primera versión que escribí de *Piense y hágase rico* fue cuando estaba trabajando para el presidente Roosevelt en su primer mandato, durante la terrible Depresión. Escribí con la misma actitud mental negativa que tenía todo mundo; me la contagiaron de manera inconsciente. Varios años después cuando saqué ese libro y lo leí, reconocí que era un libro que no iba a vender, porque tenía un compás negativo, y lo podías detectar. Un lector detecta exactamente la actitud mental en la que está el escritor cuando escribe el libro, sin importar qué lenguaje o terminología emplee.

No cambié una sola lección del libro, pero me senté frente a mi máquina de escribir cuando estaba con un nuevo estado de ánimo —cuando me sentía en las nubes, como dicen, cien por ciento positivo— y volví a mecanografiar ese libro. Por eso funcionó. Cuando estás negativo, no puedes permitirte hacer nada que esperes que beneficie o influencie a los demás. Si quieres que la gente coopere contigo, si quieres venderle algo a la gente o causarle una buena impresión, no te le acerques hasta que estés en un estado de ánimo positivo.

He hecho tanto énfasis en esto porque quiero darte la oportunidad de calificarte acertadamente en ésta. Califícate con base en el estado mental promedio que mantengas, no sólo tu estado mental en cualquier momento dado por poco tiempo.

Voy a decirte una buena regla para determinar si eres o no más positivo que negativo: observa cómo te sientes cuando despiertas en la mañana y te levantas de la cama. Si en ese momento no tienes un buen estado de ánimo es porque muchos de los hábitos de pensamiento anteriores, quizá del día anterior, han sido negativos. Puedes ponerte muy mal de salud si permites que tu mente se vuelva negativa, y esto se verá reflejado especialmente a la mañana siguiente. Verás, cuando sales del sueño vienes saliendo fresquecito de la influencia de tu mente subconsciente. Tu mente consciente ha estado fuera de servicio. Cuando empieza a trabajar otra vez, se encuentra con el desorden que la mente subconsciente estuvo haciendo toda la noche, que la mente consciente tiene que arreglar.

Si te despiertas lleno de alegría y con ganas de salir de la cama para hacer lo que tienes que hacer, lo más probable es que el día anterior hayas estado bastante positivo, y quizá desde días atrás.

12. FALTA DE CONTROL EMOCIONAL

¿Alguna vez habías pensado que es igual de necesario controlar tus emociones positivas que las negativas? ¿Por qué querrías controlar la emoción del amor, por ejemplo? Porque no sólo es jugar con fuego: te puede quemar.

Tomemos otra emoción: el deseo de ganancia económica. ¿Hay que controlarlo? Sí, porque podrías estarlo llevando al punto en el que quieras demasiado. He conocido a mucha gente que tiene demasiado dinero para su propio bien, sobre todo gente que lo obtuvo sin habérselo ganado, como la gente que lo heredó.

¿Sabes por qué me llamo Napoleon? Mi padre me puso así por un tío abuelo mío, Napoleon Hill de Memphis, Tennessee, que era un comerciante de algodón multimillonario, esperando que cuando el tío Napoleon muriera me tocara algo de su dinero.

El tío se murió y no me dejó nada. Cuando me enteré de que no me iba a tocar nada, me sentí muy mal. Más adelante, cuando intercambié una poca de juventud por sabiduría y observé lo que les pasaba a los que sí les tocaba una herencia, me sentí eternamente agradecido de que no me hubiera tocado ni un centavo, porque aprendí una mejor manera de obtener todo yo mismo y sin que nadie me lo tuviera que dar.

13. EL DESEO DE OBTENER ALGO A CAMBIO DE NADA

¿Alguna vez te ha importunado *el deseo de obtener algo a cambio de nada*, o por menos de su valor? ¿Alguna vez te ha importunado el deseo de obtener algo sin dar a cambio una compensación adecuada? ¿A quién no le ha pasado en algún momento?

Uno puede tener muchos defectos, pero hay que averiguar cuáles son e irse deshaciendo de ellos. Por eso estamos haciendo este análisis. Te estamos dando la oportunidad de ser juez, parte y fiscal, todo al mismo tiempo, y tú tomas la decisión final. Sería mucho mejor que tú mismo descubrieras tus defectos a que los descubriera yo, porque si tú los descubres no vas a buscar excusas. Vas a tratar de deshacerte de esos defectos.

14. SER INCAPAZ DE TOMAR
DECISIONES CON PRONTITUD

¿Tomas las decisiones con prontitud y firmeza? ¿O tomas las decisiones muy lentamente, y después de tomarlas permites que la primera persona que pase las revierta? ¿Permites que las circunstancias reviertan tus decisiones sin que haya una buena razón? ¿Hasta dónde defiendes tus decisiones después de tomarlas? ¿Bajo qué circunstancias revertirías una decisión que has tomado?

Sobre este tema debes mantener una mente abierta en todo momento. Nunca debes tomar una decisión y decir: "Es definitiva y la defenderé siempre", porque puede suceder algo más adelante que te lleve a revertir esa decisión.

Hay personas conocidas por tercas, y una vez que toman una decisión, bien o mal, la defienden a morir. He visto a mucha gente así, que antes se muere que revertir una decisión suya o dejar que alguien más la revierta.

Desde luego que tú no eres así. Es decir, si realmente estás adoctrinado con esta filosofía. Quizá alguna vez fuiste así, pero ya no lo eres... si no, no van a gustarte mucho los resultados que obtengas en este ejercicio.

15. LOS SIETE TEMORES BÁSICOS

La número 15 es uno o más de los *siete temores básicos*:

1) Temor a la pobreza
2) Temor a la crítica
3) Temor a la mala salud
4) Temor a perder el amor
5) Temor a perder la libertad
6) Temor a la vejez
7) Temor a la muerte

Todas las personas los padecen prácticamente todos en uno u otro momento. Recuerdo una época en que yo los tenía todos. Ahora no tengo ninguno.

No tengo absolutamente ningún temor de ningún tipo, ni siquiera temor a la muerte; ése menos que ninguno, porque para mí la muerte es sólo otro interludio maravilloso por el que tendré que pasar, y cuando llegue ese momento, estaré a la altura. Probablemente me resultará muy divertido.

Es maravilloso el mundo en que vivimos. Estoy feliz de estar aquí. Estoy feliz de estar haciendo exactamente lo que hago. Si una circunstancia desagradable se cruza en mi camino también me alegro, porque así podré averiguar si soy más fuerte que esa circunstancia o no. Mientras pueda vencerlas, no voy a preocuparme por las circunstancias: las cosas que se oponen a mí, la gente a la que no le agrado, la gente que dice cosas malas de mí. ¿Por qué habría de preocuparme por eso?

Si las personas dicen cosas malas de mí, me analizo a mí mismo para descubrir si están diciendo la verdad. Mientras no sea el caso, puedo mantenerme alejado y reírme de ellas, de lo tontas que son, de todo el daño que se están haciendo a sí mismas.

16. LA SELECCIÓN INCORRECTA DE UNA PAREJA

No te apresures demasiado a calificarte en ésta. Si te equivocaste al cien por ciento, fíjate bien antes de poner la calificación y ve si no hay algo que puedas hacer para corregir ese error.

A menudo me he preguntado cuántos matrimonios habré ayudado a salvar. Otros, que separé, deberían haberse separado desde antes de casarse, pero no tenían el valor de reconocer que habían cometido un error. Pero he ayudado a salvar más matrimonios, por mucho, que a deshacerlos, porque yo sostengo que la gente que no debe estar junta —que no encuentra armonía; que no se complementa— por lo menos debería vivir en distintas casas.

Hay gente que cree que todos los matrimonios tienen que ser la pareja perfecta. Sería maravilloso que así fuera, pero he visto algunos que no lo son. No sé qué clase de pareja sean, pero desde luego que perfecta no.

También he visto algunas relaciones comerciales que eran menos que perfectas. He ayudado a corregir muchas de ellas: socios de negocios que no estaban colaborando con un espíritu de armonía. No hay negocio sobre la faz de la tierra que pueda tener éxito a menos que la gente, por lo menos al nivel más alto, esté trabajando en armonía.

No existe un hogar o familia que pueda ser una alegría, un lugar al que quieras ir, a menos que haya armonía entre los jefes de familia.

La armonía empieza con lealtad y confiabilidad, después viene la habilidad. Como he señalado, así es como evalúo a la gente. Si quiero elegir a un hombre o una mujer para un puesto importante, lo primero que averiguo es si esa persona le fue leal a la gente a la que le debía lealtad. Si no lo fue, no la querría absolutamente bajo ninguna circunstancia.

Lo siguiente que busco es la confiabilidad: si puedes o no confiar en que la persona va a estar en el lugar indicado en el momento preciso y va a hacer lo correcto. Después viene la habilidad. He visto a mucha gente que tenía gran habilidad pero no era confiable. No era leal y por lo tanto era muy peligrosa.

17. EXCESO DE PRECAUCIÓN

La número 17: *exceso de precaución* en las relaciones comerciales y profesionales. ¿Alguna vez has visto a alguien que es tan precavido que no confía ni en su suegra?

Una vez conocí a un señor que era tan precavido que se mandó hacer una billetera especial con un candadito. Cada noche escondía la llave en un lugar distinto para que su esposa no pudiera sacarle dinero del pantalón. Qué encanto, ¿no? Seguro que su esposa lo adoraba.

Conocí a otro señor. Era un granjero y su esposa tenía que irse robando un poquito del dinero para el gasto para poderse comprar un listón nuevo para su sombrero de vez en cuando. Era la única manera que tenía de conseguir un poco de dinero. Él traía el dinero en el bolsillo y lo gastaba todo; él se encargaba de las finanzas de la familia. Aquí también debe haber habido una selección incorrecta de pareja.

18. FALTA DE PRECAUCIÓN

Luego tenemos la falta de cualquier tipo de precaución en las relaciones humanas. ¿Has visto gente así, que simplemente no tiene la menor precaución? Gente que echa a andar la boca y se va y la deja encendida; sin preocuparse en lo más mínimo de cuál será el efecto sobre los demás.

Has visto a gente así, ¿verdad? Sin la menor precaución, ni discernimiento, ni diplomacia, ni la menor consideración de lo que va a hacerles a los demás con sus palabras. He visto a gente que tiene la lengua más filosa que una navaja Gillette nuevecita. La ponen a cortar y se van. Sin la menor precaución en absoluto.

También he visto gente que firma cualquier cosa que le ponga enfrente un vendedor sin siquiera leerlo. No leen ni el título que está en letra grande, mucho menos la letra pequeña. ¿Has visto gente así?

No puedes ser demasiado cauteloso, pero tampoco demasiado poco. ¿Cuál es el feliz punto medio? Lo encontramos en la lección sobre pensar con precisión: examinas cuidadosamente las cosas que vas a hacer antes de hacerlas, no después, y evalúas tus palabras antes de expresarlas, no después.

En ésta, va a ser un poco difícil que te califiques acertadamente. Para ser honesto, a mí también me resultaría un poco difícil calificarme acertadamente en estas dos —la 17 y la 18—, porque ha habido muchas veces en mi vida en que no he tenido la menor precaución. Creo que muchos de mis problemas en los primeros años se debieron a haber confiado en demasiadas personas. Dejaba que alguien llegara y me adulara para que lo dejara usar el nombre de Napoleon Hill, y luego salía y timaba a un montón de gente bajo ese nombre. Eso me pasó varias veces en la vida hasta que me volví más estricto y empecé a tener precaución.

Por otro lado, no quisiera volverme tan precavido que no confíe en nadie para nada. No vas a tener ninguna alegría en la vida si haces eso.

Por cierto, ésta es una de las lecciones más valiosas de todo el curso, porque es una lección de autoanálisis. Tú estás en el banquillo y tú mismo eres el juez. Y vas a descubrir cosas; si no las descubres hoy, las descubrirás cuando repases esta lección, cuando revises las calificaciones que te pusiste.

Te apuesto cualquier cantidad de dinero —que no pase de 10 centavos— que cuando te pongas a repasarlas, vas a cambiar por lo menos una docena de calificaciones, cuando te sientes a pensar a fondo en cada cosa.

19. MALA ELECCIÓN DE ASOCIADOS

Luego sigue la *mala elección de asociados* en la ocupación o vocación de uno. ¿Cuántas veces has sabido de gente que se mete en problemas por estar asociada con el tipo incorrecto de gente?

Nunca en la vida he visto a un joven que ande en malos pasos y que no se deba a la influencia de otra persona. Nunca he sabido de un joven que tome un mal camino o adquiera malos hábitos a menos que haya sido influenciado por alguien más.

20. MALA ELECCIÓN DE VOCACIÓN

Número 20: *mala elección de vocación*, o la total omisión de la misma. Unas 98 de cada 100 personas sacarían 0 en ésta. Desde luego que tú, estudiante de esta filosofía, que ya has tenido la oportunidad de ser adoctrinado con la lección número uno sobre la determinación de propósito, sacarás una calificación mucho mayor.

En ésta sacas 0 o 100: no hay punto medio. Se tiene un gran propósito determinado o no se tiene. No puedes sacar 50 o 60% ni ninguna otra cantidad en este aspecto, ni en tener un propósito determinado. Lo tienes o no lo tienes.

21. FALTA DE CONCENTRACIÓN DEL ESFUERZO

Esto significa tener intereses divididos. Divides tu interés y lo repartes en muchas cosas. Una persona no es suficientemente fuerte y la vida es demasiado corta para asegurar el éxito a menos que aprendas el arte de concentrar todo lo que tienes en una cosa a la vez y llegar hasta el final con esa cosa y hacer un buen trabajo.

22. FALTA DE PRESUPUESTO

Aquí hay una en la que quizá sea difícil calificarse uno mismo: *falta de presupuesto*, no contar con una forma sistemática de hacerse cargo de los ingresos y los gastos.

¿Sabes cómo maneja su presupuesto la persona promedio? Sus gastos se ven controlados en cierta medida por la cantidad de crédito que pueda obtener de los demás. Es más o menos lo único. Cuando le cortan el crédito, tiene que bajar el paso, pero hasta que eso no suceda, gasta a lo loco.

Una empresa quebraría en poco tiempo si no tuviera un sistema de control de sus ingresos y gastos. Para eso están los jefes de finanzas y su organización. Normalmente los llaman aguafiestas. Todos los negocios exitosos, del tamaño que sean, deben tener a un aguafiestas: a una persona que controle los recursos de la compañía y evite que se fuguen en mal momento y de mala manera.

23. NO CALCULAR LOS TIEMPOS

Después viene *no calcular los tiempos* de la manera más ventajosa. El tiempo es la cosa más valiosa que tienes. En cada día tienes 24 horas. Tienes que dedicarle ocho horas, o por lo menos un promedio cercano, a dormir, si quieres mantener tu salud. Tienes otras ocho horas para ganarte la vida, y te quedan otras ocho horas de tiempo libre. En este país eres un ciudadano libre; puedes hacer lo que quieras con esas ocho horas: puedes pecar, puedes gastar, puedes hacerte buenos hábitos, puedes hacerte malos hábitos, puedes educarte.

¿Qué estás haciendo con esas ocho horas? Ése es un factor determinante para calificarte en esta pregunta. ¿Estás calculando el uso de tu tiempo de la manera más ventajosa? ¿Tienes un sistema para hacer que todo tu tiempo cuente?

Por supuesto, las primeras 16 horas están resueltas casi automáticamente, pero las otras ocho horas no: puedes hacer más o menos lo que quieras con ellas. Hay toda una lección de este curso dedicada a presupuestar el dinero y el tiempo, con algunas sugerencias muy claras de cómo usar esas ocho horas de tiempo libre.

24. FALTA DE ENTUSIASMO CONTROLADO

Ésta es otra preciosura. Sin duda el entusiasmo es una de las emociones más valiosas que tenemos, siempre y cuando lo puedas encender y apagar como la llave del agua o la luz eléctrica. Si puedes encender tu entusiasmo cuando quieras y apagarlo cuando quieras, puedes ponerte 100 de calificación en ésta. La falta de habilidad para hacerlo más bien llevaría tu calificación hacia el pequeño cero.

¿Alguna vez has pensado en tu fuerza de voluntad? ¿Para qué sirve? Tienes fuerza de voluntad, ¿y cuál es su propósito?

Es la disciplina. La fuerza de voluntad es para tener disciplina sobre tu mente, para que puedas llevar a tu mente a donde quieras que esté. Puedes formar cualquier clase de hábito que quieras.

Nunca he logrado determinar qué es peor: no tener absolutamente nada de entusiasmo, ser un pescado frío, o tener un entusiasmo candente que está descontrolado. Si quieres ser buen maestro, vas a tener que aprender a encender tu entusiasmo cuando estés dando clases, porque de lo contrario tus palabras van a sonar planas; van a ser monótonas; les va a faltar magnetismo. No vas a tener la atención de la gente que te está escuchando a menos que les infundas entusiasmo a tus palabras, y no podrás infundirles entusiasmo a tus palabras a menos que lo sientas en tu interior.

Si alguien me hiciera enojar ahora mismo, yo podría apagar mi entusiasmo en un momento y encender algo más. Algo mucho más apropiado, quizá (siempre y cuando no usara el lenguaje equivocado). Hubo una época en que podía encender la ira mucho más rápido que el entusiasmo, y no podía apagarla tan fácilmente. Ésa es otra cosa que vas a tener que superar. Tienes que adquirir la capacidad de encender cualquiera de tus emociones o apagarla.

25. INTOLERANCIA

La *intolerancia* es una mente cerrada, con base en la ignorancia o el prejuicio en relación con ideas religiosas, raciales, políticas o económicas. ¿Qué calificación te pondrías en ésta?

Sería maravilloso que pudieras ponerte 100% y decir que tienes una mente abierta en todos los temas, hacia toda la gente, en todo momento. Si pudieras decirlo, probablemente no serías humano, serías un santo.

No obstante, hay veces, supongo, en que si te propusieras tener una mente abierta sobre todas las cosas, podrías hacerlo por un rato. Sé que yo puedo hacerlo por un rato.

Supongamos que no puedes ponerte una calificación de 100% en ésta; supongamos que no puedes tener una mente abierta hacia toda la gente, en todo momento y sobre todos los temas. ¿Cuál es la siguiente mejor opción?

Puedes ser tolerante parte del tiempo. Entre más lo hagas, más descubrirás que esa *parte* del tiempo empieza a ser más y más grande, hasta que la tolerancia sea un hábito para ti en vez de la intolerancia.

Hay gente en este mundo —y lamento decir que es la inmensa mayoría— que, al conocer a otros, de inmediato empieza a buscar cosas que no le gustan, y siempre las encuentra.

Luego hay otro tipo de persona. He notado que este otro tipo de persona siempre es mucho más exitosa, mucho más feliz, y es mucho mejor recibida cuando viene de visita: cuando está con una persona, sea un conocido o un extraño, de inmediato empieza no sólo a buscar las cosas que le agradan de ella, sino que además la felicita o le da a entender que reconoce sus buenas cualidades, en vez de las cosas malas.

Para mí es una gran sensación cuando alguien se me acerca y me dice:

—¿No es usted Napoleon Hill?

Digo:

—Sí, culpable.

—Pues quiero decirle, señor Hill, que su libro me hizo mucho bien.

Eso me llena de emoción; me encanta. Me hace mucho bien, a menos que exageren (que también se puede hacer).

Nunca he visto a una persona que no devuelva un cumplido. Hasta un gatito malgeniudo enrosca la cola y se pone a ronronear si le acaricias la espalda. Los gatos no son muy amigables, pero puedes volverlos amigables si haces cosas que les gustan.

26. NO COOPERAR

La 26 es *no cooperar* con los demás en un espíritu de armonía. Hay circunstancias en la vida, supongo, donde no cooperar podría estar justificado. Muy a menudo entro en contacto con personas que quieren que haga cosas por ellas que me resultan imposibles. Quieren usar mi influencia. Quieren que les escriba cartas de recomendación. Quieren que haga llamadas telefónicas… y simplemente no puedo. No puedo cooperar a menos que esté convencido de la persona y la causa con la que voy a cooperar.

27. POSESIÓN DE PODER O RIQUEZA NO GANADOS

Luego viene la posesión de poder cuando no está basado en el mérito o logros de una persona. Espero que no te cueste ningún trabajo calificarte en ésta.

28. FALTA DE LEALTAD

Luego viene la *falta de lealtad* a aquellos a quienes se les debe. Si en tu corazón les tienes lealtad a quienes les debes lealtad, puedes ponerte 100 por ciento. A menos que la practiques todo el tiempo, no sacarías un 100; sacarías una calificación más baja.

Por cierto, cuando te pongas una calificación menor a 50% en cualquiera de las preguntas, ponle una crucecita a un lado y luego vuelve a repasarlas. Debes tener todas estas causas del fracaso por lo menos 50% bajo control. Si una cae por debajo de esto, has llegado al punto de peligro.

29. FORMARSE OPINIONES
QUE NO ESTÁN BASADAS EN HECHOS

La número 29 es el hábito de *formarse opiniones que no están basadas en hechos*. Si calificas menos de 50%, ponte a trabajar de inmediato en ti mismo. Deja de tener opiniones que no estén basadas en los hechos o en lo que creas que son los hechos.

Siempre que oigo a alguien expresar una opinión de algo que no tiene la menor idea, me acuerdo del chiste de los dos tipos que están discutiendo la teoría de la relatividad de Einstein. Acaban teniendo una discusión acalorada, y uno de ellos dice: "Bueno, ¿y Einstein qué diablos entiende de política?"

Hay gente así, que tiene una opinión de todo en este mundo. Podrían manejar el país mejor que Eisenhower. Podrían decirle a J. Edgar Hoover varias cosas de cómo hacer su trabajo, y siempre podrían darles una repasadita a sus amigos para ayudarlos a mejorar. Por lo general, si lo examinas con mucho cuidado, verás que a ellos mismos no les va muy bien.

30. EGOÍSMO Y VANIDAD

La número 30 es *egoísmo y vanidad* cuando no están bajo control. El egoísmo es una cosa maravillosa y la vanidad es una cosa maravillosa.

Si no tuvieras un poco de vanidad, no te lavarías ni la cara, y no irías al salón de belleza o lo que hagan las mujeres.

Debes tener un poco de vanidad, un poco de orgullo, pero no puede ser demasiado. Me parece que el labial es maravilloso mientras no me manche la camisa. Ponerse rubor es maravilloso, pero ¿sabes qué? La naturaleza tiene bastante experiencia para colorear los rostros perfectamente. Cuando veo a una señora de 60 o 70 años maquillada para parecer quinceañera, sé que se está engañando ella sola y a nadie más, porque desde luego que a mí no.

Muchas personas necesitan fortalecer su ego. Han permitido que las circunstancias de la vida las vapuleen hasta que ya no les quedan ganas de luchar: ni iniciativa, ni imaginación, ni fe. Tu ego, tu ego humano, es una cosa maravillosa si lo tienes bajo control y no permites que llegue a ser algo objetable para los demás.

Hasta ahora nunca he visto a una persona exitosa que no haya tenido una gran confianza en su capacidad de hacer cualquier cosa que emprenda. Uno de los propósitos de esta filosofía es permitirte fortalecer tu ego hasta el punto en que pueda hacer por ti lo que tú quieras, lo que sea. Hay gente cuyo ego necesita podarse un poco, pero yo diría que hay mucha más gente que necesita fortalecerlo.

31. FALTA DE VISIÓN E IMAGINACIÓN

Nunca he logrado determinar exactamente si esta gran capacidad de visión e imaginación es una cualidad heredada o adquirida. En mi caso, creo que quizá fue heredada, porque siempre he tenido mucha imaginación, incluso desde mis recuerdos más remotos. Eso me metía en problemas en mis primeros años. Tenía demasiada imaginación y no la dirigía en la dirección correcta.

32. POCA DISPOSICIÓN A RECORRER LA MILLA EXTRA

Si tienes el hábito de recorrer la milla extra y has aprendido a que te brinde alegría, lo más probable es que vayas a tener a mucha gente que se sienta obligada contigo —voluntariamente—. No le importará sentirse obligada contigo por esa razón. Si tienes suficiente gente que se sienta obligada contigo, no hay ninguna razón para que no aproveches de manera legítima a esa gente, su influencia, su educación, su habilidad y lo que sea para ayudarte a triunfar.

¿Sabes cómo lograr que alguien haga lo que tú quieres que haga? Primero tú haz algo por él. Mira lo fácil que es hacer algo amable por otra persona. Ni siquiera tienes que preguntarle, ¿verdad?

¿Qué calificación te pones en esto? ¿Cuántas veces querrás tener una larga lista de gente dispuesta a ayudarte cuando la necesites como un ejército? ¿Qué estás haciendo por cultivar a ese ejército antes de que llegue el momento de necesitarlo? No puedes simplemente recorrer la milla extra este minuto y al siguiente pedirle a la persona a quien le hiciste el servicio que te lo repague al doble. Así no funciona. Tienes que desarrollar la buena voluntad por adelantado.

Tienes que darle tiempo al tiempo. Por ejemplo, cuando estaba trabajando para el señor LeTourneau, un día di una conferencia sobre recorrer la milla extra. Uno de los empleados se quedó con la impresión equivocada. Era herrero de herramientas, un puesto con mucha demanda; fue durante la guerra. Su idea de recorrer la milla extra fue regresar todas las noches y trabajar un par de horas extra. Le dijo su idea al señor LeTourneau, pero lo que no le dijo era que esperaba cobrar esas horas extra a una y media veces el pago normal. Al llegar el fin de semana, cuando presentó su factura por las horas extra, hizo enojar al señor LeTourneau. En vez de beneficiarse, perdió una oportunidad de ganarse la confianza del señor LeTourneau.

Muchas personas recorren la milla extra sólo por conveniencia. Lo hacen sólo para que te sientas obligado con ellas, pero no le dan suficiente tiempo. No esperan a que ya lo hayas olvidado. En cuanto te hacen un favor se dan la vuelta y te piden dos o tres favores. ¿Alguna vez has tenido esa experiencia? ¿Has visto a otros cometer ese error? ¿O lo has cometido tú?

Si tuviera que elegir el principio con el que más se puede lograr, diría que es el principio de recorrer la milla extra, porque es una cosa que cualquiera puede controlar. No tienes que pedirle a nadie el privilegio de hacer un esfuerzo especial por ser amable y ser de utilidad. En el momento en que lo empiecen a hacer, probablemente sentirán un pequeño contraste, porque la mayoría de la gente no lo hace.

De hecho, si tienes un enemigo o alguien que no te agrade, una de las mejores cosas que puedes hacer es empezar a hacerle favores, hacer cosas por esa persona que la hagan sentirse avergonzada.

Hace unos dos años fui a París, Missouri, a dar una clase. La gente del lugar empezó a sospechar de mí. Me investigaron a través del Better Business Bureau, el FBI, Dun & Bradstreet, la Securities and Exchange Commission y la Oficina de Correos. Estaban convencidos de que había ido a robar un banco o algo por el estilo. Porque a menos que fuera para hacer alguna maldad, ¿por qué habría de ir el gran Napoleon Hill a un pueblo perdido como París, Missouri?

Hice algo al respecto. No hay nadie que pueda hacerme algo así sin que yo le haga mucho más de lo que me hizo a mí. Cuando alguien se pone a dañarme, pueden estar seguros de que voy a prestar atención.

Voy a decirte cómo lo manejé. Cuando les había dado el curso preliminar y lo había cobrado, me seguí de frente y les di a mis alumnos este Curso Magistral por el que tú habrías pagado 500 dólares. Además, todo el dinero que había cobrado por el curso preliminar lo gasté en tiempo aire de radio para transmitir por toda esa zona, cinco o seis condados.

Eso fue lo que hice. Si quieres devolverle el golpe a alguien que te ha dañado o que ha tratado de dañarte, ésa es la mejor manera: hacer un esfuerzo especial por inundarlo, por ahogarlo, en buen servicio y buena actitud mental.

¿Sabes lo que salió de todo eso, cuál fue la semilla de un beneficio equivalente? Hice un descubrimiento sin par en toda mi carrera. Descubrí que hay una gran sed de esta filosofía entre las organizaciones campesinas, en comunidades agrícolas como París, Missouri. Jamás lo habría descubierto si hubiera respondido a la agresión de la gente que sospechaba de mí.

Tú que estudias esta filosofía vas a estar en un plano más alto que la mayoría de la gente. Vas a arreglar tus diferencias en una corte distinta que la que usa la persona promedio. Si tienes que devolverle el golpe a otra persona, vas a hacer que se avergüence siendo bueno con ella, en vez de asustarla.

Yo habría podido contraatacar legalmente a algunas de esas personas en París, quizá con una demanda por difamación. ¿Qué caso tendría? Como ves, me hubiera rebajado a su nivel.

En una pelea a golpes, hay muchos hombres a los que no me enfrentaría para nada, porque son más fuertes y más corpulentos y más duchos para usar los puños. Sería bastante tonto de mi parte tratar de resolver mis diferencias con alguien a los golpes, ¿no es cierto?

A mí me gusta resolver mis diferencias en una corte donde yo controle al juez, al jurado, a los acusados y al fiscal. Ésa es la clase de corte que me gusta. Es la corte que tienes en tu propia mente. Tú eliges tu propia hora, lugar y técnica para lidiar con la gente. Si lo haces, pones a mucha gente en desventaja cuando trata de hacerte daño.

33. DESEO DE VENGANZA

Treinta y tres: *deseo de venganza* por discordias reales o imaginarias. ¿Qué es peor, tener un deseo de venganza por una discordia real o por una discordia imaginaria?

Piensa bien en ésta. ¿Qué te pasa a ti cuando expresas o deseas venganza por cualquier razón?

¿Le hace daño al otro sujeto? No. Te hace daño a ti. ¿Cómo te hace daño? Te vuelve negativo. Te envenena la mente. Te envenena hasta la sangre si te mantienes así suficiente tiempo. Cualquier actitud negativa se te acabará metiendo a la sangre y te impedirá tener buena salud.

34. PRODUCIR EXCUSAS EN VEZ DE RESULTADOS

¿Hasta qué punto empiezas a buscar una *excusa* cuando cometes un error o cuando haces algo que no sale bien o cuando por descuido no haces lo que tenías que hacer? ¿Hasta qué punto lo asumes y dices: "Fue mi culpa"? ¿Lo expones claramente y afrontas las consecuencias, o te pones a inventar una serie de excusas que justifiquen lo que hiciste o te olvidaste de hacer? Ése es el punto en el que tienes que calificarte. ¿Cuál es la preponderancia de tus hábitos en ese tema?

Si eres una persona promedio, lo más probable es que en la mayoría de los casos buscarás una excusa para justificar lo que hiciste o te abstuviste de hacer. Si no eres una persona promedio —y estoy seguro de que no lo serás si quedas debidamente adoctrinado con esta filosofía— no buscarás excusas, porque sabrás que eso sólo te debilita. Es una muleta en la que te apoyas. Hay que afrontar las consecuencias. Hay que reconocer los errores, porque la confesión es algo maravilloso. Te hace algo en el alma cuando de veras sabes cuáles son tus fallas y las confiesas honestamente. No tienes que difundirlas a todo el mundo, pero confiésalas cuando sea necesario.

35. FALTA DE CONFIABILIDAD

Quizá sea un poco difícil calificarse en ésta, pero en general sabes si eres confiable o no. Sabes si tu palabra es confiable, sabes si tu desempeño en tu ocupación es confiable, sabes si eres un hombre o una mujer de familia confiable. Sabes si eres o no confiable en sus relaciones crediticias.

En la vida he conocido a varios alcohólicos. Solía tratar de curarlos. Ya no lo hago. Ahora mejor le dedico el tiempo a toda esa buena gente que no es alcohólica, y obtengo muchos mejores resultados. Ahora cuando me encuentro a un alcohólico, lo mando a Alcohólicos Anónimos. Hacen mejor trabajo que yo.

He conocido a personas que eran maravillosas cuando estaban sobrias, pero cuando no lo estaban no servían para nada, porque no eran confiables. La mayoría de las empresas jamás le daría un puesto de responsabilidad a una persona así, porque no se puede confiar en ella.

14

VISIÓN CREATIVA E IMAGINACIÓN

Ahora hablaremos de la visión creativa. Alguien dijo que la imaginación es el taller donde se confeccionan el propósito del cerebro y los ideales del alma. No conozco mejor definición.

Hay dos formas de imaginación. La primera es la *imaginación sintética*, que consiste en una combinación de viejas ideas, conceptos, planes o hechos acomodados en una nueva combinación.

Las cosas nuevas son pocas y muy espaciadas. De hecho, cuando dices que alguien ha tenido una nueva idea o ha creado algo nuevo, las probabilidades de que realmente sea algo nuevo son de una en 1 000. Es una reconfiguración de algo viejo que ya se vio antes.

La número dos es la *imaginación creativa*, que opera a través del sexto sentido en la mente subconsciente. Está basada en la sección subconsciente del cerebro y sirve como el medio a través del cual se revelan nuevos hechos o ideas.

Cualquier idea, plan o propósito que se trae a la mente consciente y se repite y se apoya por un sentimiento emocional, automáticamente es retomado por la sección subconsciente del cerebro y llevado hasta su conclusión lógica a través de cualquier medio que sea práctico y conveniente.

Quiero enfatizar un hecho importante: cualquier idea, plan o propósito que sea traído a la mente consciente y apoyado repetidamente por un sentimiento emocional va a fructificar. Las ideas en tu mente a las que *no* les pones emoción, o que *no* te entusiasman, o a las que *no* les tienes fe, rara vez producen acción.

Tienes que infundirles a tus pensamientos emoción, entusiasmo y fe antes de entrar en acción.

IMAGINACIÓN SINTÉTICA

He aquí algunos ejemplos de la imaginación sintética aplicada. En primer lugar, el invento de la lámpara eléctrica incandescente de Edison. No tenía nada de nuevo. Los dos factores que combinados formaron la lámpara eléctrica incandescente ya eran viejos y conocidos en el mundo mucho antes de la época de Edison.

Faltaba que Edison pasara por 10 000 fracasos diferentes hasta encontrar la manera de casar estas dos ideas y aplicarlas en una nueva combinación. Una idea era que podías aplicarle energía eléctrica a un alambre, y en el punto de fricción el alambre se calentaba y generaba luz. Mucha gente lo había descubierto antes que Edison. El problema de Edison era encontrar un medio para controlar el alambre de modo que cuando se calentara al punto de calor blanco y generara luz, no se quemara.

Probó más de 10 000 experimentos y ninguno funcionó. Un día, como era su costumbre, se acostó a tomar una siesta para darle vueltas al problema en su mente subconsciente. Mientras dormía, la mente subconsciente le dio la respuesta (siempre me he preguntado por qué tuvo que pasar por 10 000 fracasos antes de lograr que su mente subconsciente le diera la respuesta).

Ya tenía solucionado la mitad del problema. Vio la solución a la otra mitad en el principio del carbón. Para producir carbón, pones un montón de leña en el piso y le prendes fuego, luego la cubres con tierra, permitiendo que circule apenas el oxígeno necesario para que la madera se siga consumiendo, pero no suficiente como para que arda. Se quema cierta parte de la madera y queda la demás, que se hace carbón. Por supuesto, donde no hay oxígeno, no puede haber combustión.

Tomando este concepto, que Edison conocía de mucho tiempo atrás, regresó al laboratorio. Tomó el alambre que había estado calentando con electricidad, lo puso en una botella, bombeó para afuera el aire y selló la botella, dejándola sin oxígeno. El oxígeno no podía entrar en contacto con el alambre. Cuando encendió la corriente eléctrica, ardió durante ocho horas y media. Hasta el día de hoy, ése es el principio con el que opera la lámpara eléctrica incandescente. Por eso cuando tiras un foco, truena como pistola: ya le han sacado todo el aire. No puede haber oxígeno en el interior del foco, porque si lo hubiera, el filamento se quemaría rápidamente.

Dos ideas viejas, simples, unidas mediante la imaginación sintética. Si examinas las operaciones de tu imaginación o la imaginación de la gente exitosa, creo que descubrirás que en una gran proporción de los casos lo que se usó fue la imaginación sintética, no la imaginación creativa.

El sistema de las tiendas Piggly Wiggly de Clarence Saunders —las primeras tiendas de abarrotes de autoservicio— no fue más que el uso de la imaginación sintética. Él no creó nada. Lo único que hizo fue agarrar de las orejas la idea de las cafeterías de autoservicio y llevársela a rastras a conocer las tiendas de abarrotes. Eso fue todo lo que hizo. ¿Y eso fue valioso? Sí, bastante: en los primeros cuatro años le reportó cuatro millones de dólares. Reacomodar viejas ideas y conceptos puede ser muy redituable.

Quizá ya hayas descubierto que en esta filosofía sólo hay un principio nuevo que quizá no conocieras desde antes. Yo sólo hice una aportación; todo lo demás es tan viejo como la humanidad. ¿Pero qué hice? Usé mi imaginación sintética y reconfiguré. Identifiqué las cosas más sobresalientes que intervienen para lograr el éxito y las organicé como nunca antes se habían organizado: de una manera sencilla, donde cualquiera pueda hacerse de ellas y ponerlas en práctica. Sin embargo, este sencillo uso de la imaginación sintética está destinado a influenciar a más personas probablemente que cualquier otra cosa que se haya hecho en mi campo en los últimos 500 años. Está destinado a ayudar a gente que aún no ha nacido.

A menudo me pregunto por qué no se le ocurrió desde hace mucho a alguna persona más lista que yo. Cuando nos llega una buena idea, siempre tendemos a pensar: "¿Por qué no se me ocurrió hace mucho, cuando necesitaba el dinero?"

La combinación de Henry Ford entre un carruaje de caballos y una trilladora a vapor no fue más que el uso de la imaginación sintética. Tuvo la inspiración para crear el automóvil la primera vez que vio una trilladora impulsada por un motor a vapor. La máquina trilladora, montada en un motor a vapor que le daba locomoción, iba por la carretera y el señor Ford la observó. Ahí mismo tuvo la idea de tomar ese mismo principio y ponérselo a un carruaje en vez de los caballos para crear el carruaje sin caballos, que más tarde llegó a ser conocido como el automóvil.

IMAGINACIÓN CREATIVA

Ahora veamos algunos ejemplos de la imaginación creativa. Todas las ideas nuevas se originan mediante la aplicación de la visión creativa ya sea de manera singular o con la Mente Maestra —generalmente con la Mente Maestra—. Cuando dos personas o más se reúnen para solucionar un problema importante piensan sobre las mismas líneas en un espíritu de armonía y se entusiasman, y toda la gente en el grupo empieza a tener ideas. De ese grupo saldrá una idea relacionada con el problema. Alguien encontrará la respuesta; sólo dependerá de quién sea el primero cuyo subconsciente se sintonice con el depósito infinito y elija la respuesta.

Muchas veces la respuesta no vendrá de la persona más lista ni más preparada del grupo. Vendrá de la persona menos preparada y menos brillante, porque al parecer la mente subconsciente y la educación formal no tienen mucho en común. Esto tiene que ser cierto si vemos los grandes logros de hombres como Henry Ford, que apenas contaba con educación formal; el señor Edison, que también tuvo muy poca, y yo. Yo sólo terminé el bachillerato, y aun así tuve el privilegio de darle al mundo la primera filosofía práctica del éxito, que ya beneficia a millones de personas en todo el mundo.

He aquí algunos ejemplos de imaginación creativa. Tomemos el elemento radio, por ejemplo, que fue descubierto por madame Curie. Ella todo lo que sabía era que en teoría el radio debía existir en alguna parte del universo. Esperaba que fuera en esta bolita de lodo que llamamos la Tierra. Tenía un propósito determinado. Tenía una idea determinada. Mediante cálculos matemáticos determinó que en alguna parte había radio. Nunca nadie lo había visto; nadie lo había producido.

Imaginen a madame Curie iniciando su búsqueda del radio en comparación con aquel proverbio de buscar una aguja en un pajar. Yo elegiría la aguja en el pajar 1 000 veces antes que la tarea que enfrentaba ella. Por algún proceso extraño de la naturaleza ella entró en contacto con el primer radio y logró refinarlo. Ahora está disponible para fines médicos.

¿Cómo lo logró? ¿Cómo se puso a buscarlo? ¿Qué le dio las primeras pistas? No pienses ni por un momento que salió con una pala a buscarlo enterrado en la tierra. No era tonta.

Lo que ella hizo fue condicionar su mente para que se sintonizara con la inteligencia infinita, y la inteligencia infinita la dirigió a la fuente —exactamente el mismo proceso que se usa para atraer riquezas o casi cualquier otra cosa que quieras—. Primero condicionas a tu mente con una imagen determinada de la cosa que quieres, la desarrollas y la apoyas con la fe y con tu creencia, y la sigues deseando incluso cuando la cosa se pone difícil.

Tomemos también la máquina voladora de los hermanos Wright. Nadie había tenido éxito en crear una máquina más pesada que el aire que pudiera volar, hasta que los hermanos Wright hicieron la suya.

Cuando empezaron, fueron ridiculizados. Ya habían realizado un vuelo exitoso y le anunciaron a la prensa que harían una demostración en Kitty Hawk, Carolina del Norte. Los reporteros eran tan escépticos que ni siquiera fueron. Ni un solo periodista solitario fue a reportar la noticia más importante de los últimos 100 años. Eran sabelotodos, se creían muy listos; sabían todas las respuestas. ¿Cuánta gente has visto que se pone así cuando alguien tiene una idea nueva? Sabelotodos, gente que se cree muy lista, que no creen que algo se pueda hacer porque nunca antes se ha hecho.

No hay limitaciones en la aplicación de la visión creativa. La persona que puede condicionar su mente a sintonizar la inteligencia infinita puede obtener la respuesta a cualquier cosa que tenga respuesta, sea lo que sea.

Cuando el inventor Elmer R. Gates estaba buscando ideas, usó su comunicación directa con la inteligencia infinita a través de su mente subconsciente, basado en la aplicación del propósito determinado. También tenemos la invención de Marconi de la comunicación inalámbrica, y la máquina parlante de Edison, o fonógrafo. Hasta donde sé, la única idea de Edison que salió de una visión creativa fue su máquina parlante.

Antes de la época de Edison nadie había grabado ni reproducido ningún tipo de sonido. Nadie había hecho nada remotamente parecido.

Edison concibió esa idea de manera casi instantánea. Sacó una hoja de su bolsillo y trazó un burdo boceto de lo que después sería el primer fonógrafo de Edison, que tenía un cilindro. Cuando hizo el modelo y lo probó, el aparato funcionó a la primera. Como ves, la ley de la compensación le pagó por los 10 000 fracasos de cuando trabajaba en la lámpara eléctrica incandescente.

¿No ves lo generosa, equitativa y justa que es la ley de la compensación? Cuando parece que fuiste tratado injustamente en un lugar, descubres que te es compensado en otro lugar, con base en lo que merezcas. Lo mismo aplica con las penalizaciones. Cuando te pasas la luz roja y te le escapas al policía de la esquina, la próxima vez te va a detener por dos o tres infracciones.

En alguna parte de la naturaleza hay un tremendo policía con una tremenda máquina que registra todas nuestras buenas cualidades y todas las malas, todos nuestros errores y todos nuestros éxitos. Tarde o temprano todo esto nos alcanza.

LOGROS DE UNA VISIÓN CREATIVA

La visión creativa también nos permite evaluar el gran estilo de vida estadounidense. Aún gozamos del privilegio de la libertad en la nación más rica y más libre que la humanidad jamás haya conocido, pero necesitamos usar una visión si queremos seguir disfrutando de estas bendiciones. Si miras al pasado y buscas qué rasgos de carácter hicieron de la nuestra una gran nación, son éstos.

En primer lugar, los líderes que han sido responsables de lo que tenemos, el estilo de vida estadounidense, aplicaron decididamente los 17 principios de la ciencia del éxito, con énfasis en los siguientes seis.

En ese entonces no se referían a estos principios con estos nombres. Probablemente ni siquiera fueran conscientes de estar aplicando estos principios (es una de las cosas más extrañas de toda la gente exitosa con la que he trabajado: no hubo una sola persona que pudiera sentarse y decirme categóricamente el *modus operandi* paso a paso de cómo había triunfado. Todos se toparon con estos principios por puro accidente).

1) Determinación de propósito
2) Recorrer la milla extra y prestar más servicio
3) El principio de la Mente Maestra
4) Visión creativa
5) Fe aplicada
6) Iniciativa personal

Los creadores del estilo de vida estadounidense no esperaban algo a cambio de nada. No regulaban sus horas de trabajo según las horas del reloj. Asumieron plenamente las responsabilidades del liderazgo incluso cuando la cosa se puso difícil. Esto definitivamente aplicaría a cualquier persona exitosa que encuentres hoy en día en cualquier negocio. Descubrirás que están aplicando estos mismos principios.

Si vemos en retrospectiva los últimos 50 años de visión creativa, encontramos, por ejemplo, que Thomas A. Edison, mediante su visión creativa e iniciativa personal, dio entrada a la gran era de la electricidad y nos dio una fuente de poder que el mundo antes no conocía. Ese hombre dio inicio a la era eléctrica, sin la cual todos los adelantos industriales que hemos tenido —radar, televisión, radio— no hubieran sido posibles. ¡Qué cosa tan maravillosa hizo una sola persona para influenciar la tendencia de la civilización en todo el mundo!

¡Qué cosas tan maravillosas hizo el señor Ford cuando introdujo el automóvil! Unió las aldeas remotas y las ciudades. Acortó las distancias. Mejoró el valor de muchas propiedades por las que hubo que construir calles. Dio empleo directa e indirectamente a millones de personas que de otra manera no lo hubieran tenido, y a millones de personas que hoy en día tienen negocios relacionados con la industria automotriz.

Luego llegaron Wilbur y Orville Wright. Cambiaron el tamaño del mundo. Acortaron las distancias a escala mundial, ellos dos solos, trabajando por el bien de la humanidad.

Cuando el señor Stone y yo estábamos hablando de nuestras operaciones y nuestro futuro, los dos llegamos a la conclusión de que 1) hemos sido bendecidos con la oportunidad más grandiosa de cualesquiera dos personas que vivan hoy en cualquier parte, de llevar esta filosofía al mundo, y 2) con esa oportunidad viene la responsabilidad ante nosotros y ante nuestro Creador de llevar a cabo nuestra misión fiel y continuamente. Eso es precisamente lo que pensamos hacer: dedicar nuestra vida a ello.

Mediante su visión creativa e iniciativa personal, Andrew Carnegie dio entrada a la gran Edad del Acero, que revolucionó por entero nuestro sistema industrial y permitió el nacimiento de un sinfín de industrias que no podrían existir sin acero. No satisfecho con acumular una inmensa fortuna personal y elevar a decenas de sus colaboradores a fortunas respetables, terminó su vida inspirando la organización de la primera filosofía práctica para el éxito personal del mundo, que pone al alcance de la persona más humilde los conocimientos necesarios para triunfar.

La iniciativa personal y la visión creativa de Carnegie crearon la mayor cantidad de empleos lograda por un solo hombre en la historia de la civilización. La filosofía del éxito que él inspiró perdurará a través de los siglos para beneficiar a millones de personas que aún no han nacido. ¡Qué cosa tan maravillosa pudo hacer un hombre, operando a través de otro!

Cuando empieces a analizar lo que ha pasado aquí, verás qué cosa tan maravillosa puede suceder cuando un individuo se reúne con otro, forma una alianza de la Mente Maestra y se pone a hacer algo útil. No hay imposibles para dos personas que colaboran en un espíritu de armonía bajo el principio de la Mente Maestra.

Sin esa alianza, yo jamás habría podido crear esta filosofía, ni aunque hubiera tenido 100 vidas. La inspiración, la fe, la seguridad y el espíritu de seguir adelante que obtuve por tener acceso a un gran hombre como el señor Carnegie me permitió elevarme a su nivel, algo que de otra manera nunca hubiera podido hacer.

¡Qué cosa tan maravillosa es poder conectarse con eso que llamamos la visión creativa, y a través de ella poder sintonizar a los poderes del universo! No estoy siendo poético: estoy citando a la ciencia, porque todo lo que digo es práctico y se está haciendo, y tú lo puedes hacer.

Si vemos en retrospectiva los últimos 50 años del gran estilo de vida estadounidense, he aquí un breve panorama de lo que nos han dado los hombres y las mujeres con visión creativa e iniciativa personal. En primer lugar, el automóvil, que prácticamente cambió todo nuestro estilo de vida. Aquellos nacidos en las últimas décadas no tienen idea del traqueteo que había en este país en los días de las carretas de caballos, a diferencia de hoy. En aquellos tiempos era seguro andar en la calle. Hoy no puedes ni cruzar en una esquina a menos que seas muy ágil y tengas buena vista. Todo nuestro método de transporte, de hacer negocios, ha cambiado como resultado del automóvil. Me atrevo a decir que si el día de mañana el gobierno anunciara que cada uno de nosotros tiene que entregar su automóvil, que ya no está permitido usarlo, habría consternación. Hoy se haría un alboroto si le quitaras a la gente su automóvil: simplemente no podría vivir sin él.

Los aviones, que viajan más rápido que el sonido y han encogido a este mundo, gracias a lo cual los distintos pueblos de todo el planeta se están conociendo mejor, ¡qué cosa tan maravillosa son! Quizá ésa era la intención del Creador: que en vez de todas las guerras que hemos tenido en el pasado, al reducirse el tamaño del mundo y unir a todos los pueblos y naciones a una distancia de 24 horas de viaje o menos, que se puedan conocer mejor y finalmente convertirse en prójimos y hermanos bajo la piel.

Si la hermandad del hombre llega a existir algún día, será gracias a estas cosas que ha descubierto la imaginación del ser humano. Nos acercan y nos facilitan poder reunirnos y comprendernos unos a otros en todo el mundo. No puedes irte a la guerra con tu socio comercial ni con tus vecinos que viven cerca. O por lo menos no puedes hacerlo y conservar la tranquilidad mental. Trata de salir adelante sin el apoyo de la gente con la que tienes que entrar en contacto.

Luego la radio y la televisión, que nos dan las noticias del mundo casi en el momento en que suceden y ofrecen el mejor entretenimiento sin costo a las cabañas de troncos en la región montañosa y las mansiones en la gran ciudad por igual. Un avance considerable desde los tiempos de Lincoln, que tuvo que aprender a escribir en el reverso de una pala de madera en una cabaña de troncos de un solo ambiente.

Es una cosa maravillosa saber que allá en las montañas de Tennessee y Virginia, donde yo nací —que en una época sólo eran famosas por sus vistas panorámicas, serpientes de cascabel y whiskey de maíz—, puedes girar una pequeña perilla y sintonizar las mejores óperas y música y saber lo que están haciendo en el mundo casi en cuanto lo hacen.

Si hubiéramos tenido esos adelantos cuando yo estaba creciendo, dudo mucho que mi primer gran propósito determinado hubiera sido convertirme en un segundo Jesse James. Probablemente hubiera querido ser operador de radio. ¡Cómo estas cosas han cambiado a esa gente de la montaña y de todo el país y del mundo! Pero sólo son el resultado de lo que la mente humana ha creado para que la gente se pueda conocer.

Luego tenemos el desarrollo de la energía eléctrica, que dio inicio a la era de apretar un botón. Ahora facilita el desarrollo de todo tipo de labores, que antes se hacían a mano. No sé si esto sea algo bueno o no. Pero desde luego sabemos que estamos en la era de apretar botones.

Cuando acabé de crecer, operé la primera escuela de automovilismo de Estados Unidos, y personalmente enseñé a manejar automóvil a unas 5 000 personas. Ahora los niños nacen con el volante en la mano.

Luego, el radar, que nos avisa anticipadamente de peligros que se aproximan tanto por aire como por mar desde mucho antes de que sean visibles para el ojo humano. Puedes asomarte a la distancia y ver qué está pasando desde mucho antes de que el ojo humano pueda detectarlo. La humanidad ha superado incluso al Creador y ha extendido las posibilidades de la vista mucho más allá del rango del ojo humano. No sé qué bien o mal último traerá el radar, pero sé que en este momento es una gran protección para el país, porque podemos detectar la presencia de aeronaves enemigas desde antes de que lleguen al punto donde puedan causar mayor daño.

Mediante nuestra iniciativa personal y visión creativa, después de mucho hemos descubierto el secreto mediante el cual se puede liberar y controlar la energía del átomo, en beneficio (esperemos) de la humanidad.

LOS 17 PRINCIPIOS APLICADOS AL TRABAJO

Veamos algunas sugerencias para que ejercites tu imaginación, a ver si podemos implantar en tu mente unas cuantas ideas del millón de dólares. Regresa a tu mente subconsciente donde guardaste esa idea que tuviste hace cinco, 10 o 15 años porque creías que no eras capaz de crear una buena idea y que si tú la habías creado entonces no era buena. Sácala otra vez, dale una sacudida, y veamos si no podemos encontrarle algo de utilidad.

Quizá podamos eliminar todas las disputas laborales, huelgas, cierres patronales y malentendidos entre los trabajadores de todo negocio e industria mediante el uso de los 17 principios de la ciencia del éxito. Están diseñados para brindar los mismos beneficios a todos los individuos y todas las relaciones humanas. Este logro en sí bastaría para generar mayores ganancias en negocio e industria, lo cual permitiría que todos los trabajadores compartieran esas utilidades independientemente de sus salarios, de manera equivalente, quizá, a las utilidades asignadas a quienes proporcionan el capital de trabajo.

Esta profunda relación humana sólo puede surgir mediante la iniciativa personal y la visión creativa de hombres y mujeres dedicados a negocio e industria que desean sinceramente ver que el actual desperdicio causado por fricciones y malentendidos se transforme en dividendos. Éste es el punto de despegue a partir del cual muchos líderes del trabajo y de la industria pueden volverse poco menos que inmortales en beneficio eterno de nuestro gran estilo de vida estadounidense.

Me gustaría agregar que ésta es una oportunidad maravillosa para ti de conectarte con importantes empresas industriales o comerciales y mediante la aplicación de esta filosofía hacer tan buen trabajo en tus relaciones industriales que logres eliminar cualquier fricción.

Hay una compañía que organizamos así en el sur de Illinois, y está funcionando estupendamente. Es un negocio dedicado a la fabricación de tanques de acero. Dos de mis estudiantes destacados están a la cabeza de ese negocio. Lo organizaron y lo están desarrollando y operando cien por ciento con base en los 17 principios. Espero ver el día en que cualquier contrato laboral entre una organización sindical y un negocio contenga una cláusula que estipule que el servicio prestado por los miembros del sindicato estará basado en los 17 principios.

Es algo que he hecho en muchísimos casos y ha redituado de una manera tan asombrosa que me pregunto por qué otros industriales y líderes sindicales no se han dado cuenta de las oportunidades. No me lo pregunto demasiado, porque sé por qué no. Hay demasiados chanchullos jugosos en el negocio sindical, por lo que muchos líderes no quieren cambiar el sistema. El sistema de ellos no coincide mucho con el mío. Porque no creen mucho en lo de recorrer la milla extra. Por eso.

Algún día se va a revelar esa falacia. Alguna persona sobresaliente en el campo sindical va a llegar y va a conectarse con Napoleon Hill, y se convertirá en el factor dominante en el campo sindical. Me da igual quién sea; lo va a hacer. Traté de convencer a William Green de hacerlo cuando se separó de John L. Lewis. Le dije al señor Green que si seguía la fórmula que yo había desarrollado, le garantizaba que podría eliminar a John L. Lewis del mundo sindical y convertirse en rey de ese mundo. Le garantizaba que yo iba a afiliar a todo negocio y toda industria en Estados Unidos a la AFL (Federación Estadounidense del Trabajo). Y no iba a cobrarle un centavo.

El señor Green me mandó decir que fuera a verlo. Cuando llegué, me dijo:

—Napoleon, sospecho que le debo una disculpa. He oído hablar mucho de usted, pero me daba curiosidad verlo en persona. Debo confesar que no es para nada como lo imaginé, porque pensé que tendría cara de loco. Usted no parece loco. Ahora, sobre esta fórmula: pensé que si usted estaba dispuesto a venir hasta acá por cuenta propia, lo menos que podía hacer era invitarlo. ¿De qué se trata esta fórmula?

—Está bien, señor Green, se la voy a dar —dije—. Quiero obsequiarle a la Federación Estadounidense del Trabajo algo de la sustancia de la obra de toda mi vida. Quiero pasarle mi filosofía y abrir escuelas por todo Estados Unidos que enseñen esta filosofía a todos los miembros de la Federación Estadounidense del Trabajo.

—¿Cuáles son los principios? ¿Cuál es la filosofía? Vamos a escucharla.

—Está bien —comencé—. Son 17 principios: el primero es la determinación de propósito.

El señor Green dijo:

—Bueno, parece razonable.

—El número dos es la fe aplicada.

—Es razonable.

—El número tres es el entusiasmo.

—Sí, está bien.

—El número cuatro es la imaginación.

—No tiene nada de malo.

—El número cinco es recorrer la milla extra.

—¿Eso qué es? —preguntó.

—Señor Green, eso significa prestar más y mejor servicio del que a uno le pagan por prestar, hacerlo todo el tiempo y con una actitud mental amigable y placentera.

—Ya sabía yo que tenía que haber un problema —dijo—. Ésa sería nuestra gran crítica. Usted sabe muy bien que ni siquiera podríamos operar si siguiéramos esa ruta.

Escucha y piensa. Algún líder sindical va a descubrir cómo operar con el principio de recorrer la milla extra, y cuando lo haga, va a llegar a la cima. Cuando empiece a aplicar ese patrón en la cima, los otros líderes sindicales van a tener que alinearse o salir del negocio.

Cuando negocios e industrias y trabajadores hayan formado una mejor sociedad, trabajarán sobre una base más amigable. Habrá una mejor distribución de los ingresos y ganancias. Pero para que pueda haber una mejor distribución de las ganancias, primero tiene que haber más ganancias que distribución. Desde luego las huelgas de brazos caídos y ese tipo de cosas no van a generar más ganancias.

Si no crees que sea una buena idea, ve a Baltimore, Maryland, y habla con mi alumno Charles McCormick. Échales un ojo a sus libros. ¿Cómo iban sus utilidades hasta antes de que adoptara este plan, y qué ha pasado cada año desde entonces? Sabrías sin el menor lugar a duda que resulta tremendamente redituable dejar que los trabajadores participen de las utilidades.

Al negocio no le cuesta nada hacerlo; de hecho, le permite hacer más. Elimina todos esos pleitos, fricciones, desánimos, odios y rencores entre las personas, que yo quiero ayudar a erradicar lo más posible con mi filosofía. Quiero hacer que este mundo sea un mejor lugar para vivir. Quisiera ver que por una vez intentáramos practicar el cristianismo. Quizá podría funcionar si le diéramos una oportunidad. ¿Quién sabe?

POSIBILIDADES CREATIVAS

Una posibilidad creativa es una serie de represas para controlar las inundaciones en los principales afluentes de los ríos Ohio, Misuri y Misisipi, donde se filtre el limo, se extraiga del agua y se vuelva a colocar sobre la tierra de estos valles, con lo cual se salvarían esas tierras del rápido deterioro que padecen, y al mismo tiempo se podrían controlar las inundaciones. Ésta es una idea para inspirar la visión creativa de los ingenieros y ecologistas especializados en suelos. Piensa en esto: la mejor parte de la tierra se está yendo por el Misisipi y el Misuri y todos los demás ríos. Podría pescarse, regresarse y aplicarse otra vez al suelo a expensas del gobierno.

Si yo supiera que una parte de mis impuestos iba a destinarse a eso, créeme lo que te digo, no me pondría a chillar tan fuerte al llegar el momento de pagarlos. Ni me pondría a buscar ahorros al hacer mis declaraciones si estuviera seguro de que una parte de ese dinero se iba a destinar a hacer algo contra un mal que nos acecha. El río Misisipi, ese anciano río, cada vez se vuelve más grande y más peligroso. Cada vez se está llevando más de la riqueza de nuestros suelos al mar. Millones y millones de toneladas de limo, que es la parte fértil del suelo, se están yendo por el río cada año. Además, hay inundaciones constantes. Podríamos controlarlas muy fácilmente si contáramos con las presas adecuadas en los lugares precisos a todo lo largo de esos ríos.

He aquí una de mis ideas consentidas. Alguien va a llegar a una gubernatura o alcaldía y la va a poner en marcha: un sistema de policías de tránsito ciudadanos para frenar los accidentes carreteros y bajar las tarifas del seguro automotriz. Consiste en dar nombramientos a automovilistas de buena reputación y darles la autoridad de hacer arrestos y levantar infracciones de tránsito.

¿No sería maravilloso si, cuando vas en la carretera y ves a un idiota poniendo en riesgo su vida y la de los demás, pudieras hacer que se orillara, quitarle su licencia y ponerle una multa? Sólo podrían recuperar la licencia presentándose en la jefatura de policía más cercana. Siempre que salgo a carretera me dan ganas de ser policía con autoridad para hacer arrestos. Si los conductores imprudentes supieran que el tipo que viene delante o detrás de ellos es un policía, tendrían un poco más de cuidado.

¿Qué tal un nuevo partido político formado por hombres y mujeres que están insatisfechos con los partidos actuales? Algún tipo listo con iniciativa personal y visión creativa adoptará esto tarde o temprano, y no va a ser el coronel McCormick, dueño del *Chicago Tribune* (he oído que cuando el coronel McCormick apoya a un candidato, todos los empleados del *Tribune* votan en su contra).

También podría haber el desarrollo de un sistema terapéutico para curar padecimientos y malos hábitos mientras duermes por medio de directrices que vayan directamente de un fonógrafo a la mente subconsciente. Esta máquina ya existe, y muchos doctores y educadores están experimentando con ella. Yo tengo una.

En Napoleon Hill y Asociados vamos a empezar a hacer grabaciones para alcanzar cualquier propósito que quieras, como erradicar tu conciencia de pobreza y darte una conciencia de prosperidad mientras duermes, o eliminar cualquier padecimiento que puedas tener.

Hace no mucho tiempo, si yo hubiera dicho esto, todos habrían soltado la carcajada, pero hoy en día se llevan a cabo experimentos en muchos círculos científicos que demuestran que se pueden lograr cosas maravillosas simplemente con encender una máquina y lidiar con tu mente subconsciente mientras duermes.

No hay una sola persona que, si yo tuviera tiempo para sentarme con ella una hora al día para lidiar con su mente subconsciente, no pudiera alcanzar cualquier meta que se propusiera. Cualquier meta que te propongas alcanzar y en la que creas, la puedes lograr.

¿Qué te imaginas que haría yo en esa hora? Te repetiría la cosa que quiero que hagas. Te la repetiría hasta que ya no lo resistieras. No, no haría eso. Conseguiría una máquina que lo hiciera igual de bien y mucho más barato. Hay como seis compañías distintas que han empezado a fabricar estas máquinas desde que empecé a hablar de esto hace como 10 años.

Cuando entiendas la base de este sistema, entenderás la importancia de tener un gran propósito determinado y de repetir ese propósito hasta que tu mente subconsciente no pueda resistirlo más, hasta que te hayas hipnotizado a ti mismo con la creencia en el hecho de que no sólo sabes lo que quieres, sino que vas a obtenerlo.

Claro, puedes hacer esto mediante la autosugestión o la repetición, pero es laborioso. Quiero algo que se pueda usar mientras uno duerme. Hay que economizar. Hay que aprovechar esas ocho horas de sueño. De hecho, si pudieras usar tu sueño científicamente, podrías lograr más en términos de éxito mientras duermes que cuando estás despierto. Es un hecho, porque cuando estás despierto tu mente consciente está de guardia y no te deja pasar con ideas edificantes. Tienes demasiadas razones por las que no se puede, demasiados impedimentos, demasiados obstáculos, demasiadas creencias falsas. Tu mente subconsciente acepta cualquier cosa que le entregan. Si tuvieras un método para vaciar en tu mente subconsciente sólo las cosas que quieres que haga, dejando fuera las cosas que no quieres, ¿no ves lo que podría pasar en tu vida?

Ahora lo que pasa es que cuando te vas a dormir, tu mente subconsciente se entrega a tener sueños tontos. Desperdicia el tiempo toda la noche, importunándote con pesadillas, sueños y cosas por el estilo. Bueno, tiene que estar haciendo algo, así que bien puede ponerse a molestarte un poco.

¿Suena tonto? No es tonto para nada; es real. Siempre que despiertas con una pesadilla, sabes que tu subconsciente se fue a dar una vuelta a ver qué maldades podía hacer.

Luego, podría haber una nueva clase de filosofía religiosa sin ningún sesgo sectario, para enseñarle a la gente a vivir en armonía con los demás, independientemente de raza, color o postura religiosa actual. Sería la antítesis del comunismo, que ahora amenaza con menoscabar todas las religiones y todas las libertades humanas. Si estás usando tu imaginación sintética o tu imaginación creativa, en este momento ya sabes que tenemos esa religión y la estás estudiando. Sabes que no hay una sola cosa en esta bendita religión que el católico no pueda aceptar, que el protestante no pueda aceptar, que el judío no pueda aceptar, que cualquiera no pueda aceptar. En otras palabras, es una serie de verdades universales, más o menos aceptadas por todas las religiones pero con diferentes marcas.

Esta filosofía en su estado actual, sin ninguna clase de aditivos, es suficiente para hacer que la religión de cualquiera se vuelva más vital, operativa y eficaz. No se puede negar. Tenemos la religión que no permite que surjan los celos entre quienes la practican. Induce la cooperación amistosa con el principio de la Mente Maestra más que la oposición y los celos.

También podríamos crear un sistema escolar para educar a los hombres y las mujeres que van a ocupar cargos públicos, adoptando reglamentos basados en las calificaciones, que todos los aspirantes a un cargo público deberán pasar, en vez del sistema actual de elegir a la gente para el cargo simplemente mediante el voto. A menudo, los votantes no están calificados para determinar qué tan competente es alguien para ocupar un cargo público. Este sistema se especializará en entrenar a la gente para los cargos más altos, como la presidencia, el Congreso, el gabinete, las embajadas y los consulados. Los educadores con iniciativa personal y visión creativa pueden encontrar un canal para otros talentos con base en esta sugerencia.

Algún día una persona con una educación formal sobresaliente va a tomar esta idea y va a iniciar ese tipo de escuela, y va a ganar más publicidad gratuita con eso que con cualquier otra cosa que yo pudiera mencionar en este momento. Es algo que se necesita, comercialmente sería redituable, y le daría un canal para expresar su talento que no podría encontrar en ninguna otra dirección. Y podría ser de un valor incalculable para la gente de este país.

Yo no la pongo porque ya tengo un gran trabajo que hacer. Créeme lo que te digo, si tú no consideras esta idea, bien podría ser una división de Napoleon Hill y Asociados dentro de pocos años. Por el momento tenemos mucho que hacer para llevarle esta filosofía a la gente a través de grabaciones, películas, cursos de estudio en casa, libros y clases como éstas para entrenar profesores.

UNA ESCUELA DEL MATRIMONIO

Aquí va otra: una escuela para educar a los hombres y las mujeres para el matrimonio. ¿No sería maravilloso si pudieran enviar a sus hijos, cuando aún fueran adolescentes, a una buena escuela para entrenarlos, prepararlos para saber cómo elegir a una pareja, cómo lidiar con esa pareja después de haberla elegido, cómo llevar un hogar, cómo economizar y cómo poner en práctica la Mente Maestra?

Si nadie toma esta idea, yo voy a tomarla uno de estos días, porque es una preciosidad: una escuela para entrenar a la gente para el matrimonio en vez de este sistema tan azaroso. Existe la idea de casarse con una chica porque tiene bellos ojos y hermosos tobillos y usa lindos sombreros. Quizá llegue el día en que sus ojos no sean tan bellos y sus tobillos pierdan su forma, pero si eliges a una pareja sobre las bases correctas y vives con ella sobre las bases correctas, lo más probable es que sólo se convierta en algo bueno. Siempre será hermosa.

Cuando hablo de Annie Lou, la llamo hermosa. Ella me dice:

—Vamos, no lo dices en serio.

Le contesto:

—Escucha, Annie Lou. Mi definición de belleza incluye todo lo que hay en la superficie y todo lo que hay bajo la superficie; recuérdalo. Para mí, eres muy hermosa. Siempre lo serás —me parece que es hermosa en la superficie, y sé que lo es bajo la superficie.

Algunas personas podrán criticarme por hablar tanto de mi esposa, pero cuando tienes algo de lo que estás muy orgulloso, y por mérito propio, ¿por qué no gritarlo a todo el mundo para que lo sepa? Es mucho mejor que esté interesado en mi esposa a que esté interesado en la esposa de alguien más. Quizá una buena manera de evitar interesarme en la esposa de alguien más sea mantener la atención en la mía.

Aquí hay otra de mis favoritas: educación sobre nutrición del suelo, que volviera obligatorio que todos los agricultores nutrieran los suelos con todos los minerales necesarios para darles a los alimentos los valores que la naturaleza quería que tuvieran. Mucho se ha hecho y se sigue haciendo en este rubro, pero es un trabajo que debería volverse obligatorio para quienes cultiven productos para vender.

La mala dentadura y muchos padecimientos físicos son resultado de una mala nutrición causada por alimentos inadecuados y, debo decirlo, también de un mal temperamento. Llegará el día en que la comida que compres en el mercado tenga que traer el contenido marcado, como las vitaminas y los suplementos alimenticios que uno compra. Llegará el día en que si un agricultor no nutre la tierra con todos los elementos necesarios, no podrá vender sus productos; la gente no va a comprarlos. Ésa va a ser la mejor manera de asegurar que la regla se cumpla.

Después: las funciones del gobierno federal que han sido tomadas de los estados serán reconquistadas por la gente mediante un mejor reconocimiento de la importancia de votar de manera inteligente y la eliminación de muchos de los actuales grupos de presión, que sólo trabajan en beneficio de un número limitado de individuos. Los grupos de presión que manejan el gobierno de este país han llegado a ser un gran peligro. Alguien tiene que ponerles fin.

Otra idea es hacer películas que pongan la filosofía de la ciencia del éxito al alcance de los niños en los hogares y las escuelas. Ahora créeme lo que te digo, esto va a pasar tarde o temprano; podrás ir a la biblioteca de televisión, radio y películas y encontrar lecciones, por ejemplo, sobre la determinación de propósito, que estarán en un lenguaje que los niños puedan entender y que les interese. Piensa en lo que eso haría en los hogares, y piensa qué gran producto comercial sería. Hoy en día mucha gente tiene proyectores en sus casas. Es algo que viene, y si no sucede voluntariamente, tenemos maneras de hacer que pasen las cosas. Las cosas no suceden así nada más en Napoleon Hill y Asociados. Hacemos que sucedan.

Queremos darles a nuestros alumnos la oportunidad de desarrollar algunas de estas ideas. No obstante, si los alumnos no lo hacen, siempre tenemos medios y formas para hacerlo nosotros mismos. Se acerca el día en que estos principios serán reducidos a entretenimiento educativo para adultos y niños por igual, en los hogares. Quizá me ponga a hacerles la competencia a Roy Rogers y Bob Hope.

Tal vez te interese saber que se hizo un programa de radio basado en los 17 principios en la KFWB de Los Ángeles, una de las estaciones grandes de la ciudad, que se transmitió tres años seguidos, verano e invierno. El programa superaba a todos los demás de la estación y generó más correo que todos los demás programas juntos.

Warner Brothers, dueña de la estación, convocó a una junta del personal y dedicaron una tarde entera a analizar este programa. Primero monitorearon varios de mis programas, y luego los repitieron en la junta. Una de las personas de Warner Brothers preguntó: "¿Qué es lo que tiene este tipo, Napoleon Hill, que le permite salir en nuestra estación con un comercial de 30 minutos y superar a todos los demás programas en cuanto a interés del radioescucha?"

Llamaron a mi programa un comercial. Supongo que lo era, de cierta manera. No obstante, a la gente le resultaba de interés.

COMUNICACIONES INTERESTELARES

Luego sigue un sistema de comunicaciones interestelares que nos permitirá comunicarnos con la gente de otros mundos, si existe, a través del vasto universo. Si alguien anunciara en la prensa mañana que establecieron contacto con Marte y están intercambiando comunicaciones, yo no lo dudaría en lo más mínimo. Yo sería uno de los primeros en creerlo, porque creo de todo corazón que si alguien vive en Marte o cualquier otro planeta del universo, llegará el día en que podamos comunicarnos con ellos. Cuando lo hagamos, podremos aprender algo de ellos sobre una mejor manera de convivir unos con otros de la que hemos tenido en este planeta. Es imposible que sea peor que la manera en que nos relacionamos y probablemente sea mejor.

El Creador de este universo no está ocioso. Está en marcha y revela ideas estupendas con grandes beneficios que están disponibles para la gente, si tan sólo toma la iniciativa de aprovecharlas.

Otra idea: carreteras públicas diseñadas para reducir en gran medida los peligros debidos a conductores imprudentes. Aparatos de radar interceptarán automáticamente a quienes vayan a exceso de velocidad, controlando automáticamente los retenes donde habrá oficiales de tránsito. Eso vendrá con toda seguridad, porque la enorme tasa de muertes que tenemos se debe controlar de una u otra manera. Matar a 36 000 personas al año y lisiar varias veces ese número es algo que sencillamente no puede seguir para siempre. Es decir, si queremos seguirnos llamando civilizados.

15

MANTENER ÓPTIMA SALUD

Es maravilloso tener una estructura física en buenas condiciones para poder hacer lo que quieras en cualquier momento que quieras. Si yo no hubiera tenido un sistema para mantenerme saludable y lleno de energía, no habría podido hacer la cantidad de trabajo que he hecho en los últimos años. No podría hacer la cantidad de trabajo que estoy haciendo ahora.

Tengo que mantenerme en esta condición por varias razones. En primer lugar, disfruto de vivir mejor si mi cuerpo me responde. Si le hago demandas de entusiasmo, quiero tener la base física para el entusiasmo. No quiero levantarme de la cama en las mañanas enfermo. No quiero mirarme al espejo y verme la lengua cubierta. No quiero tener mal aliento.

Hay medios y formas de evitar todo eso, y espero que obtengas algunas sugerencias de esta lección que te ayuden a mantener tu cuerpo físico en buena condición.

ACTITUD MENTAL

La actitud mental está en primer lugar de la lista, porque si uno no tiene conciencia de la salud lo más probable es que nunca vaya a ser sano.

Yo nunca pienso en las enfermedades. De hecho, no me las puedo permitir. Ocupan demasiado tiempo. Le hacen demasiado daño a mi actitud mental.

Podrás preguntar: "Pero ¿cómo puedes evitar tener enfermedades?"

Cuando termines esta lección, no vas a tenerlas tan a menudo como antes. Existe una manera de controlar las enfermedades: la actitud mental. Notarás que cada una de las cosas que diré a continuación relacionadas con el condicionamiento de la actitud mental son algo que puedes controlar si quieres.

En primer lugar, no debe haber disgustos en tus relaciones familiares ni laborales. Le hacen daño a la digestión. Tú dirás: "Bueno, es que mi familia necesariamente me causa disgustos y quejas".

Está bien. Cambia las circunstancias para que no tengas ninguna razón para disgustarte ni quejarte.

Menciono las relaciones familiares porque, junto con las relaciones laborales, es donde te pasas la mayor parte de tu vida. Si permites que esas relaciones estén basadas en fricciones, malentendidos y discusiones, no vas a tener buena salud ni tampoco tranquilidad mental. No debe haber odio, por mucho que una persona merezca ser odiada. No puedes permitirte odiarla, porque es malo para tu salud. Provoca úlceras en el estómago y cosas peores. Provoca actitudes mentales negativas, que repelen a la gente en vez de atraerla a ti, y eso es algo que no te puedes permitir. El odio atrae represalias en especie. Si odias a las personas, te van a odiar a ti. Quizá no lo digan, pero te van a odiar.

No debe haber chismes ni calumnias. Ésta es bastante difícil de cumplir porque en el mundo hay mucho material para chismear. Es una gran pena privarte de ese placer, pero hay que transmutar ese deseo en algo que sea más redituable para ti. Nada de chismes ni calumnias, porque atraen represalias y también dañan la digestión.

No debe haber miedo, porque indica fricción en las relaciones y, de nuevo, es malo para la digestión. Además, si hay cualquier miedo en tu constitución, indica que hay algo en tu vida que necesita modificarse.

Honestamente puedo decir que no existe nada sobre la faz de la tierra ni en el universo que miro a mi alrededor que me dé miedo:

absolutamente nada. Antes le temía a todo lo que le teme la persona promedio, pero tuve un sistema para superar esos temores. Si ahora tuviera un temor, me las vería conmigo mismo. Eliminaría la causa, sin importar qué tuviera que hacer ni cuánto tiempo me tomara.

No voy a tolerar el miedo en mi constitución. Simplemente no voy a tolerarlo, porque no deja tener buena salud. No puedes ser próspero, no puedes ser feliz, no puedes tener tranquilidad mental si le tienes miedo a lo que sea, incluso a la muerte, sobre todo a la muerte.

En lo personal, espero la muerte con ilusión. Va a ser uno de los interludios más extraordinarios de toda mi vida. De hecho, va a ser lo último que experimente. Claro, lo estoy postergando por mucho tiempo —tengo un trabajo que hacer y todo eso—, pero cuando llegue el momento, voy a estar listo. Va a ser lo último que haga y lo más maravilloso de todo, porque no le tengo miedo.

No debe hablarse de enfermedades, porque eso lleva a desarrollar hipocondría o padecimientos imaginarios, que es de lo que vive la mayoría de los doctores.

No debe haber envidia, porque indica una falta de autosuficiencia y, de nuevo, daña la digestión.

La manera en la que usas tu mente tiene más que ver con tu salud que todas las demás cosas juntas. Puedes hablar todo lo que quieras de los gérmenes que se te meten a la sangre, pero la naturaleza ha establecido un sistema médico maravilloso dentro de ti. Gérmenes o no, si ese sistema está funcionando debidamente, la resistencia de tu cuerpo físico se encargará de todos ellos.

Yo hace mucho descubrí que casi nadie que llegue a la edad de 35 *no* ha sido portador en uno u otro momento de gérmenes tuberculosos. Una gran cantidad de gente es portadora de gérmenes tuberculosos y otros gérmenes durante toda su vida. ¿Por qué no les da tuberculosis? Porque su resistencia corporal evita que esos gérmenes se multipliquen. En el instante en que te sientes preocupado, molesto o asustado, averías esa resistencia corporal. Los gérmenes empiezan a multiplicarse y se vuelven millones y billones y trillones. Y cuando te das cuenta, de veras estás enfermo.

HÁBITOS ALIMENTICIOS

Prepárate para comer con tranquilidad mental. No debe haber preocupaciones, discusiones ni cosas desagradables a la hora de comer. La familia promedio elige la hora de comer como el momento para disciplinar del marido, la mujer o los niños, según sea el caso. En el único momento en que los reúnes a todos sin que quieran salir corriendo, te pones a regañarlos. Créeme lo que te digo, si pudieras ver lo que le pasa a la digestión y al torrente sanguíneo en una persona que está comiendo mientras la castigan, sabrías que es el momento equivocado para hacerlo. Los pensamientos que tienes mientras estás comiendo entran a la comida que comes y se vuelven parte de la energía que entra al torrente sanguíneo. La mejor prueba de esto son las mujeres que están dando pecho. Saben muy bien que si una mujer se siente preocupada o molesta cuando está amamantando, al bebé le va a dar cólico en cuestión de minutos. La actitud mental envenena la leche.

No hay que comer en exceso. Pone a trabajar de más al corazón, los pulmones, el hígado, los riñones y el sistema de aguas negras. La mayoría de la gente come el doble de lo que necesita. Mira la cantidad de dinero que te ahorrarías hoy en día, con las cuentas de los abarrotes como están. Es asombroso cuánta gente come de más. Digo gente con ocupaciones sedentarias. Claro, un hombre que está cavando zanjas tiene que comer cierta cantidad de carne y papas o algo parecido, pero un hombre o una mujer que estén haciendo trabajo de oficina o en una tienda o en el hogar no necesitan la misma cantidad de comida pesada.

Debes comer una ración balanceada con frutas, verduras y mucha agua o su equivalente en la forma de jugos. En California tengo un sistema para que por lo menos una comida al día sea de puros alimentos vivos. Es decir, verduras, moras, nueces, melones y cosas por el estilo —todo vivo, nada que se haya enlatado ni procesado en modo alguno—. Siento toda la diferencia del mundo en mi nivel de energía cuando estoy en casa, siguiendo mi dieta establecida.

No comas rápido. Evita que mastiques debidamente y muestra que estás pensando en demasiadas cosas. No estás relajado. Y no estás disfrutando. Una comida debe ser una forma de adoración. Mientras comes, deberías estar pensando en todas las cosas hermosas que quieres hacer, tu gran propósito, o las cosas que más te agraden.

Si estás comiendo con alguien más y platicando, debe ser una plática agradable, no ponerse a buscar defectos. Cuando un hombre está sentado a la mesa frente a una mujer hermosa, no veo por qué no deba hablar de sus bellos ojos, su peinado, su labial y todas esas cosas de las que a las mujeres les gusta hablar a fondo a veces (si eres el hombre indicado). Aunque estés sentado a la mesa enfrente de tu esposa, no veo por qué no sería algo útil para ella y para ti también. Di algo hermoso de ella cuando estén comiendo. Dile lo rico que está el pan tostado o lo bueno que le quedó el café esa mañana. Yo nunca me siento a la mesa sin felicitar a Annie Lou por todo lo que pone en la mesa, porque ella lo preparó (yo le ayudo un poco, exprimo el jugo, pero ella hace todo lo demás). Volvemos nuestras comidas una ceremonia. Nos toma dos horas desayunar en la mañana, no porque comamos mucho, sino por la forma en la que comemos. Cuando acabamos de comer, nuestros dos perritos siempre están ahí sentados, esperando que les hagamos caso. Uno se sube a mis piernas y otro a las piernas de ella, y tienen una sesión con nosotros. Les hablamos en perro un rato y nos la pasamos muy bien. Los perros lo disfrutan, nosotros lo disfrutamos y le hace bien a nuestra salud.

Me imagino que hay personas que me siguen que, si descubrieran cómo vivo, pensarían que soy un poco excéntrico. Bueno, pues excéntrico o no, he aprendido a vivir, y eso es importante, ¿no?

No comas chocolates, cacahuates ni golosinas entre comidas, ni demasiados refrescos. Conozco gente que hace la comida con chocolates y golosinas que compra en el puesto de periódicos y una botella o dos de Coca-Cola. El estómago de una persona joven puede soportarlo por un tiempo, pero se está maltratando. Tarde o temprano la naturaleza te hace pagar por haber maltratado así a tu estómago.

Sería mucho mejor si un oficinista se comprara una lechuga, le pusiera un aderezo rico, y comiera eso, o algo de fruta o uvas en un puesto de frutas. Eso es mucho mejor que comer chocolates.

El alcohol en exceso está prohibido en todo momento, pero en cantidades razonables está bien. Yo puedo tomarme un coctel, puedo tomarme dos; ése es mi límite. Podría tomarme tres, pero entonces quizá diría cosas que no debería o haría cosas que podrían resultarme perjudiciales. Me gusta estar en control de mi mente en todo momento.

¿Qué caso tiene alborotarte la panza y el cerebro para dejar de ser tú mismo? La gente averigua demasiadas cosas de ti que no quieres que sepa. Te ves tonto, ¿no es cierto? ¿No crees que una persona a la que el alcohol le soltó la lengua hace un espectáculo de sí misma que no es muy bueno para su reputación, sea quien sea?

No me gusta ser mojigato. Si voy a una casa donde se toman un coctel, como a menudo me sucede, no digo: "Oh, no. Yo no tomo. Nunca toco el alcohol".

Acepto el coctel, y si no tengo ganas de beberlo, lo ando cargando toda la velada. A veces, si esa noche tengo que dar un discurso, vacío el coctel en el lavabo para que crean que me lo tomé. Sería una tontería ponerse todo acalorado con alcohol antes de dar un discurso.

Con beber y fumar, como con todo lo demás, si es con moderación y si tú estás tomando las cosas y no ellas a ti, yo diría que no es muy grave, pero es mejor el plan de dejar todo eso atrás.

Como verás, les he dado gusto a todos. Les he dicho a algunos que no me gusta beber y a otros que sí me gusta. Me las arreglo para que cada uno se pueda quedar con lo que prefiera de esta historia. De todas formas lo van a hacer, así que ya mejor se las pongo fácil.

Toma vitaminas si necesitas suplementar deficiencias alimenticias, pero sólo por prescripción médica o de alguien que sepa de vitaminas. No nada más vayas a la tienda y digas: "Deme la marca que trae todo en una pastilla".

Eso son patrañas. No hay una sola vitamina que te vaya a dar todo lo que necesites. Yo en mi cuarto tengo una serie de frascos de vitaminas; cada una tiene una función diferente.

RELAJACIÓN Y JUEGO

Necesitas jugar para garantizar una óptima salud, así que equilibra todo el trabajo con una cantidad equivalente de juego. Esto no significa una cantidad equivalente de horas, porque así no funciona. Yo puedo compensar una hora de trabajo con cinco minutos de juego. Como habrás adivinado, soy un autor motivacional. Escribo cuando me siento entusiasmado; estoy completamente en otro plano. Es muy intenso y difícil sobre mi constitución física, y 40 minutos es lo más que puedo soportar. Luego me voy a mi piano y me siento a tocar cinco o 10 minutos, y nivelo por completo esa actividad intensa. Entonces puedo regresar y trabajar otros 40 minutos.

No sé tocar el piano pero puedo hacer mucho ruido con él. Annie Lou dice que la única que disfruta oírme es Chispita, nuestra perrita pomerania. Viene y se sienta en la banca junto a mí, levanta la cara para verme y me dice: "Hola, maestro *Paderewski*".

De veras cree que sé tocar el piano. Es una perrita increíble.

Luego, duerme ocho horas de cada 24, si encuentras tiempo para hacerlo. Puede ser un buen hábito que adquirir: dormir bien. No te la pases dando vueltas y gruñendo y roncando. Acuéstate y duerme tranquilamente. Ten una relación tan buena contigo mismo, tu conciencia y tus semejantes que no tengas nada de qué preocuparte. Y en cuanto toques esa almohada, puedas dormirte enseguida.

Entrénate a no preocuparte por cosas que no puedes remediar. Ya es bastante malo preocuparse de las cosas que uno *puede* remediar. Yo no me preocuparía por ellas más allá del tiempo que me tomara resolverlas. Hace algún tiempo uno de mis alumnos me preguntó si no me preocupaba mucho por toda la gente que se me acercaba con sus problemas. Le dije: "¿Los problemas de los demás? ¡Cómo crees! No me preocupo ni por los míos. ¿Por qué habría de preocuparme por los problemas de alguien más?"

No es que sea indiferente; estoy lejos de ser indiferente. Soy muy sensible a los problemas de mis amigos y mis alumnos, pero no tanto como para permitir que se vuelvan *mis* problemas. Siguen siendo *tus* problemas. Haré todo lo que pueda por ayudarte a solucionarlos, pero tampoco me voy a hacer cargo de resolverlos yo. Ésa no es mi manera de hacer las cosas, y tú tampoco adquieras ese hábito. Hay mucha gente que en su constitución no sólo les hace espacio a sus problemas, sino que se echa encima los problemas de sus familiares, sus amigos y todo el vecindario, y a veces los problemas de toda la nación.

Ahora hay mucha gente preocupada por la bomba atómica. Yo no me preocupo, porque si un día cae, de todas formas ni me voy a enterar. ¿Por qué habría de preocuparme por eso? Mejor sigo adelante. Voy a hacer mi trabajo como si el mundo entero estuviera en proceso de corregirse. Si no sale bien, habré hecho mi mejor esfuerzo. Eso es lo más que uno puede hacer, sin importar lo que se espere que haga. La preocupación se inventó para alguien más, no para mí. No busques problemas. Ellos de todas formas te van a encontrar muy pronto.

Ahora, porque las circunstancias de la vida tienen una curiosa manera de revelarte la cosa que estás buscando, si estás buscando fallas en los demás, problemas o cosas de qué preocuparte, siempre las vas a encontrar, y sin ir muy lejos. No tienes ni que salir de tu propia casa para encontrar muchas cosas de qué preocuparte si las estás buscando.

ESPERANZA

La buena salud inspira esperanza, y la esperanza inspira buena salud. Una persona sin esperanza está perdida. Por *esperanza* me refiero a algún objetivo aún por alcanzar en la vida, algo por lo cual estés trabajando, algo que estés tratando de hacer. Sabes que lo vas a hacer y no te vas a preocupar de no estarlo haciendo lo suficientemente rápido.

Muchos en este mundo empiezan con la intención de hacerse ricos. Quieren ganar mucho dinero. Son muy impacientes; se ponen nerviosos y acaban hechos una furia porque no consiguen el dinero rápido. A veces este deseo de ganar dinero rápidamente influencia a la gente a entender mal, y eso no es bueno.

Desarrolla la esperanza mediante la oración diaria. Expresa una plegaria todos los días de una u otra forma, con tus propias palabras, o incluso sin palabras, sólo en tus pensamientos. No reces por más bendiciones, sino por las que tienes, como ser un ciudadano en un país libre.

Sospecho que en este país nos cuesta trabajo reconocer plenamente los beneficios que tenemos por la libertad de la que disfrutamos aquí: la libertad de ser uno mismo, de vivir su propia vida, de tener sus propios objetivos, de tener sus propios amigos, de votar como le plazca, de adorar como le plazca, y de hacer más o menos lo que uno quiera, incluso abusar de uno mismo con un estilo de vida incorrecto, si es lo que uno quiere.

Luego está el privilegio de poder actuar por iniciativa propia y tener un trabajo que en este momento está libre de peligros. En este momento no hay riesgo de guerra. Quizá lo haya más adelante, pero en este momento no.

Expresa tu gratitud también por la oportunidad de garantizar tu libertad económica de acuerdo con tus talentos, por la buena salud física y mental, y por el tiempo que te queda por delante. La parte más plena de mi vida y mis logros aún está por venir. Sigo siendo un joven. He estado yendo al kínder. Ya empecé la primaria, en mi profesión, y voy a hacer muy buen trabajo. Ahora aprovecho el tiempo mejor que antes.

Luego está la esperanza en un mundo mejor ahora que terminó la guerra y otra guerra no es inminente. Puedes ayudar a que este mundo sea mejor aplicando esta filosofía, primero en tu propia vida y luego en la vida de quienes te rodean. Puedes hacer que tu mundo sea un mundo mejor. Sin duda alguna.

EVITA LAS MEDICINAS

Evita el hábito de las medicinas y las panaceas. Está bien tomar lo que te recete el doctor, pero evita que se vuelvan un hábito; tira tus aspirinas y tus pastillas para el dolor de cabeza en cuanto puedas. Un dolor de cabeza es una advertencia de la naturaleza de que algo anda mal. Un dolor de cabeza no es nada en el mundo más que la naturaleza diciéndote que en alguna parte hay un problema, y que más te vale poner manos a la obra y hacer algo al respecto.

¿Sabías que el dolor físico es una de las creaciones más milagrosas de la naturaleza? Es un lenguaje que todos los seres vivos de la tierra entienden. Todos los seres vivos se ponen a hacer algo cuando el dolor físico les empieza a apretar, porque es una forma de advertencia.

No tomes ninguna clase de purgantes en ningún momento. Es un mal hábito. Recuerda, la buena salud no viene de ningún frasco, pero puede venir del aire fresco, la comida sana, los pensamientos y hábitos de vida sanos, todo lo cual está bajo tu control.

Cuida tu peso. Los gordos podrán ser bonachones, pero por lo general mueren muy jóvenes. No me gusta ver morir a la gente joven.

AYUNO

Si quieres saber uno de los principales secretos por los que tengo una salud tan maravillosa, muchísima energía y ninguna enfermedad, es porque dos veces al año hago un ayuno de 10 días. Diez días sin alimento absolutamente de ningún tipo. Condiciono a mi cuerpo físico con dos días de preparación ingiriendo fruta y jugo de fruta: nada más que elementos vivos y vitales entrando al cuerpo. Luego empiezo mi ayuno de agua, nada más que agua simple, toda el agua que pueda beber. Le pongo algo para darle sabor, un poco de jugo de limón o algo, sólo unas gotas para quitarle lo insípido, porque créeme lo que te digo, cuando estás ayunando, el agua sabe muy insípida. Cuando salgo de mi ayuno, los primeros días tomo una dieta muy ligera. El primer día sólo como un plato de sopa sin nada de grasa y una rebanada de pan integral.

Ahora, no te pongas a ayunar sólo porque yo digo.

No empieces a ayunar hasta que aprendas cómo hacerlo y por qué hacerlo, y sólo bajo la supervisión de un doctor o de alguien que sepa de ayunos. Yo aprendí el arte del ayuno de Bernarr MacFadden cuando me dio gripe en 1928. Aun después de que se me quitó, me volvía recurrentemente. Me regresaba cada dos semanas o algo así con poca intensidad. Se lo conté a Bernarr y dijo: "¿Por qué no te deshaces de ella? Mátala de hambre".

Me convenció de la idea de que si dejabas de alimentarla, tendría que morir. Me convenció de la idea de limpiar mi cuerpo profundamente y quitarle el sustento al bicho de la gripe.

Por supuesto que la gripe murió, y ya no me regresó. Desde entonces, apenas este año tuve algo parecido a un resfriado. Inmunizo mi cuerpo contra esas cosas haciendo un ayuno dos veces al año.

Cuando hagas tu primer ayuno, vas a tener una de las experiencias espirituales más maravillosas que hayas tenido en tu vida. Vas a recordar cosas que pasaron cuando andabas en pañales. A mí me pasó. Recordé una conversación que había tenido con mi mamá un día que yo estaba en el jardín y traía puesto un pañal, y nada más. Era un cálido día de verano. Ella salió y me hizo varias preguntas, y yo le di varias respuestas. Recordé exactamente cuáles habían sido esas preguntas y mis respuestas, tan claramente como si acabara de suceder. También recordé muchas otras cosas que me pasaron cuando era muy pequeño. En otras palabras, todo mi sistema de memoria se revitalizó.

Conozco a personas que han ayunado por 40 días. Conozco a doctores que curan el cáncer con ayunos. Yo lo he visto. El ayuno tiene un enorme valor terapéutico, espiritual y económico.

TRABAJO SANO

Sobre el trabajo: el trabajo debe ser una bendición porque Dios estipuló que todo ser vivo debe realizarlo de uno u otro modo. Las aves del cielo y las bestias de la jungla no hilan ni siembran ni cosechan; no obstante, tienen que trabajar para comer.

El trabajo se debe realizar con un espíritu de adoración: como una ceremonia. ¡Qué maravilloso sería si vieras tu trabajo como prestar un servicio útil, en vez de sólo considerar lo que obtienes a cambio! Piensa en la gente que estás ayudando como resultado de lo que estás haciendo en la vida.

Cuando participas en una labor de amor, cuando haces algo por alguien sólo porque amas a esa persona, nunca te parece difícil. Te hace bien. Obtienes tu compensación sobre la marcha.

Recorrer la milla extra es la cosa más maravillosa de esta filosofía. Te hace sentirte mejor —hacia ti mismo, hacia tu prójimo— y te da una mejor posición en el mundo de la salud.

El trabajo debe estar basado en la esperanza de alcanzar algún gran propósito determinado en la vida. Entonces se vuelve algo voluntario: un placer que se procura y no una carga que se tiene que soportar.

Trabaja con un espíritu de gratitud por las bendiciones que te brinda en términos de buena salud física, seguridad económica y por los beneficios que les brinda a tus dependientes.

FE

Aprende a comunicarte con la inteligencia infinita desde adentro y adáptate a las leyes de la naturaleza que se evidencian a tu alrededor. Ése es uno de los mejores sistemas terapéuticos que conozco. Es una fuente duradera y perdurable de fe. Le hace cosas maravillosas a tu cuerpo físico, y si acaso se llega a colar alguna enfermedad, no conozco mejor medicina.

Cree que te puedes curar a ti mismo. Si cualquier cosa se pusiera mal con mi cuerpo físico, creo que podría irme a vivir al desierto, desnudarme la piel y ponerme a trabajar. Con el sol y la tierra de Dios podría vencer cualquier cosa que estuviera interfiriendo con mi cuerpo. Sé que podría.

HÁBITOS

Todos los hábitos se vuelven permanentes y operan automáticamente a través de la operación de la fuerza cósmica del hábito, que obliga a todo ser vivo a adoptar y volverse parte de las influencias ambientales en las que existe (hablaré de la fuerza cósmica del hábito en la siguiente lección). Puedes fijar los patrones de tus hábitos de pensamiento y hábitos físicos, pero la fuerza cósmica del hábito los toma y los lleva a cabo. Si entiendes esta ley sabrás por qué los hipocondriacos tienen mala salud. La salud empieza por tener conciencia de la salud, y en los párrafos anteriores tienes un breve sumario de los factores que podrían darte esta conciencia. Si no eres consciente de tu salud, no eres sano.

16

LA FUERZA CÓSMICA DEL HÁBITO

Estamos iniciando una lección maravillosa. Para mí, es la más profunda de las 17 lecciones. Si por casualidad has estudiado a Emerson y has leído su ensayo "Compensación", vas a entender la suma y sustancia de esta lección mucho más rápido, y te será de mayor beneficio.

Después de haber leído los ensayos de Emerson por 10 años, sobre todo ése sobre la compensación, finalmente interpreté de qué estaba hablando. Dije que algún día iba a reescribir ese ensayo en particular de tal modo que hombres y mujeres pudieran entenderlo la primera vez que lo leen. Esta lección es esa reescritura.

La llamamos la ley de *la fuerza cósmica del hábito*, porque es la fuerza que controla todas las leyes naturales del universo. Tenemos muchas leyes naturales, y obviamente funcionan de manera automática. No se suspenden ni un solo momento, por nadie. Están dispuestas de tal manera que el individuo que se ocupa de entenderlas y adaptarse a ellas puede llegar muy lejos en la vida. Los que no las entienden o no se adaptan a ellas son derrotados.

A menudo te has preguntado por los hábitos: cómo es que tenemos hábitos, cómo se forman, cómo deshacernos de los que no queremos. Espero que en este capítulo obtengas un vislumbre fugaz de la respuesta a esas preguntas.

Como he repetido una y otra vez, el hombre tiene control sobre una cosa y una nada más, y es el privilegio de formar sus propios hábitos: de acabar con esos hábitos y reemplazarlos por otros, refinarlos, cambiarlos, hacer lo que quiera con ellos. Tiene esa prerrogativa, y es la única criatura sobre la faz de la tierra que la tiene. Todas las demás cosas que cobran vida tienen su patrón de vida y destino ya fijos. No pueden salirse ni un ápice de ese patrón. Lo llamamos *instinto*.

El hombre no está atado al instinto. Está atado sólo a la imaginación y la fuerza de voluntad de su propia mente. Puede proyectar esa fuerza de voluntad, esa mente, a cualquier objetivo que le plazca. Puede hacerse a cualquier hábito que pudiera necesitar para acercarlo a sus objetivos, y este capítulo trata sobre este tema.

La ciencia del éxito, que has estado estudiando, está diseñada para permitirle a uno formar hábitos que conduzcan a la seguridad financiera, la salud y la tranquilidad mental necesarias para ser felices.

LA LEY DE LA NATURALEZA

En esta lección examinaremos brevemente la ley establecida de la naturaleza que hace que todos los hábitos sean permanentes para todo lo demás excepto para la humanidad. Ahora bien, no existe ningún hábito que sea permanente para el hombre, porque él puede formar sus propios hábitos; puede cambiarlos a voluntad. Es una cosa maravillosa considerar que el Creador te haya dado total control de tu mente y un medio de emplear ese control. La ley de la fuerza cósmica del hábito es el medio a través del cual estableces el patrón de tu propia mente y lo diriges hacia cualquier objetivo que elijas.

Algunos de los patrones que se fijan mediante la fuerza cósmica del hábito y que no son sujetos de suspensión ni evasión tienen que ver con las estrellas y los planetas. ¿No es una cosa maravillosa contemplar todos esos millones, billones y trillones de planetas y estrellas en el firmamento, todos desplazándose de acuerdo con un sistema, sin chocar nunca? Es un sistema tan preciso que los astrónomos pueden conocer la relación exacta de determinadas estrellas y planetas con cientos de años de anticipación.

Si el Creador tuviera que ponerse a colgar esas estrellas y cuidar todo cada noche, sería un tipo bastante ocupado. No lo va a hacer así. Tiene un mejor sistema. Tiene un sistema que funciona automáticamente, algo parecido a mi sistema de los ocho príncipes —entes imaginarios, y ni siquiera tan imaginarios— que me cuidan y resuelven todas mis necesidades. No necesito preocuparme, ellos se encargan de todo.

No estoy diciendo que yo sea tan listo como el Creador. Me imagino que él es tan listo que arregló el sistema para que funcione automáticamente todo el tiempo y en todo el universo o universos. Este sistema funciona para, o contra, toda la gente por igual. Si aprendes sus leyes, puedes adaptarte a ellas y beneficiarte de ellas. Si no las aprendes, probablemente te hagan sufrir por tu ignorancia o descuido.

La mayoría de la gente, que no reconoce que hay una ley de la fuerza cósmica del hábito, de todas formas pasa toda la vida usando esta ley maravillosa. ¿Para qué? ¿Para traer prosperidad, salud, éxito y tranquilidad mental?

No. Traen pobreza, mala salud, frustración, miedo y todas las cosas que la gente no quiere, por mantener la mente enfocada en esas cosas. La fuerza cósmica del hábito detecta esos hábitos de pensamiento y los vuelve permanentes. Es decir, hasta que llego yo y los rompo con esta filosofía de la ciencia del éxito.

Una señora muy encantadora llegó a la oficina a vernos a mí y al señor Stone, a tratar de vendernos espacio en un libro que iba a sacar basado en las fechas de nacimiento de la gente, y quería saber cuál era la mía.

El señor Stone no la dejó llegar muy lejos. Le dijo que no quería tener absolutamente nada que ver con ningún sistema ni libro que presuponga que la fecha de nacimiento tiene algo que ver con lo que le sucede a uno en la vida. Cuando acabó, dijo:

—Bueno, no puedo hablar por Napoleon Hill, pero ésa es mi decisión.

—Señor Stone —dije—, usted acaba de dar mi discurso.

Me da igual bajo qué estrella hayas nacido. Me da igual qué circunstancias desfavorables puedas haber enfrentado en la vida. Me da igual qué te haya sucedido en el pasado. Lo que sé es que puedo ayudarte a llegar, si sigues mis instrucciones, de donde estás ahora a donde quieres estar, y que llegarás fácilmente. Sé que puedes establecer hábitos que harán que tu éxito llegue tan fácilmente que te preguntarás por qué trabajaste tan duro en el pasado y no llegaste lejos. La mayoría de la gente se esfuerza más por fracasar en la vida que por triunfar —mucho más—. Es mucho más fácil triunfar cuando aprendes las reglas, y es mucho más placentero que fracasar.

Desde luego no vas a triunfar a menos que entiendas la fuerza cósmica del hábito y empieces a establecer hábitos que te lleven a donde quieres ir. No hay pero que valga. Tienes que establecer hábitos que te lleven en la dirección que quieres ir.

Las estaciones del año van y vienen con regularidad. Todo lo que crece de la tierra se reproduce y crece. Cada semilla reproduce precisamente su misma especie, sin variaciones, al igual que todos los demás seres vivos, desde los infusorios microscópicos hasta el ser humano.

En rigor, lo que acabo de decir no es correcto. *Sí* hay variaciones de acuerdo con el medio ambiente, las condiciones climatológicas y la ubicación. Por ejemplo, cuando vivía en Florida, en una ocasión fui a cazar conejos con unos caballeros. En el norte, yo estaba acostumbrado a ver conejos de pelaje gris. Pero estos conejos tenían el pelaje negro y yo pensé que eran gatos. Todos se pusieron a matar conejos, pero yo no maté ninguno, porque pensaba que eran gatos.

Hay variaciones. Luther Burbank descubrió que podía tomar las variaciones en las flores y combinarlas para cultivar nuevos especímenes.

El hábito también se encuentra en las reacciones químicas de la materia, desde las partículas más pequeñas, los electrones y los protones, hasta los objetos más grandes, como las estrellas. Todas las acciones y reacciones de la materia se basan en los hábitos fijos de la fuerza cósmica del hábito.

¿Alguna vez te has detenido a pensar que las partículas más diminutas de materia, todas existen como resultado del hábito? Cada

semilla reproduce su propia especie, pero cada reproducción individual se ve modificada por las vibraciones del medio ambiente donde
ocurre.

Los hábitos de pensamiento de los individuos se fijan automáticamente y se vuelven permanentes por la fuerza cósmica del hábito. Estos hábitos de pensamiento se fijan en automático, lo quieras
o no. Los pensamientos a los que les des expresión se van a fijar
como hábitos. No tienes por qué preocuparte si mantienes la mente enfocada en las cosas que quieres que se vuelvan hábitos. La
fuerza cósmica del hábito se hará cargo de ahí en adelante.

El individuo crea el patrón de sus pensamientos mediante el pensamiento repetido de determinado tema. La ley de la fuerza cósmica
del hábito vuelve estos patrones permanentes a menos que se rompan
mediante la voluntad del individuo.

ROMPER EL HÁBITO DE FUMAR

Cuando veo la cantidad de gente que fuma cigarrillos hoy en día y veo
la publicidad en las revistas y los periódicos sobre los altos índices de
mortalidad por cáncer de pulmón por el uso de cigarrillos, me pregunto si la gente puede romper ese hábito o no.

Si quieres seguir fumando y que te dé cáncer de pulmón, es asunto tuyo. No tengo nada que decir al respecto, pero quiero darte una
probadita de algo que quizá te sirva. Si no puedes empezar mañana
mismo a demostrar que tu fuerza de voluntad es más fuerte que un
poquito de tabaco metido en un papel, necesitas empezar a trabajar
en tu fuerza de voluntad de inmediato para reeducarla.

Yo no tengo ningún hábito que no pudiera romper al instante.
Cuando dejé de fumar, saqué mis pipas. Le dije a Annie Lou que se
las llevara y las tirara; ya no las iba a necesitar.

Me dijo:

—Te las voy a guardar para cuando me las pidas.

Le contesté:

—Tíralas todas a la basura. Ya no las voy a necesitar.

Si no puedes controlar el hábito de fumar, va a ser muy difícil que puedas controlar los hábitos del miedo, la pobreza y otras cosas en las que permites que se enfoque tu mente.

Cuando tengo que lidiar con varios enemigos, siempre empiezo por el más grande. Cuando le gano, los demás salen corriendo con la cola entre las patas. Si tienes varios hábitos que quieras romper, no empieces por los más pequeños, los más fáciles. Eso lo hace cualquiera. Empieza por los grandes, los que de veras quieres resolver.

Agarra esa cajetilla de cigarros a medias que traes y, cuando llegues a casa, ponla en la cómoda. Di: "Vamos a ver, amigo. Quizá no lo sepas, pero yo soy más poderoso que tú. Y para demostrártelo, no voy a volver a tocar esta cajetilla. Voy a dejarte aquí 40 días. Y después ya no necesitaré los cigarros".

No, no creo estar hablando en contra de la industria tabacalera. Sólo te estoy dando algunas ideas mediante las cuales puedes empezar a poner a prueba tu capacidad para formarte la clase de hábitos que quieres, empezando por los más difíciles.

Te voy a dar otro hábito. Haz un ayuno de una semana sin comer. Dile a tu estómago que aquí mandas tú. Él puede pensar que es el jefe, pero eres tú. No lo hagas por tu cuenta. Hazlo bajo la supervisión de un doctor, porque ayunar no es ningún juego. Pero aprende a controlar tu estómago y te sorprenderá cuántas cosas más puedes controlar.

¿Cómo podemos esperar ser exitosos en la vida si dejamos que este sinfín de hábitos, que surgen de las circunstancias cotidianas, se apoderen de nosotros y controlen nuestra vida? No podemos esperar ser exitosos. Tenemos que formar nuestros propios hábitos todo el tiempo necesario para que la fuerza cósmica del hábito los tome y los vuelva automáticos.

SALUD FÍSICA

Ahora abordemos la cuestión de cómo puede el individuo aplicar la ley de la fuerza cósmica del hábito en relación con la salud física.

El individuo puede contribuir al mantenimiento saludable de su cuerpo físico estableciendo cuatro patrones de hábito. No es muy difícil hacerlo. Si quieres probar lo infalible, potente y eficaz que es esta ley de la fuerza cósmica del hábito, ésta es una buena manera de empezar, porque no sé de nada en este mundo que quieran más los hombres y las mujeres que tener un buen cuerpo físico, fuerte, que responda a todas las necesidades de la vida.

Yo no podría hacer la clase de trabajo que hago, no podría escribir libros motivacionales, no podría dar conferencias motivacionales, si no supiera que cuando piso el acelerador, por así decirlo, el cuerpo me va a responder. Por muy empinada que sea la subida o muy largo que sea el trayecto, sé que tengo poder de sobra para llegar hasta el final, porque mantengo mi cuerpo en esa condición.

En primer lugar, tu pensamiento es el lugar para empezar a aplicar la fuerza cósmica del hábito para desarrollar una óptima salud. Una mente positiva lleva a tener conciencia de la salud. Tener conciencia de algo es tener presente una condición de manera continua. La conciencia de la salud es la tendencia predominante de tu mente a pensar en la salud, no en enfermedades ni dolencias.

La mayoría de la gente se la pasa estupendamente contándote de su operación. Hace como seis meses vino a visitarme un muy buen amigo; venía saliendo del hospital. Su descripción de la operación fue tan vívida que empecé a sentir el bisturí del cirujano girando en mi espalda. Finalmente me volteé a sobarme la espalda. Me empezó a doler en el lugar que él estaba describiendo, hasta que logré controlarme.

Cuando se fue, no le pedí que regresara a verme. A la mayoría de la gente no le gusta oírte hablar de tus dolencias. No le interesan tus dolencias, y a ti tampoco deberían interesarte, excepto para deshacerte de ellas. La mejor manera de deshacerte de ellas es tomar conciencia de la salud: pensar en términos de salud, hablar en términos de salud.

Mírate al espejo una docena de veces al día y di: "Eres un hombre saludable. Eres una mujer saludable".

Habla contigo mismo. Te sorprenderías de lo que va a pasar. Ve al botiquín y saca todos los frascos, las aspirinas y los purgantes. Tíralos todos por el lavabo. Di: "De ahora en adelante empezaré a obtener mi salud del aire fresco de Dios, los buenos pensamientos, el buen ejercicio y la buena comida, y no de un frasco".

Una mente positiva te lleva a tener conciencia de la salud. La fuerza cósmica del hábito desarrolla el patrón de pensamiento y lo lleva hasta su conclusión lógica, pero con la misma facilidad puede materializar la imagen de una conciencia de la mala salud creada por los patrones de pensamiento de un hipocondriaco. Incluso puede producir los síntomas físicos y mentales de cualquier enfermedad en la que el individuo fije sus hábitos de pensamiento a través del miedo.

Si piensas en cierta dolencia o enfermedad suficiente tiempo, la naturaleza va a simularla en tu constitución física. Allá en Wise County, Virginia, conocía a una señora mayor de la zona montañosa. Cuando yo era chico, ella venía a visitar a mi abuela todos los sábados en la tarde. Se sentaba en el porche del frente y nos tenía entretenidos toda la tarde contándonos de sus operaciones, las de su marido, de qué había muerto su marido, de qué había muerto su mamá, de qué habían muerto dos de sus cuatro hijos. Después de unas tres o cuatro horas de esto, siempre remataba diciendo: "Sé que yo me voy a morir de cáncer", y se ponía las manos en el pecho izquierdo.

La vi hacer eso una docena de veces. En ese entonces yo ni sabía lo que era cáncer. Me enteré más adelante. Años después, mi padre me mandó una copia del periódico del condado, y vi la esquela de la muerte de la tía Sarey Anne, de cáncer en el pecho izquierdo. Finalmente logró convencerse.

Este caso no es ninguna exageración. Da la casualidad de que lo conozco bien. Tú mismo puedes convencerte de tener un dolor de cabeza; puedes convencerte de desarrollar un padecimiento estomacal. Puedes convencerte de lo que sea con el pensamiento, si permites que tu mente se la pase enfocada en los aspectos negativos de tu cuerpo físico.

COMER CORRECTAMENTE

La actitud mental y los patrones de pensamiento establecidos mientras uno está comiendo y en las dos o tres horas siguientes, mientras la comida se está asimilando para poder pasar al torrente sanguíneo, pueden determinar si la comida entra al cuerpo de una manera adecuada para el mantenimiento de una salud óptima o no. La actitud mental que tienes cuando estás comiendo se vuelve parte de la energía que entra al torrente sanguíneo.

Como ya mencioné, si una mujer está alterada, molesta o asustada cuando está amamantando a un bebé, al bebé le dará cólico de inmediato después de tomar la leche. Si eres casado y tienes bebés, ya lo sabes. Sabes que la actitud mental de la madre cambia la química de la leche en su pecho. También cambia la química de la comida en tu estómago desde antes de que pueda llegar al torrente sanguíneo.

No puedes permitirte comer cuando estás molesto o cuando estás muy cansado físicamente. Siéntate, descansa, relájate. De hecho, la comida debe ser una clase de ejercicio religioso, una ceremonia religiosa. Cuando me levanto en la mañana (por lo menos cuando estoy en casa), lo primero que hago es ir a la cocina y exprimir un buen vaso grande de jugo de naranja. Luego me acerco a donde puedo mirar hacia fuera y ver a los venados que vienen bajando de las montañas a tomar agua. Hago mi ceremonia diciendo: "Bendito sea este jugo de naranja. Y pongan atención, muchachos: ya vienen sus hermanitos y hermanitas. Estos hermanitos y hermanitas van bajando para entrar a mi torrente sanguíneo y levantarme, ayudarme y hacerme disfrutar mi desayuno".

Adoro cada mililitro de ese jugo de naranja cuando va bajando. No nada más empino el vaso y me lo acabo. Dejo que baje poco a poco y adoro cada trago.

Si crees que estoy bromeando, elimina la idea, porque te estoy diciendo algo que es muy importante. Si te haces al hábito de bendecir tu comida, no sólo cuando te sientas a la mesa sino cuando entra a tu cuerpo, te será de gran ayuda para mantenerte sano.

EL TRABAJO COMO CEREMONIA RELIGIOSA

En relación con tu trabajo, aquí hay dos actitudes mentales que pueden ser aliadas vitales del reparador silencioso que trabaja en cada célula de tu cuerpo mientras estás realizando acción física. El trabajo también debería convertirse en una ceremonia religiosa, donde sólo se mezclen pensamientos positivos.

Un problema de esta civilización consiste en el hecho de que haya tan poca gente en el mundo en cualquier momento dado que esté participando en labores de amor. Es decir, haciendo lo que está haciendo porque quiere hacerlo, no sólo porque tiene que comer. Espero y rezo que antes de irme al siguiente plano haya podido realizar aportaciones valiosas con el fin de que los individuos puedan encontrar labores de amor con las cuales ganarse la vida y el sustento. Y espero y rezo por que al asociarte conmigo como maestro también esperes ansioso el día en que puedas hacer aportaciones valiosas a ese fin.

¡Qué mundo tan estupendo sería éste para vivir si no fuera por algunas de las personas que viven en él! ¿Qué les pasa? Nada; lo que está mal son sólo sus hábitos. Su forma de pensar está equivocada. Mi misión en la vida —y tu misión en asociación conmigo— es ayudar a cambiar los pensamientos de la gente y darle una serie de hábitos mejores que los que tiene ahora. Que piense en términos de buena salud, opulencia y abundancia, y compañerismo y hermandad en vez de enfrentar al hombre contra el hombre y a nación contra nación, y pensar en términos de guerra en vez de cooperación.

En este mundo hay bastante para todos, incluidos los animales y las aves, si tan sólo algunas personas no trataran de tener demasiado. Honestamente yo no quiero ninguna ventaja ni habilidad que no pueda compartir toda la gente en todos lados. No quiero ninguna ventaja sobre los demás. Sólo quiero la oportunidad de compartir con ella mi conocimiento y mi capacidad de ayudarla a ayudarse a sí misma.

Los famosos hermanos Mayo han descubierto que se deben observar cuatro factores vitalmente importantes para mantener óptima salud física: un equilibrio, mediante los hábitos de pensamiento, del trabajo, el juego, el amor y la adoración. Esto lo dice el gran Instituto Mayo, que ha atendido a miles de personas que han pasado por sus clínicas. Han descubierto que cuando esas cuatro cosas están desequilibradas, casi inevitablemente el resultado es alguna dolencia física.

Aquí hay una explicación sensata de una de las principales razones para recorrer la milla extra. Este hábito no sólo lo beneficia a uno económicamente, sino que le permite trabajar con una actitud mental que conduce a una óptima salud física. Cuando haces algo por un espíritu de amor, por el deseo de ayudar a los demás, eso tiende a darte una mejor salud. Y por supuesto, tiende a darte otras ventajas, porque cada vez que le prestas un servicio útil a otra persona, se siente obligada contigo. Si tienes suficiente gente que se sienta obligada contigo, cuando le pidas algo no estará en posición de decirte que no. No querrá decirte que no.

En cambio, piensa en la persona que tiene el hábito de realizar todo el trabajo de mala gana y en un estado mental negativo. Nadie quiere trabajar con ella, ni contratarla. Daña todo lo que la rodea. El señor Andrew Carnegie me dijo que una sola mente negativa en una organización de 10 000 personas podía más o menos envenenar la mente de todos en dos o tres días, y sin abrir la boca, sólo con liberar sus pensamientos.

Si voy a una casa donde se están peleando los miembros de la familia, cuando llego al jardín del frente ya sé si quiero entrar o no. Y desde luego después de entrar.

En mi casa tuvimos una experiencia que quizá ilustre esto mejor que cualquier cosa que pueda contarte. Casi invariablemente, cuando una persona entra a nuestra casa por primera vez, mira alrededor y hace algún comentario halagador. Hace poco vino a verme un editor, y cuando entró a nuestra sala dijo:

—¡Pero qué hogar más hermoso! —luego volvió a mirar a su alrededor y comentó—: Es un hogar como todos, no tiene nada de extraordinario. Lo hermoso es cómo me sentí cuando entré. Tiene buenas vibraciones.

—Ya se está acercando —dije—, ésos son mis temas.

Este hogar se carga y se recarga constantemente de vibraciones positivas. No se permite ninguna discordia en el interior. Como ya mencioné, nuestros perritos pomeranios lo detectan. Responden a las vibraciones en esa casa. Se dan cuenta cuando una persona no está en armonía con la casa. Si se acercan a una persona, la huelen y descubren que está en armonía, le besan la mano. Si no están satisfechos, si descubren que no está en armonía, le ladran y se apartan de ella.

Los hogares, los negocios, las calles, las ciudades, todos tienen sus propias vibraciones compuestas de los pensamientos predominantes de la gente que trabaja y que pasa por ahí. Si vas por la Quinta Avenida en Nueva York, con esas enormes tiendas tan prósperas, como Tiffany, captarás la sensación de esa multitud y tú también te sentirás próspero, sin importar si traes mucho o poco dinero en el bolsillo. Si caminas sólo cuatro cuadras, a la Octava o Novena Avenida, al barrio conocido como Hell's Kitchen, te reto a que recorras una sola cuadra sin sentirte más pobre que un ratón de iglesia, aunque tengas todo el dinero del mundo, porque ahí la gente está sumida en la pobreza. Piensa en términos de pobreza, vive en condiciones de miseria, y es lo que domina toda esa parte de la ciudad.

Podrías vendarme los ojos y llevarme para allá y yo te podría decir en cuanto llegáramos a la Quinta Avenida y cuando llegáramos a la Octava o Novena. Recibiría la sensación de esa vibración con la misma facilidad que si lo estuviera viendo.

BENEFICIOS ECONÓMICOS Y FINANCIEROS

Veamos qué vamos a obtener de la fuerza cósmica del hábito en términos de dinero. Uno puede entregarle a la fuerza cósmica del hábito la imagen exacta del nivel económico que desearía tener, y automáticamente será tomada y desarrollada hasta su conclusión lógica por una inexorable ley de la naturaleza, que no conoce la realidad del fracaso.

He observado que las personas exitosas piensan constantemente en términos de las cosas que pueden hacer, nunca en términos de las que no pueden hacer. En una ocasión le pregunté a una de ellas si había algo que quisiera hacer y no pudiera. Dijo: "No pienso en las cosas que no puedo hacer. Pienso en las que sí puedo hacer".

Mucha gente, sin embargo, no es así. Piensa en las cosas que no puede hacer, se preocupa por ellas, y en consecuencia no puede hacerlas. Piensa en el dinero que no tiene y se preocupa por eso. En consecuencia, no lo tiene y nunca lo obtiene.

El dinero es una cosa peculiar. Por una u otra razón, nunca sigue al individuo que no se siente con derecho a obtenerlo. El dinero es inanimado, así que no creo que la culpa sea de él. Creo que es de la mente de la persona que duda poder obtenerlo.

He notado que cuando mis alumnos empiezan a creer que pueden hacer cosas, empieza a cambiar toda su situación financiera. También he notado que cuando no creen que puedan hacer cosas, no las hacen.

Todo el propósito de esta filosofía es inducir a los estudiantes a desarrollar hábitos de creer en sí mismos y en su capacidad para dirigir su mente hacia lo que ellos quieran en la vida, y de mantener su mente apartada de las cosas que no quieren.

Si no sabes mucho sobre Mahatma Gandhi, sería buena idea conseguir un libro y leer sobre él. Era un hombre que no tenía nada para oponerse a los británicos excepto su propia mente. No tenía soldados. No tenía dinero. No tenía equipo militar. No tenía ni siquiera un par de pantalones y sin embargo echó al gran imperio británico con sólo resistirse a él con su poder mental. No los quería, no los aceptaba, y los británicos por fin entendieron la idea y se marcharon.

Es sorprendente cuántos individuos hacen eso cuando fijas tu mente contra ellos. No tienes que decir ni hacer nada. Sólo tienes que decirlo en tu mente —"No quiero a esa persona en mi vida"— y tarde o temprano se irá, a veces muy rápidamente. Tengo una libretita negra que siempre traigo conmigo. Siempre que alguien se interpone en mi camino de una manera que no quiero, escribo su nombre en la libreta. Eso es todo lo que hago, te lo juro, y nunca he escrito un nombre en esa libreta de una persona que no se haya largado de mi vida y se haya mantenido alejada.

El poder mental definitivamente es poderoso. Es potente, es maravilloso, es profundo. Y vale la pena subrayar el hecho de que nunca se ha sabido de nadie que se vuelva independiente económicamente sin primero haber tenido que establecer una conciencia de la prosperidad, así como nadie puede permanecer sano físicamente sin primero tener que establecer una conciencia de la salud.

Es un hecho bien conocido por los psicólogos que la gente sumida en la pobreza mantiene una conciencia de la pobreza, a veces desde su primera infancia y durante toda su vida. Recuerdo muy bien mi primera dificultad cuando empecé a trabajar con Andrew Carnegie. Fue olvidar que yo había nacido en medio de la pobreza, el analfabetismo y la ignorancia. Me tomó mucho tiempo olvidar las montañas de Wise County, Virginia, donde nací. Cuando empezaba a entrevistar a una persona destacada, me ponía a pensar: "Soy insignificante en su presencia. Supongo que sentiré vergüenza y miedo", porque recordaba mis orígenes; recordaba mi pobreza. Pasó mucho tiempo antes de que pudiera sacudirme esa pobreza. Pero finalmente lo hice y empecé a pensar en términos de opulencia. Entonces empecé a pensar: "¿Por qué no habría de recibirme el señor Anderson, si en mi mente soy igual de importante que él?" No sólo era algo que sentía, sino que llegué a ver el día en que lo volví realidad.

Esta filosofía se ha difundido y se sigue difundiendo por todo el mundo, y está destinada a difundirse aún más rápido y más lejos y más a fondo. Y yo digo que ése es un logro semejante a los del señor Anderson, el señor Wanamaker, el señor Carnegie o cualquiera. Es un logro cuando puedes acercarte a millones de personas en todo el mundo e influenciar sus vidas de manera benéfica. Habría sido imposible si yo no hubiera cambiado los hábitos y los pensamientos de Napoleon Hill.

Mi trabajo más arduo no fue lograr tener acceso a los hombres de negocios y obtener su colaboración. Eso fue fácil. Mi trabajo más arduo fue cambiar los hábitos de pensamiento de Napoleon Hill. Si no hubiera cambiado esos hábitos, los libros que he escrito jamás habrían tenido el impacto que han tenido. Pero antes de poder escribir esa clase de libros tuve que reconstruir por completo mis procesos de pensamiento y aprender a mantener mi mente enfocada de manera automática en las cosas positivas.

FIJACIONES DE MIEDO Y FE

No hay nada que aterre más a un médico que una fijación por parte de su paciente. Un paciente tiene una fijación cuando se encuentra tan vacío y subyugado por el miedo que no cree que el doctor pueda erradicar su padecimiento. El doctor sabe muy bien que sin la cooperación de la mente del paciente, nunca va a obtener resultados. Da igual qué medicinas le dé. Necesita ese poder mental.

Cada uno de nosotros llegó a este plano con un maravilloso sistema médico propio, un químico que asimila nuestro alimento y lo distribuye. Si piensas bien, comes bien, te ejercitas bien y vives bien, ese médico dentro de ti se encargará de todo lo demás automáticamente. Lo llaman *resistencia corporal*. Me da igual cómo lo llames tú. Es un sistema que te dio la naturaleza para equilibrar todo lo que necesitas para mantener tu cuerpo en buena condición todo el tiempo, pero tienes que hacer tu parte. Si la comida que sacas de la tierra no contiene los elementos vitales, la naturaleza no puede tomar esa clase de alimento y darte un cuerpo sano, así que tenemos las vitaminas.

Las fijaciones no tienen que ser negativas, pero hay que tener cuidado con las fijaciones de miedo y autolimitación, de creer en cosas que no puedes hacer, tener miedo a la crítica o a cualquier otra cosa.

Si quieres hacer uso de esta fijación y beneficiarte mediante la ley de la fuerza cósmica del hábito, ponte a trabajar en la fijación de la fe aplicada. ¿Cómo se le hace para desarrollar una fijación con algo? Mediante la repetición: aplicándola en todo lo que haces, piensas y dices. Tal vez tengas la edad suficiente para recordar esta fórmula: "Todos los días, en todos los sentidos, me va mejor y mejor". Millones de personas en todo el país la estuvieron diciendo, pero no hubiera servido de un comino a menos que la primera persona que la dijo lo haya creído. Estaba en las palabras y en lo que pensaba mientras las decía. Mucha gente lo repitió una y otra vez y finalmente volteó los pulgares hacia abajo. No les funcionó porque de entrada no lo creían. Puedes entender por qué. No importa qué fórmula uses mientras tus patrones de pensamiento sean positivos y los repitas una y otra vez.

Siempre puedes transmutar cualquier energía negativa en algo que te beneficie a ti y a la persona con la que entras en contacto. El trabajo de la fuerza cósmica del hábito sobre mí al paso de los años ha condicionado mi mente de tal modo que me basta tronar los dedos para cambiar de un estado a otro. Tú puedes hacer lo mismo y eso es lo que quiero que hagas. Quiero que te hagas al hábito de pensar en términos positivos hasta que la fuerza cósmica del hábito tome tu actitud mental y la vuelva predominantemente positiva más que negativa.

Las circunstancias de la vida son tales que la mente de la mayoría de las personas es predominantemente negativa todo el tiempo. Quiero que cambies eso y que vuelvas la mente predominantemente positiva todo el tiempo. Sin importar lo que quieras, puedes encender el poder y obtener alguna respuesta de la inteligencia infinita.

La inteligencia infinita no va a hacer nada por ti mientras estés en un estado de enojo, por mucho derecho que tengas a estar enojado. La inteligencia infinita no va a hacer nada por ti, pero sí va a dejar que tú te hagas algo si mantienes un estado mental negativo.

No puedes permitirte entrar en acción, no puedes permitirte tener relaciones humanas mientras tengas una actitud mental negativa. La mejor manera de evitar esta actitud es formar hábitos positivos y dejar que la fuerza cósmica del hábito los tome y los vuelva predominantes en tu mente.

Éstos son los elementos negativos que debes evitar convertir en fijaciones: pobreza, enfermedad imaginaria, pereza. ¿Sabes qué es una persona perezosa? Es alguien que no ha encontrado su labor de amor. Así es: la única gente floja es la que no ha encontrado algo que le guste hacer. Algunas personas son muy difíciles de complacer. Pasarán toda la vida con esa excusa: no les gusta esto, no les gusta lo otro; de hecho no les gusta nada, punto.

Otros hábitos negativos que hay que evitar son envidia, avaricia, ira, odio, celos, deshonestidad, flotar a la deriva sin meta ni propósito, irritabilidad, vanidad, arrogancia, cinismo y el deseo de hacer daño a los demás. Estas cosas se vuelven fijaciones en la vida de la mayoría de la gente, y no puedes permitirte tener esa clase de fijación: es demasiado caro.

Éstos son los positivos que sí te puedes permitir, y no puedes permitirte *no* tenerlos. Definitivamente ten un gran propósito en la vida; vuélvelo una fijación, por supuesto. Cómelo, duérmelo, bébelo. Cada día de tu vida date el lujo de participar en un acto que te acerque a la dirección de tu gran propósito general. Otros elementos positivos son la fe, la iniciativa personal, el entusiasmo, la disposición a recorrer la milla extra, la imaginación, los rasgos de una personalidad agradable, pensar con precisión y todos los demás rasgos recomendados en esta filosofía del éxito personal.

Ésas son las cosas que puedes permitirte convertir en fijaciones para que dominen tu mente. Si vives de acuerdo con ellas, piensas de acuerdo con ellas, actúas de acuerdo con ellas, te relacionas con la gente de acuerdo con ellas, te sorprenderá lo rápido que puedes cambiar tu vida. Te sorprenderá lo rápido que la gente que ha tratado de lastimarte se anulará por su propia cuenta y se volverá ineficaz o impotente. Te sorprenderás de cómo vas a atraer las nuevas oportunidades. Te sorprenderá lo rápido que vas a solucionar tus problemas. Te preguntarás por qué, en vez de preocuparte por tu problema, simplemente no te diste a la tarea de solucionarlo, todo como resultado de haber vuelto fijaciones estos rasgos positivos.

Notarás que cada uno de ellos puede ser controlado por ti mediante la repetición del pensamiento. Eso es todo lo que tienes que hacer. Sólo sigue repitiéndolo una y otra y otra vez, y respalda el pensamiento con algo de acción: las palabras sin actos, como sabes, están muertas. Participa en alguna clase de acción.

¿Cómo le hace un profesionista, como un dentista o un abogado o un doctor o un ingeniero, para atraer muchos pacientes que sean de trato amable y que paguen puntualmente?

El efecto empieza por el propio profesionista. Su actitud mental hacia sus clientes o pacientes determina lo que ellos harán por él. Nadie escapa de esto. Es absolutamente cierto. Le pasa a un comerciante, a un hombre o una mujer en cualquier trabajo o a cualquiera.

En otras palabras, si quieres reformar a la gente, no empieces por la gente. Empieza por ti. Corrige tu actitud mental y verás que los demás se alinean. No pueden evitarlo. De hecho, si tu mente es positiva, una persona en un estado mental negativo no puede influenciarte en lo más mínimo. Una persona de mente positiva siempre domina a la persona de mente negativa.

HERENCIA SOCIAL Y FÍSICA

Hoy somos lo que somos por dos tipos de herencia. Una la controlamos por completo y sobre la otra no tenemos el menor control. A través de la herencia física, traemos a este mundo una suma de todos nuestros antepasados. Si resulta que nacemos con un buen cerebro, un cuerpo lindo y bien desarrollado, pues perfecto, pero si nacemos con una joroba o algún padecimiento, no hay mucho que podamos hacer al respecto. En otras palabras, tenemos que aceptar la herencia física tal como es.

Desde luego que podemos hacer mucho por adaptarnos a un cuerpo con padecimientos. Charles P. Steinmetz, por ejemplo, nació con una curvatura en la columna, pero se adaptó a esto de tal forma que llegó a ser un genio destacado. Otra persona lo hubiera usado de excusa para estar con su taza de hojalata y unos lápices en alguna esquina. Como mencioné, conocí a un hombre que había perdido las piernas por polio que vendía lápices a menos de dos cuadras de la Casa Blanca, mientras que en la Casa Blanca un hombre que tenía el mismo padecimiento estaba gobernando la nación más grande del mundo. Convirtió su padecimiento en un recurso y no en una carga.

La herencia social, sin embargo, es otra cosa. La herencia social consiste en todas las influencias que entran a tu vida después de que naces, y quizá incluso desde tu etapa prenatal, desde antes de que nazcas.

Las cosas que oyes, que ves, que te enseñan, que lees, las leyendas que te influencian constituyen tu herencia social. Por mucho, la parte más importante de lo que nos pasa a lo largo de toda la vida se debe a nuestra relación con la herencia social, o lo que sacamos de nuestro medio ambiente y qué tanto lo controlamos.

Es una buena idea que todos volvamos a examinarnos en cuanto a las cosas que creemos y que descubramos exactamente qué derecho tenemos a creerlas. ¿De dónde sacamos nuestras creencias? ¿Qué existe para respaldar cualquier creencia? Te lo juro, yo no creo tener ninguna creencia que no esté respaldada por evidencia sólida, o por lo menos lo que yo considero evidencia.

Cuando llega la época de votar, pienso: en última instancia, ¿quién hará mejor trabajo? ¿Quién es el más honesto y el más capaz? En 1928 Al Smith se postuló a la presidencia. Yo no soy católico pero voté por Al Smith, porque pensé que haría un trabajo estupendo. En mis reglas, no importa en lo más mínimo cuál sea la religión de una persona. Si es un buen elemento, y quiere un cargo público, quiero ayudar a que lo obtenga.

No llegué a ese estado de apertura mental y tolerancia de la noche a la mañana; de una vez te lo digo. Hubo una época en que yo era tan intolerante como cualquiera, pero descubrí que eso era malo para mí. Respondiendo a la ley de la fuerza cósmica del hábito, finalmente me formé una serie de hábitos mediante los cuales no creo tener ningún sesgo ni prejuicio injusto contra nadie ni nada en el mundo.

17

PRESUPUESTAR TIEMPO Y DINERO

Esta última lección, sobre presupuestar tiempo y dinero, no es tan poética como algunas de las otras, pero es igual de importante. Si algún día esperas tener seguridad económica en este mundo, tienes que hacer por lo menos dos cosas. Tienes que presupuestar el uso de tu tiempo y tu dinero, tus gastos y tus ingresos, para poder seguir un plan determinado.

PRESUPUESTAR EL TIEMPO

Empecemos por el tiempo. Tienes 24 horas divididas en tres periodos de ocho horas: ocho horas para dormir, ocho horas para trabajar, ocho horas para esparcimiento, tiempo libre y actividades.

No tienes ningún control sobre las ocho horas que duermes; tienes que dejarlo en manos de la naturaleza. Y no siempre tienes mucho control de las ocho horas que pasas trabajando. Pero están las ocho horas del resto de tu vida: son tuyas. Puedes desperdiciarlas si quieres. Puedes jugar, puedes trabajar, te puedes divertir, te puedes relajar, puedes desarrollarte tomando un curso educativo, puedes leer… puedes hacer lo que tú quieras.

Ahí yace la oportunidad más grande de las 24 horas. Allá en los tiempos en que llevaba a cabo mi investigación, trabajaba 16 horas diarias, pero estaba haciendo una labor de amor. Reservaba ocho horas al día para dormir y trabajaba las otras 16. Parte del tiempo entrenaba vendedores para ganarme la vida, pero sobre todo lo dedicaba a hacer la investigación para poder darle esta filosofía al mundo. De no haber sido por el hecho de que disponía de por lo menos ocho horas de tiempo libre, nunca hubiera podido realizar la investigación necesaria.

Otra cosa me pasó a principios de mi carrera, y fue muy afortunada. Construí un puente sobre el río Monongahela, allá en West Virginia. Esa sola transacción produjo suficiente dinero para encargarse de mi familia el resto de su vida. Hasta el día de hoy me tiene cubierto, así que no he tenido que hacer más aportaciones económicas desde entonces hasta ahora. La mano del destino me alcanzó y me dio un respiro maravilloso en ese momento temprano de mi vida, cuando tanto lo necesitaba.

En todo caso, en esas ocho horas de tiempo libre puedes desarrollar todos esos hábitos si eso eliges. Hagas lo que hagas con cualquier porción de esas ocho horas, no dejes de desarrollar un plan para condicionar tu mente a siempre ser positiva. No tienes que seguir mis planes, pero puedes obtener muy buenas ideas en las lecciones sobre la fe aplicada, la fuerza cósmica del hábito y la Mente Maestra.

Por supuesto que ya sabes cuál es mi plan: se trata de los ocho amigos guías que tengo trabajando para mí. Quizá tú quieras usar otra técnica. Desarrolla tu propio plan y, si es mejor que el que yo te di, síguelo. Pero ten un plan mediante el cual al menos una parte de esas ocho horas de tiempo libre todos los días de tu vida se dedique a condicionar tu mente a ser positiva. Cuando surjan adversidades desafortunadas, estarás a la altura.

PRESUPUESTAR INGRESOS Y GASTOS

Lo primero en tu lista: tus ingresos semanales o mensuales deben anotarse en una libreta de presupuestos. Deben distribuirse de la siguiente manera.

Primero, un porcentaje definitivo, por lo general menos de 10% del ingreso bruto, para un seguro de vida. Tengas familia o no, un seguro de vida es esencial. No puedes permitirte no tenerlo. Si trajiste niños a este mundo y eres responsable de su educación, de ti depende asegurarte de que si llegas a faltar y dejas de ganar dinero, tengan suficiente para pagar su educación. Si eres casado y tu esposa depende por completo de ti, de ti depende tener seguro para que ella pueda dar el enganche de un segundo marido si tú llegas a faltar.

Cuando me subo al avión de regreso a California siempre voy a una de esas máquinas y compro una póliza de vida por la cantidad más grande que puedo, que son 50 000 dólares. Además, tengo otra póliza contra accidentes. Los seguros de vida te dan una protección maravillosa en caso de que seas sacado de la producción social.

Un hombre que esté en un negocio donde sus servicios son una gran porción del valor debería estar asegurado por una cantidad de dinero lo suficientemente grande para llenar el vacío que dejaría si tuviera que irse.

El seguro de vida es lo primero de la lista. Después viene un porcentaje para comida, ropa y vivienda. No salgas y te gastes todo. Puedes ir a la tienda de abarrotes y gastarte el quíntuple de lo que necesitas si no tienes un sistema. En lo personal, compro lo que se me antoja, pero resulta que estoy en una posición donde no necesito tener un presupuesto para ropa y comida. Pero hubo una época en que era necesario, y me imagino que en la vida de la mayoría de la gente es necesario tener un presupuesto.

Luego hay que apartar una cantidad determinada para invertir, aunque sea pequeña, sólo un dólar o 50 centavos a la semana. No es la cantidad que apartes; es el hábito de ser ingenioso y frugal. Es una cosa maravillosa ser frugal, no desperdiciar las cosas.

Siempre he admirado mucho al pueblo alemán por su frugalidad. Son gente frugal, sencillamente no desperdician las cosas. Siempre he admirado a cualquiera que no desperdicie las cosas, como a mi abuelo. Iba por ahí recogiendo clavos viejos, hilos y pedazos de metal; te sorprenderías de la colección de cosas que tenía.

Mi frugalidad nunca llegó a ese extremo. Yo era más de los Rolls-Royce y las fincas de 200 hectáreas. Pero créeme lo que te digo, desde entonces he aprendido que por mucha de esta filosofía que aprendas, si no tienes un sistema para ahorrar una parte de lo que pase por tus manos, no te va a servir de nada. Y si no cuentas con ese sistema, te lo vas a gastar todo. Ahorrar dinero es algo muy difícil para la mayoría de la gente, porque no tiene un sistema que pueda seguir.

La cantidad que quede después de que te hayas hecho cargo de comida, ropa y vivienda, debe entrar a una cuenta de cheques o de ahorro y usarse para cosas como emergencias, esparcimiento y educación. Puedes usar ese dinero; no tienes que seguir un presupuesto. En otras palabras, es tu cuenta de caja chica, y si realmente eres frugal, dejarás que crezca bastante. ¿No es maravilloso saber que tienes un buen colchón en el banco y así pase lo que pase, puedes ir y sacar ese dinero? Quizá no lo necesites, pero si no lo tienes ahí, créeme lo que te digo, tendrás 1 000 necesidades, y cada una te producirá temor.

Quizá la cosa que me da más valor para hablar de mis ideas, ser yo mismo, y exigir que la gente no me pise los callos es el hecho de que ya no tengo que preocuparme por ver de dónde voy a sacar dinero. A veces la gente trata de preocuparme, pero como dijo Confucio: "Cuando la rata intenta jalarle los bigotes al gato, suele acabar en la panza del honorable gato".

Con este sistema de tomar un pequeño porcentaje de lo que pasa por tus manos, lo que me interesa no es tanto la cantidad, sino el hecho de que establezcas un hábito de ahorro frugal. Si tus ingresos son tan bajos que ya no puedes recortar más tus gastos y sólo puedes tomar un centavo de cada dólar, toma ese centavo y guárdalo en un lugar donde te resulte difícil alcanzarlo.

Me parece muy buena idea tener el dinero invertido en un fondo de inversión. Éstos representan una variedad de acciones conocidas, de modo que si a una le va mal, no afecta a tu inversión para nada. Existen muchos fondos de inversión; algunos buenos, otros quizá no tanto. Si vas a invertir en un fondo, habla con tu banquero o con alguien calificado; no trates de hacerlo usando tu propio criterio. Como regla, un individuo sencillamente no está calificado para tomar esas decisiones.

Pon un poco de tu dinero a trabajar para ti y te sorprenderá del juego tan divertido que se vuelve saber que vas a apartar cierta cantidad cada mes o cada semana y que esa cantidad está empezando a trabajar para ti.

Cuando voy al banco, siempre saco un billete de 20 dólares y lo guardo en una bolsita especial de mi cartera, por si acaso. Siempre tendré esos 20 dólares, y el otro día los tuve que usar; fueron muy útiles.

ANALIZA TUS HÁBITOS

Analízate y descubre exactamente cuáles son tus hábitos en relación con las cosas que te importan. Puedes calificarte. La calificación va desde el 0 hasta el 100.

En primer lugar, la profesión u ocupación que elegiste. ¿Cuánto tiempo le dedicas? ¿Cuánto tiempo le has dedicado a adaptarte en una ocupación o negocio o profesión que pueda ser una labor de amor? Si aún no has encontrado la profesión u ocupación que pudiera constituir una labor de amor, debes dedicar mucho tiempo a buscarla hasta que la encuentres.

Con respecto a los hábitos de pensamiento, ¿cuánto le dedicas al tipo de pensamiento de "sí se puede", y cuánto al "no se puede"? En otras palabras, ¿cuánto tiempo le dedicas a lo que deseas y cuánto a lo que no? ¿Cuánto tiempo se te va en las cosas que no deseas en la vida: mala salud, frustración, desánimo, desilusión? Apuesto a que te llevarías una sorpresa si tuvieras un cronómetro y registraras el tiempo que le dedicas cada día a preocuparte. Cuando te das cuenta, la parte predominante de tu tiempo se te está yendo en pensar en las cosas que no quieres.

Ten un sistema para presupuestar mediante el cual mantengas la mente fija definitivamente en las cosas que quieres. Yo aparto tres horas al día para meditar y orar en silencio, tres horas. Sin importar a qué hora llegue a casa, me pongo a meditar tres horas, dando y expresando mi gratitud por la maravillosa oportunidad que he tenido de ser un ministro para otros. Si en la noche no puedo hacerlo, lo hago en algún momento del día.

La mejor plegaria sobre la faz de la tierra no es pedir algo sino rezar por lo que ya tienes: "Oh, divina Providencia, no pido más riquezas sino más sabiduría para poder usar las riquezas que tengo de mejor manera".

Tienes muchas riquezas. Tienes salud, vives en un país maravilloso, tienes vecinos maravillosos, estás en un grupo maravilloso, estás aprendiendo una filosofía maravillosa. Cree todas las cosas que tienes, y agradécelas.

Piensa en todo lo que yo tengo para sentirme agradecido. Con razón soy rico, ¿no? ¿Por qué? Si no fuera rico, algo en mí no andaría bien. Si no pudiera pararme aquí y decirte que tengo todo lo que quiero en el mundo, algo andaría mal conmigo y con esta filosofía. No tendría el menor derecho de enseñártela si no pudiera decir esto de mí mismo. Si encontrara a alguien que pudiera correrme de mi oficina, apoderarse de mi filosofía y usarla para otras cosas, no merecería tenerla. Puedo ser amo de mi destino y capitán de mi alma porque vivo mi filosofía, porque está diseñada para ayudar a la gente, porque nunca, bajo ninguna circunstancia, hago nada con la intención de obstaculizar, dañar ni poner en riesgo a ninguna otra persona.

Con respecto a tus relaciones personales con los demás, ¿cuánto tiempo le dedicas a la buena voluntad en tus relaciones con los demás en tu negocio o trabajo? ¿Pasas algo de tiempo cultivando a la gente? Si no lo haces, no vas a tener amigos. Santo que no es visto, no es adorado. Por muy buenos amigos que sean: si no te mantienes en contacto, se van a olvidar de ti. Tienes que mantener el contacto. Algún día voy a sacar una serie de postales, cada una tendrá un hermoso lema sobre la amistad para que mis alumnos puedan mandar una cada semana a cada uno de sus amigos, sólo para mantenerse en contacto.

No sería mala idea que un hombre de negocios o un profesionista las hiciera, y no violaría la ética de su profesión al hacerlo. No tendría ningún tinte comercial. Sólo mandas una al mes. Mandas 12 tarjetas al año con la clase correcta de mensaje al reverso, firmada por ti. Créeme lo que te digo, sería lo mejor del mundo para tener más gente en tu consulta.

Luego están los hábitos de salud, física y mental. ¿Cuánto tiempo le estás dedicando a formar hábitos que te ayuden a tomar conciencia de la salud? La conciencia de la salud no llega sin algo de esfuerzo de tu parte.

¿Cuánto tiempo le estás dedicando a vivir tu religión? No hablo de creer; no hablo de ir a la iglesia de vez en cuando y echar una moneda en la canasta. Eso lo hace cualquiera. ¿Qué tanto la estás viviendo en tu recámara, tu sala, tu cocina, tu negocio? Ahí es donde debes calificarte, no en la iglesia. Lo más probable es que vayas a la iglesia cada semana. Lo que importa no es cuántas veces vayas. Ni cuánto aportes a la iglesia en términos de dinero. Sino lo que haces por vivir esa religión en tu vida diaria. No conozco ninguna religión en la faz de la tierra que no sería maravillosa si la gente la siguiera.

Puede parecer trivial pedirte que te califiques por cuánto tiempo le estás dedicando a vivir tu religión, pero a menos que seas muy diferente de la mayoría de la gente que conozco, tienes que reflexionar sobre este tema.

Y luego el uso que le das a tu tiempo libre: aquí es donde realmente tienes que ponerte estricto y examinarte a fondo. De veras ponte a sacar bien las cuentas. ¿Exactamente cuánto de esas ocho horas de tiempo libre le estás dedicando a algún tipo de superación de tu interés, a mejorar tu mente, o beneficiarte por asociación?

Y luego, la cosa del presupuesto: gastar dinero.

¿Tienes un sistema para eso? Si no tienes un sistema, encuentra uno. Puedes hacer que sea un sistema flexible.

Pensar con precisión: ¿cuánto tiempo le estás dedicando a aprender a pensar con precisión, siguiendo las reglas que expuse en esa lección? ¿Sólo leíste esa lección sin hacer nada al respecto? ¿Qué estás haciendo para poner esa lección en práctica de verdad, pensar con precisión, tener tus propios pensamientos por una vez en la vida?

Luego está el uso que se le da al poder del pensamiento, ya sea que esté controlado o no. ¿Controlas tus pensamientos o todos tus pensamientos están descontrolados? ¿Estás permitiendo que las circunstancias de la vida te controlen? ¿Estás tratando de crear algunas circunstancias que puedas controlar tú? No puedes controlarlas todas. Nadie puede. Pero ciertamente puedes crear algunas circunstancias que tú puedas controlar.

¿Y qué hay del privilegio de votar? ¿Eres de los que dicen: "Yo no voy a las urnas. De todas formas el país lo gobiernan puros rateros, y mi voto insignificante no va a servir de nada"? ¿O eres de los que dicen: "Tengo una responsabilidad. Voy a ir a votar a las urnas porque es mi deber"? ¿Le dedicas tiempo a eso? Mucha gente no lo hace, y por eso en el gobierno hay tantos políticos corruptos y gente que no debería ocupar un cargo público. De la gente decente, es demasiada la que no vota. Yo mismo he sido culpable de eso de vez en cuando. No estoy poniendo excusas; sólo digo que me toca soportar el castigo lo mismo que a todos.

Luego, las relaciones familiares: ¿son armoniosas?

¿Tienes una relación de la Mente Maestra, o te estás perdiendo de esa oportunidad? ¿Cuánto tiempo le dedicas a construir y mejorar tu relación familiar? Tienes que hacer algo al respecto. Alguien tiene que ceder, y si la esposa no cede, ¿por qué no ceden los caballeros, y viceversa? Si el marido no cede, empieza a usar un poco la Mente Maestra; ¿por qué no cedes tú? ¿Por qué no se la pones interesante? Se la ponías interesante antes de que se casaran; de eso estoy seguro.

¿Eres feliz en tu matrimonio? ¿Por qué no vuelven a empezar y renegocian su matrimonio para poder tener una relación maravillosa? Te va a redituar. Te va a redituar en tranquilidad mental. Te va a redituar en dólares y centavos. Te va a redituar en amistades. Te va a redituar en todas tus relaciones.

En tu trabajo o negocio o profesión, ¿recorres la milla extra y te gusta tu trabajo? Si no te gusta tu trabajo, averigua por qué.

Si estás recorriendo la milla extra, ¿qué tanto lo haces? ¿De qué manera lo haces, lo estás haciendo con la actitud mental correcta? Me da igual quién seas y qué hagas; si te estás dedicando a recorrer la milla extra con cada persona que puedas, llegará el día en que tendrás tantos amigos que cuando quieras llevar a cabo algo a través de ellos los tendrás a la orden.

Annie Lou se toma la vida un poco más en serio que yo. Trabaja en muchas cosas que en realidad no le gustan. Yo no hago eso, no hago nada que no me guste hacer, pero estamos en una situación maravillosa. Tenemos una salud maravillosa. Ella es justo la mujer que necesito de coestelar en el gran teatro de la vida. Tenemos todo lo que necesitamos y podamos usar en el mundo. Si no lo tenemos, nos basta con tronar los dedos y llegará corriendo de un millón de fuentes distintas.

No pienses ni por un momento que podríamos tener todo esto sobre cualquier base que no fuera la de merecerlo. Nos lo hemos ganado. De otro modo no podríamos tenerlo. Nadie en el mundo puede tener nada que valga la pena tener si no se lo ha ganado.

Aquí termina el Curso Magistral. No es un programa corto. Sólo recuerda una cosa siempre: para poder obtener cooperación y tener un amigo, tú tienes que ser un amigo.

La ciencia del éxito de Napoleon Hill
se terminó de imprimir en mayo de 2022
en los talleres de
Litográfica Ingramex, S.A. de C.V.,
Centeno 162-1, Col. Granjas Esmeralda, C.P. 09810,
Ciudad de México.